治校之道

小学名校长的办学智慧（2）

陶继新 著

江苏凤凰教育出版社
Phoenix Education Publishing, Ltd

图书在版编目（CIP）数据

治校之道．小学名校长的办学智慧（2）／
陶继新著．—南京：江苏凤凰教育出版社，2019.3

ISBN 978-7-5499-7936-3

Ⅰ.①治…　Ⅱ.①陶…　Ⅲ.①小学－学校管理
Ⅳ.①G627

中国版本图书馆 CIP 数据核字（2019）第 046604 号

书　　名　治校之道——小学名校长的办学智慧（2）
作　　者　陶继新
责任编辑　雷利军　张晓兰
出版发行　江苏凤凰教育出版社（南京市湖南路 1 号 A 楼　邮编 210009）
苏教网址　http：//www. 1088. com. cn
照　　排　北京世纪鸿文制版技术有限公司
印　　刷　三河市九洲财鑫印刷有限公司
厂　　址　河北省三河市灵山大口
开　　本　787 毫米×1092 毫米　1/16
印　　张　12. 5
字　　数　218 千字
版　　次　2019 年 3 月第 1 版　2019 年 3 月第 1 次印刷
书　　号　ISBN 978-7-5499-7936-3
定　　价　32. 00 元
网店地址　http：//jsfhjycbs. tmall. com
邮购电话　025-85406265，85400774　短信　02585420909
E - mail　jsep@ vip. 163. com
盗版举报　025-83658579

自序 ■ PREFACE

几十年来，尤其是近十来年，我所写的校长及其学校的通讯作品的数量和质量都不断提升。更令我欣慰的是，这种写作已经逐渐内化为一种情愫和习惯，使我越写越想写，越写越从容。尤其是近一两年，我与所采写的校长及其学校有了一种难以割舍的情感。

初写此类文章的时候，我其实并不是特别快乐，更难达到从容坦然的心境。一篇万字左右的通讯文章，往往需要五六天时间才能完成，而其中真正遂心意的，只有十之三四而已。

随着写作速度的提高，写作质量也在不断提升，以至有了提笔即作、其乐无穷的感觉。采访的时候，我往往被采访对象所感动，从而产生强烈的写作欲望，写起来也多是一发而不可收。六七千字的通讯文章，常常只需一两天即可完稿。在整个写作过程中，我几乎都沉浸于一种精神享受之中。

在我的五十多本著作中，关于校长及其学校的书就占了半壁江山。正是在近乎每周都有的长期采写的过程中，我接触到了全国各种各样的校长与学校，其中既有北京、上海等大都市中的极有名气的校长与名校，也有小山村中名不见经传的校长及基础薄弱的学校。不同的校长所展现出来的思想与智慧，以及不同的学校所呈现出来的品质与面貌，各有千秋。每每走进一所学校，我都会收获一种意想不到的惊喜。我习惯于从新闻采访与专家探究两种视角来审视学校里的人与事，并即时吸纳值得学习的东西，且最大限度地将其“化”成自己的写作素材，进而形成烙印着陶氏风格的通讯作品。

如此持之以恒地行走几十年，我蓦然回首，发现这些校长及学校的许多精神营养，已经被自己慢慢吸收并逐渐“消化”，让原本单薄的我渐渐变得丰盈起来。凡属学校管理、课程构建、课堂改革、教师发展、学生学习、家校合育、文化建设等方面的问题，都已储存在了我的大脑中。而且，无论在什么场合，即兴言说或限时成文，对我来说都变得容易而轻松了。

即便到一所陌生的学校去采访，我也会很快寻找到校长及学校的最核心要素，并当场进行逻辑的归类与理性的升华，从而梳理出将要写的通讯作品的整体思路。返程之后的写作，也就有了水到渠成之势。英国诗人威廉·布莱克说过这样的箴言："一粒沙里看世界，一朵花里见天堂。"每一所学校、每一位校长，都展现出一幅不同的生命图景，我作为倾听者和编织者，倾听故事融我于他们的世界，编织语言呈现其生命的不同光华。

有人说我的写作水平高，其实，我是一个"困而学之"者，只不过在写作上下的功夫比一般人多罢了。几十年如一日地奔赴全国各地进行采访，几十年如一日地将采访的内容写成作品，甚至每年的除夕及春节，我也几乎是在办公室享受着写作的愉悦中度过的。外面此起彼伏的鞭炮声，丝毫打乱不了我写作的思路，影响不了我写作的速度，也影响不了我写作的质量。

正是几十年的笨功夫，才有了属于我自己的语言风格：不是故弄玄虚地搬弄美词佳句，而是让与文脉相契的语言"道法自然"地流动于文本之中。即使那些被读者称道的所谓妙语警句，也毫无预设，而是灵感袭来时的自然语"化"。

一篇有质感的通讯作品，不能只是满足于让读者感受到内容的新颖与丰沛，也不能只是让读者享受语言之美，还应当用理性的光华为作品点燃生命的亮色。美国教育家杜威说："理性是活动借以具有丰富意义的一切资源。"确实如此，作品需要理论升华，亦需要理性判断，且不是与作品本身相游离的，而是融为一体的。这就需要长年累月的储备，不是现学现用，而是它早已在你的大脑中，处于沉睡状态。当你写作需要它的时候，它就会极其迅速地做出反应，让我惊叹其何以如此神妙！于是，我的十指便条件反射般地在键盘上飞快地敲击着，随即理性的光芒便照亮了那一段段描述性的文本，我的精神也亢奋起来，以极其愉悦的心境继续后面的写作。

要达到这样的境界，并非只需掌握某些写作技巧，其中还有一个核心语词——道。它不只是写好有关校长及学校的通讯作品的关键，也是写好所有作品的关键，甚至是一个人通向审美殿堂的不二法门。它看似玄之又玄，其实是返璞归真，"本立而道生"。从这个意义上来说，任何的投机取巧，都只是雕虫小技，永远无法抵达写作的高层境界。

当我采写了几百位校长及其学校之后，在这个领域拥有了充分的话语权的时候，是不是就一定能走进写作的“道”场之中呢？回答是否定的。丰富的写作素材，以及对写作对象的准确把握，构成了写好通讯作品的必要条件；继之不断地阅读大师作品与背诵经典，才能构成充分必要条件，即有之则必然，无之则必不然。只有不断地阅读名著，大量诵记经典，且“化”之于心，并与采访的内容和谐地融为一体时，才能产生巨大的生命能量，也才能让“道”不期而至。这是一个无止境的大境界，我只是触摸到了“道”的边缘而已。不过，有了这种觉悟，并不间断地“行”下去，相信会让我的作品跃升到“更上一层楼”的境界，以至点亮我整个生命的前程。

需要说明的是，这本书中所写的校长及其学校，除内容各异外，呈现方式也有所不同。有的会相对全面地铺展开来，给人一个整体的印象，甚至让人产生一种“横看成岭侧成峰”的感觉；有的则是“弱水三千，只取一瓢饮”，让读者从某一个视角去领略其独具的一个“景点”，进而展开丰富的想象，窥一斑而知全豹。

收入本书的通讯作品共计18篇，均发表在各大报刊上，在本书中则是按照由“近”及“远”的顺序编排的，即最近发表的排在前面，最早发表的排在后面，以免给读者造成这些校长及其学校优劣不等的印象。我去任何地方采访的时候，都是怀着一颗朝圣的心去“拜谒”的。在我这里，没有因其名气大小与城乡之别而有分别心，有的只是“择其善者而从之”的学习心。

陶继新

目录 ■CONTENTS

三个生命维度与课程体系构建

——赵福庆校长在创生教育探索中的突围与飞跃

与赵福庆校长相识已有近二十年，虽然近几年因各自奔忙，联系少了，可我一直关注着他的发展动向。从当初他由莱州市双语学校开始推至全省的创新教育，到后来他所研究的极具理论高度与实践价值的生命教育，一路走来，堪称高歌猛进、硕果累累。

而近年来，他在创新教育与生命教育理论研究与实践的基础上，又提出了颇具新意的创生教育，从而实现了两大突破和创新：一是提出了自然生命、智慧生命和精神生命三个生命维度的概念，每一个维度都给予个体无限的创造生命意义的可能性；二是基于三个生命维度中的重点要素和薄弱点，对症施策，创建创生教育课程体系，为帮助学生增加自然生命的长度、提升智慧生命的高度、拓展精神生命的宽度、实现三个生命维度的均衡发展找到了一套有效的实施方案。

赵福庆校长构建的课程体系包括三大类共十种课程，是一个具有理论创新与实践价值的研究成果。所谓三大类课程，就是公共课程、扬长课程和补短课程。公共课程包括知行序列德育课程、深度学习学科课程、“三美”艺体课程。每种公共课程均由国家课程和校本课程两部分组成，对应学生三个生命维度的重点要素。扬长课程包括社团课程、特色活动课程、自修课程，对应学生个体生命中的特长素养，即学生生命中的深化点。补短课程包括“读研探践”科学课程、新六艺传统文化课程、批判性思维课程、休闲教育课程，对应学生三个生命维度的薄弱点。与该课程体系相继诞生的还有多维评价体系，从而保证了三个生命维度中的“长板”得以充分提升，“短板”得到有效的弥补与发展。

为此，笔者再次走访赵福庆校长，感受这位在齐鲁大地乃至全国教育界都很有名望的校长的精神风采，领略他的思想高度，并走进那片创生教育理论研究与新课程构建的实践沃土，与他及他的团队一起，品尝探索与收获之果的甘美。

让自然生命拥有足够的长度与极高的质量

人，生而便有了自然生命，但在此后的时日里，有的生命呈现出勃然生机，且有了超越常人的生命长度；有的生命则萎缩低迷，且比一般人提前结束了生命。如果让人选择其生命状态的话，毫无疑问，多数人会不假思索地选择前者；可是，有的人却不自觉地走上了后者的道路，成为生命旅程中的悲剧人物。

为什么会出现这种情况呢？原因当然非止一端，但重要的原因之一，则与在义务教育阶段这一生命奠基的关键期没有受到适时有效的自然生命教育有着内在的联系。

教育，是要对人负责的，当然就包括对人的自然生命的关注与研究。

赵福庆校长很多年前就在思考与研究这个问题，并形成了属于他自己的独特的思想体系与实践路径。

怎样才算是最好的自然生命呢？毋庸置疑，是需要长度的，活三四十岁与活百岁以上是不一样的；除此之外，更需要生命的质量。一个健康的人与一个整天躺在病床上的人具有同样的生命长度，可质量却有天壤之别。所以，最好的自然生命，既需要长度，也需要质量。

赵福庆校长认为，健康的身体、阳光的心理，是保证自然生命长度与质量的不二法宝。

可现实并不尽如人意，休说初中生，即使小学生，身体与心理出现健康问题也早已不是什么新闻了。如果中小学生的心理健康问题得不到及时解决，自然生命的长度与质量就有可能呈现江河日下的态势。即使品行与能力再好，也往往因为力不从心而望洋兴叹。

为此，若要其身心健康，就要从中小学抓起，让生命朝着它本然的方向发展。于是，相应的课程应运而生——

莱州市双语学校的体育课程与心理健康课程，不但开得多，而且开得好、开得活。

赵福庆校长认为，保证学生的身体锻炼时间，甚至比保证其他文化课程的时间更重要。所以，体育课一节都不能少，即使到了中考前夕，也要让学生像往常一样活跃于操场之上。

心理健康教育课程受到了同样的重视。“发然后禁，则扞格而不胜。”

开设心理健康教育课程的要义之一，不是待学生出现了心理问题后再进行教育，而是在其发生之前或者处于萌芽状态之时，便开始进行有效干预。“禁于未发之时”，既省时间，又相对容易。正因如此，莱州市双语学校学生的心理问题很少。

外在身体健康与内在心理阳光的和谐，让学生有了高质量的自然生命。

赵福庆校长认为，人的生命健康还与生态环境有着密切的联系，而目前学生的环保意识与行为习惯并未达到理想状态，他一直在思考如何补上这个“短板”。为此，学校开设了生态教育课程，通过项目学习，让“短板”不复存在，甚至由“短板”变“长板”。在教师的指导下，学生开展了有关“水资源”“水污染”“森林覆盖率”“空气质量”等项目的专题研究。如四年级的学生开展了“垃圾去哪儿了”“跟着垃圾去旅行”的社会调研，全程了解生活小区垃圾的去处。

学生在“跟着垃圾去旅行”中发现，莱州市两处垃圾处理场，担负着全市 17 个镇（街道）、每天约 600 吨垃圾的处理任务。一天产生的垃圾则要 86 辆载重 7 吨的压缩车才能装下！

学生还了解到，垃圾的处理多采用填埋的方式，尽管进行了一定的无害化处理，可对环境造成的污染依然不小。与此同时，大片土地被垃圾掩盖，土地资源渐渐被吞噬。

学生一路“旅行”，一路采访，一路被震撼！

无需教师讲解，环保意识便悄然走进了学生的心里。他们强烈呼吁：不要随意地制造垃圾了！不要肆意地倾倒垃圾了！

回到班级，学生们又主动开展了“我们的垃圾该去哪儿”的环保主题活动。这个时候，他们看到的已经不再是校园里的一片纸屑或小区里的几个垃圾箱，而是令人触目惊心的“垃圾世界”，并开始思考垃圾与环境、生活、健康之间的密切联系，以及每个人看似不起眼的行为集合起来之后对环境产生的巨大影响。

同时，在实施这一课程时，学生还明白了更为深刻的道理：不但要有效地提升自己的自然生命的质量，还要推己及人，去关注他人乃至全人类的自然生命。因为真正的环保意识本来就是与人格升华相得益彰的。

让智慧生命创生出更大更多的奇迹

作为一个完整的人，需要的不只是自然生命的美好，还需要智慧的支撑。智慧需要丰沛的知识，可它又超越知识，能让人从寻常的物象中发现一般人看不到的绚丽风景，甚至触摸到其灵魂的内核。

那么，如何才能让学生生成智慧、增长智慧呢？

赵福庆校长认为，学生求知是有道可寻的，要生成智慧绝对不能逆道而行。可现在的很多求知之法，更多地停留在技的层面，这并不是说不需要技，可少了内在规律研究之道，单凭“技”就会事倍功半，更无法抵达智慧的殿堂。于是，他提出了生成智慧的四个要素。

一、善学乐学

中国第一篇教育学论著《学记》有言：“善学者，师逸而功倍，又从而庸之。”意思是说，善于学习的人，不用教师费很大力气就可以达到事半功倍的效果，而且会归功于教师。可是，现在不少学生并不会学习，更遑论善学了。于是，就出现了尴尬的局面：“不善学者，师勤而功半，又从而怨之。”意思是说，不善于学习的学生，教师教得非常辛苦，可学生学习的效果却事倍功半，反而会抱怨教师。

那么，学生为什么不会学习，不善于学习呢？当然与其本人有关。可是，赵福庆校长认为，这与教师的教学观念及教学思路同样有关——如果研究教法的同时，也研究学法；研究学法的同时，也研究学生学习的内在规律，就能让学生走进会学、善学的境地。同时，要想让学生会学、善学，还有一个重要元素，那就是主动学习。有了内驱力，就如机器有了发动机，这样学生才能具备终身学习的渴求，并能很好很快地获取必需的知识。

内驱力还需要一个重要的支点，那就是乐学。孔子说：“知之者不如好之者，好之者不如乐之者。”如果“知之”属于求知层面的话，“好之”则有了道德诉求，而“乐之”则进入审美层次。孔子之所以终身“学而不厌”，一个重要的原因就是他那“发愤忘食，乐而忘忧，不知老之将至”的审美体验。

如何让学生乐学呢？要让他们知道学习是自己的事情，并且从中体验到探索未知、喜获丰收的幸福。

赵福庆校长认为，创新学习方式、拓宽学习渠道、丰富学习体验，是激活学生乐学的有效途径。他不但思考、研究了这个问题，而且在实践层面上进行了大胆创新。班级微电影课程就是其中之一。学校每个班级都成立了微电影社团，每个微电影社团每学期要完成一部微电影作品。学生对当演员、拍电影，本就有着极强的好奇心和参与欲，如果让他们将自己熟悉的学校生活搬上荧屏，会对他们产生更大的吸引力。不过，自创班级微电影，对于从未涉足这一艺术领域的学生来说，还是充满挑战的。可是，由于“乐之”，即使遭遇困难，学生也会一往无前。他们积极主动地学习剧本创编、表演、拍摄、编辑、美工、后期制作等技能，于是，就有了神思天外的想象、独具匠心的创意、充满美感的设计、认真有序的操作。学生们惊奇地发现，自己竟然有着如此强大的创造力，形成了如此美好的创作成果。于是，乐此不疲的忙碌中，又有了回荡于心的幸福感。何止于此，他们还学会了组织、合作、沟通、分享等，有了“二人同心，其利断金；同心之言，其臭如兰”的深刻体悟。而从各个学科学到的知识，自然而然地在其中汇聚融合，以至升华成具有生命张力的智慧。于是，《家访》《保姆妈妈》《老师妈妈》等一批优秀的班级微电影成功“出品”，并在学校微电影节期间展播。学生们簇拥在教学楼内的各个电视机前，欣赏着自己的创作，于兴奋与激动中生成了更大的自信心与自豪感。而教师们在惊诧于学生巨大创造力的同时，还有了“后生可畏，焉知来者之不如今也”的喜悦与感叹。

二、思维开放

当下课堂教学中普遍存在着学生思维不太开放的问题，这并不是因为学生思维原本不活跃，而更多地是由教师造成的。教师往往用固定的答案与线性的思维来框定学生飞扬的思维。本来有着无数个思维向度的问题，教师却只给出一个固定的答案从而固化了学生的思维。久而久之，学生原有的开放性思维，自然而然也就萎缩了。

其实，在课堂教学中，针对教师提出的某个问题，每个学生都可以有自己的思维向度，甚至每个学生都可以有若干个思维向度。全班学生，则应当有几十个甚至更多的思维向度。当学生的思维被彻底打开后，常常会有惊喜出现，教师及时进行鼓励与表扬，会让这种思维更加张扬，于是，学生积极主动的创造也就顺势而生了。

在这更多的思维向度里，有形象思维的飞扬，也有抽象思维的演绎。教师要想方设法打开学生的思维，让其形象思维驰骋奔跃，让其类比、归纳与演绎推理思维突显张力。而此时，学生的批判性思维也会由此生长。没有了固化思维的羁绊，学生自然会产生属于自己的思想与思维，不但“不唯书”成了现实，“当仁不让于师”的“胆识”也会提高。而一个学生创造力的大小，恰恰与其批判力有着内在的联系。那种唯教师是听与唯书是举的学生，尽管考试成绩不错，却在无意间扼杀了自己巨大的发展潜能。教育，就应当让学生在取得理想考试成绩的同时，拥有走向未来的创造潜能。

莱州市双语学校在进行“以深度学习课堂教学模式提升学生能力”的研究中，使自主、合作、探究成为学生课堂学习的常态。唐福玲老师在平时的课堂教学中，便为学生创设了自由、民主、轻松的自主学习氛围，并将“学贵有疑”与“有弗辨，辨之弗明，弗措也”的学习理念应用到学生日常的学习之中，并使这种实践成为常态。

唐福玲老师上《包装的学问》一课时，借助扑克牌让学生合作学习，激励他们发散思维以探寻问题的答案。她抛出的问题是：两盒扑克牌可以怎样包装？哪种包装方法最节省包装纸？为什么？她让学生先想一想，再动手摆一摆，然后把自己的想法用算式表示出来，看谁想的方法多。旋即，学生以小组为单位，兴趣盎然地动手拼摆起来，同时，还记录下每种包装的计算方法，之后共有四个小组进行了讲解展示。

第一个小组研究出了三种包装方式，分别是把小面拼在一起包装，把中面拼在一起包装，把大面拼在一起包装，然后把这三种包装方式所用的包装纸的面积分别进行计算（方法是用所有面的面积之和减去重合面的面积），得出结论：减去的重合面面积越大，包装纸用的越少。

第二个小组的包装方式和所得出的结论与第一个小组相同，但是他们计算的方法不同，他们是把露在外面的面的面积全部加起来。

第三个小组的计算方法更简便，他们找出拼成的新的长方体的长、宽、高，然后按照长方体表面积计算公式分别计算。

第四个小组的方式最特别，他们把扑克牌进行了三种不同的组合，不是通过计算而是通过比较的方式判断出两个大面重合后表面积最小，所以只进行了一次计算。

分组交流中，学生纷纷补充和质疑，不但对长方体的表面积计算方法有了更透彻的理解，还自己总结出了最优化的方法：两个大面重合时，重合面积最大，表面积最小，最节省包装纸。

唐福玲老师摒弃传统的线性思维与固定答案，将学习的自主权还给学生，并巧妙地使用了道具，让学生展开思维的翅膀，思考与研究出自己的答案。于是，就有了更多的思维向度，不但产生了不同的解题思路，而且激发了学生自主探索的积极性。当学生的心灵处于自由状态、思维被彻底打开的时候，不但会出现意想不到的结果，甚至会出现“弟子不必不如师，师不必贤于弟子”的教育景观。同时，在整个过程中，自主、合作、探究“三体”联动，不但有效地解决了问题，而且培养了学生的自主学习能力、合作共赢品质，以及敢于创新的探究精神。

三、感悟通达

一个人有了丰厚的知识，如果不能化知为智，也只能是“书呆子”。从古到今，很多人都学了很多知识，鲜有成就者多矣。究其原因，就是一直没有从知识的苑囿突围进入智慧的殿堂，去领略那无限美好的风光。

那么，怎样才能形成智慧呢？其中一个重要的途径就是读经典，因为经典是经由时间流逝、大浪淘沙后，仍然定格在有文化品格者的心灵层面的、能不断引领人的生命成长的精神产品，其中常常摇曳出常人没有的感悟之语，读来令人顿感眼前一亮，疑虑消失，从而走进一个明丽的世界之中。我之所以几十年如一日地诵读《论语》等经典，原因即在于此。

诵读经典，不仅需要“默而识之”，更要生成感悟。读而无悟，价值少矣。

有的专家满腹经纶，但听其报告，总感觉所谈内容多是书本知识的移植，鲜有自己的感悟，听来味同嚼蜡，很少激起生命的回响。真正有智慧的专家则不然，他们不但腹有诗书，更有感悟之语，让人听来常常有“听君一席话，胜读十年书”的惊喜，会情不自禁地佩服其非凡的智慧，进而走进“学而时习之”的境地。

赵福庆校长也学理论知识，可他不是食而不化，而是学而悟之，悟而用之。所以，在听他谈教育理论的时候，总能感到其中有大教育家的思想，更有属于他自己的“赵氏语系”。

他特别擅长用打比方的方式将教育理论生动形象、深入浅出地进行解读与阐释，并把教育理念转化为教育智慧，让人听来如沐春风又了然明悟。比如，他把学校发展比喻成“滚雪球”，要又快又大又圆。滚雪球的速度要快，就好比学校发展要聚焦重点的、关键的、有价值的工作，减少无用功和无谓的损耗，即要提高效率。雪球的形状要圆，就好比学校的发展要注重全面性、均衡性，不能只注重智育发展，而忽视了其他方面的发展，或者片面地理解学校的特色发展，把时间、精力只集中在某个方面，滚来滚去滚出了一个残体。究其原因，是没有按教育规律办事所致。雪球的体积要大，就好比学校各项工作要安排得当、措施得力、管理到位，提高质量和水平。这里谈的则是科学的工作方法。除此之外，赵校长还别具一格地提出了教师发展“挑担子”理论、家长发展“做营销”理论、学生发展“配套餐”理论。

这样的打比方，与古人的比物丑类有异曲同工之妙。活泼有趣的语言背后是对教育理论入木三分的透彻解析，亦是对学校工作及发展的“道”“术”兼备的智慧谋划。其治校之雄才大略，便于谈笑之间彰然无遗矣。

四、行而有成

有人说，中国历史上立德立功立言者只有两个半人，一个是孔子，另一个是王阳明，那半个是曾国藩。我佩服曾国藩，对孔子和王阳明，更是崇拜有加。王阳明提出知行合一说，并言“知者行之始，行者知之成”，真是绝妙之至。

由王阳明的知行合一，赵福庆校长进一步提出了智行合一。他认为，智慧具有超越知识的价值。这让我想起了《三国演义》中的“诸葛亮挥泪斩马谡”给人们的启示。马谡饱读兵书，甚至能倒背如流，谈起战略战术，口若悬河，头头是道。可是，他这些知识在守街亭时都没有派上用场，以至失守而被斩。而诸葛亮不但读兵法之书，而且将书本上的知识化成了自己的智慧，因时因地因人而变，不但总结出战争之术，更晓透了战略之道，所以，才有了百战不殆的智慧与神奇。

赵福庆校长阅读了大量中外教育名著，其言其文也具有理论的光华与智慧的张力。更重要的是，他将智慧投注于行，实现了行而有成与智行合一的质变。

1998 年，赵福庆任莱州市双语实验小学校长。虽其名曰实验小学，其实是一个 24 亩的荒草丛生且仅有 100 多名学生的村小而已。

赵福庆校长胸有成竹地要将其办大办强，并在当年 8 月，决定把学校向北扩展 100 亩。那是一片丰收在望的玉米地，如果立即行动，会让老百姓经济大大受损。怎么办？赵福庆校长很快便想出了一个两全其美之策——学校按照每亩每年 6000 元租赁土地，同时，损坏的玉米折合 2 倍的价格偿还给农民。

老百姓个个高兴地奔走相告，扩展计划很快变成现实。

而学校，用这种化整为零的办法，解决了一次性投入资金不足的问题。

几年后，如果再想扩展这么大面积，休说花费要翻好多番，实施起来也是“难于上青天”的。

不过，当时很多人对此表示不理解。对于一所看上去似乎没有发展前景的小学，花这么多的钱与气力建造，到头来如果招不来学生，岂不是一种巨大的浪费与损失吗？

其实，赵福庆校长早就定下了宏伟的发展蓝图，绝对是非常人可想也。

今天再到这所学校，你会惊诧不已。学校不但拥有一流的建筑与设备，还由小学升级为九年制义务教育学校，学生人数多达6600多名，好多想进这所学校就读的学生都难以如愿。

那么，学校何以能如此之快地变大变强呢？

孔子说："工欲善其事，必先利其器。"在赵福庆校长看来，强校之本在于提高教师的素质，唯其如此，才能让教师"善其事"。为此，就要让教师"利器"在握。于是，他提出了每个教师都要具有"8张合格证"的要求，即会说流利的普通话、全国计算机二级、公共英语二级、教育科研能力强、教育理论水平高、口语表达能力佳、学生特长（至少一项）指导能力、良好的写作能力。

在一般人看来，如此之高的要求，是绝对不可能实现的。可让人们想不到的是，经过多达1000多个日夜的不懈努力，几乎所有的教师都拿到了这"8张合格证"。这时，教师们才领悟到赵福庆校长常说的一句话："每个教师都具有巨大的生命潜能，只有持之以恒的奋斗，才能激发出内在的潜能，从而让自己变得优秀甚至卓越。"蓦然回首，大家发现，所有的付出都有了收获。"8张合格证"背后的力量呈现出来了：教师们的教学水平大大提升，有不少教师已成为名师。

19年间，在山东省每4年一次的特级教师评选中，双语学校有6人获选；山东省评选齐鲁名师，双语学校一次就有2人被评选上；山东省的创新人物评选，双语学校有2人获评，其中赵福庆名列其中；山东省的教学能手评比，双语学校一次获评至少5人，"烟台名师""名校长"评选中，双语学校一次获评4人。

欣喜之余，教师们开始感谢赵福庆校长的大智慧、大行动。其实，"8张合格证书"只是这些大智慧与大行动的冰山一角。而教师们则在这所智行合一的学校里，实现了质的飞跃，拥有了别样的风采。

让精神生命更有亮光和价值

自然生命与智慧生命固然重要，可如果没有更好的精神生命，则难以让生命呈现出光彩，也难以为社会做出更大的贡献。

意志、情怀、担当等，无疑是精神生命的重要元素。

一、磨砺意志

任何人的人生都不可能总是一帆风顺，遭遇磨难与困境是必然的。如果这个时候不被击倒，甚至愈挫愈勇，就会磨砺出坚强的意志。孟子所言“生于忧患”的要义，除了在逆境中磨炼意志并生成品质、成就事业之外，还有一点，那就是形成智慧，并生成独特的生命意义。还是孟子说得好：“天将降大任于斯人也，必先苦其心志，劳其筋骨，饿其体肤，空乏其身，行拂乱其所为，所以动心忍性，曾益其所不能。”看来，要想将来承担大任，非得承受大的磨难不可。司马迁、陀思妥耶夫斯基等，无一不是如此。

但当今的学生，休说大的磨难，很多人连小小的挫折都不能承受。生长在温室里的花朵，是不可能经受得住寒风冰霜侵袭的。而将来走向社会，大部分的人都会遭遇意想不到的磨难。如果学生在小时候对此毫无准备，亦无有意识的磨砺，将来则有可能如温室里的花朵一样一遇风霜便很快凋零。

所以，挫折教育，应当从小学抓起，让学生从小具备百折不挠的意志。这样，长大成人后，才有可能做出一番大的事业。

在学校教育中，体育运动不但可以优化学生的自然生命，也是磨炼其意志、升华其精神生命的载体。为此，学校大胆创新，设计了“年级全员运动会”。活动要求：全校学生运动员须达98%以上；以级部为单位，每个级部有一天的比赛时间；结合学校体育大课间、体育校本课程，确定各年级的比赛项目。为了完成练习目标，并在比赛中一展风采，学生们必须在平日里下功夫。往日吃不了的苦、受不了的累，现在却都咬着牙坚持了下来。有的学生还在锻炼中受了伤，可他们一声都不吭。有的家长心疼孩子，想给孩子请假，却被孩子拒绝了。

其实，学生不但在学习上具有极大的潜能，在抗挫折方面同样拥有极大的潜能。娇生惯养，会扼杀这种潜能；而这一体育活动，则大大提高了学生抗挫折的能力，并培养了学生拼搏进取和决不放弃的精神。这些，不但让学生具备了坚强的意志，也让其精神生命更具韧性。

赵福庆校长欣喜地说，在比赛中，学生呈现出来的合作意识与集体荣誉感成了学校精神文化中一道美妙的风景。而这些，不但为学生生命成长积蓄了精神营养，也为学校的持续发展奠定了精神基石。

二、人文情怀

精神生命里还有一种柔软的因子，那就是人文情怀。善良、悲悯、温和、谦让、真诚等品质，加之以经典文化的滋养，才能形成如孔子所说的“文质彬彬，然后君子”的人文情怀。

学校德育承担着培养学生人文情怀的责任，可有时效果并不佳。德育，要触动与抚慰学生脆弱的心灵，使其变得坚强起来。而语文、历史及其他学科，也并非与人文教育风马牛不相及。教师教学如果忽略了这些问题，就有可能让人文教育成为一片荒野。

古今中外的经典都闪烁着人文的光芒。在这些作品里，不但摇曳着智慧的光华，也流淌着人文精神的活水。不断诵读，人文情怀就会在“随风潜入夜”中滋养学生的心田。而学校开设的优秀传统文化课程，为学生朗诵经典提供了保障。现在，学生尽管对经典中的深刻哲理未必全然了解，可是，在记忆力最旺盛的时段，通过诵读将经典沉淀在心灵的深处，随着知识、阅历的增加和年龄的增长，这些经典就会逐渐生成巨大的生命能量。

赵福庆校长认为，当下学习经典也许不能立竿见影地提高学生的考试成绩，却可以为学生未来的成长提供持久的支撑。孔子说：“无欲速，无见小利；欲速则不达，见小利则大事不成。”赵福庆校长，则是试图做出一番大的教育事业者。

三、敢于担当

精神生命中还有一个极具力量的元素，那就是担当意识。曾子说得好：“士不可以不弘毅，任重而道远。仁以为己任，不亦重乎？死而后已，不亦远乎？”真正的有识之士，不能只关注自己当下的成长，应当更多地指向社会与未来的成长，而且必须有一个核心思想“仁”。为了担当大任，为了社会、国家，甚至可以“杀身以成仁”，绝对不能“求生以害仁”。

目前，不少学校缺失了这种培养学生社会担当意识的教育。这种教育并不是让学生奔向死亡，而是让他们知大义而前行，即使遭遇风险，也毫不退缩。这种大担当，恰恰是学生能成大器的根本所在。

据赵福庆校长讲，学校是通过学生代表大会制度来培育学生的责任意识和担当意识的。学生代表是由每个班级民主推选出的思想进步、敢于担当，能充分代表同学们且能传达其心声的学生组成的。为了担当起代表的重任，他们在学习之余必须认真执行学生代表大会的决议，做好学生代表大会及主席团交给他们的各项工作，及时向本班学生传达会议精神；同时，要保持与本班同学的密切联系，听取和反映他们的意见及要求，努力为同学服务。此外，还要认真而广泛地从学生中征集德育、学习与生活等方面的提案。这不但培养了他们的责任意识与担当意识，也促进了学校决策及管理的民主化和科学化。

据徐建华老师讲，成为优秀的学生代表并不是一件容易的事，因为要想过民主选举这一关，非品学兼优甚至出类拔萃不可。而成为学生代表之后，能否无私奉献、积极工作、敢作敢为，也在全体学生的无形监督之中。从本质上说，学生代表不是“官”，而是学生的服务员；不是为了享受某种待遇，而是为了付出更多，贡献更大。没有担当精神者，是不可能成为学生代表的。

赵福庆校长认为，当下的学生，未来是要成为社会栋梁的。教育的目的，不是让其长大成人后，才有担当大任的意识，而是要培养其从小就拥有担当意识。荀子说得好：“合抱之木，生于毫末；九层之台，起于垒土；千里之行，始于足下。”中小学阶段是人生的奠基阶段，学校应责无旁贷地承担这个任务。

赵福庆校长欣慰地说，学校先后为全国中小学德育综合改革成果展示暨交流会议、山东省创新教育节、山东省社会主义核心价值观进校园等各级各类会议提供现场展示。学生的生命活力和能力素养得到全国与会专家和教师的高度好评。

有专家称，目前，创生教育只是初现魅力，未来还会彰显出更大更强的生命张力。诚哉斯言！赵福庆，这位具有理论高度和创新思维、一直行走在实践一线的校长，定会实现其生命的又一次飞跃，莱州市双语学校也将迎来新的辉煌。

好教育自在“道”中

——北京新学道洛阳国际书院的教育传奇

北京新学道洛阳国际书院虽然是洛阳地区独一无二的“国际书院”，却没有传统民办学校“高大上”的校舍建筑和先进超前的硬件设备。区区一所“陋室”，真的能承载新学道教育之魂、教育之道的重任吗？笔者初到学校，心中不免有些疑问。然而，在与席争光校长交谈并深入学校参观考察后，疑虑渐渐消散，且有了一种“斯是陋室，惟吾德馨”的感觉。

以文“化”人的管理之道

当积极和谐的学校文化持续不断“化”人的时候，学校就有了不竭的发展动力。洛阳国际书院的优质学校文化构建，为师生注入了昂扬向上的生命力量。而由此形成的人文精神，又反过来让学校文化更显张力。此之谓以文“化”人，人亦可以“化”文也。“化”达至境，学校管理则可以步入“无为而治”的境界。

见到席校长的时候，发现他并不像有的校长那样忙得不可开交，反而淡定从容地跟笔者谈老子“无为而无不为”的哲学。他说，他从来不要求教师签字打卡、考勤签到、汇报工作；可教师们从来不迟到、不早退，甚至到深夜，办公室里依然灯光耀眼，教师尚在不知疲倦地备课与学习。

“看着他们的黑眼圈我也很心疼，可是他们要是工作没做完或没做好，我赶都赶不走。”席校长说至此处，眼圈已红。原来，这位身壮体阔的男人，还有如许的柔情！

当然，席校长也为此深感自豪。

席校长说，一所学校，只有形成良好的学校文化，才能让教师们自觉自愿地干好工作。否则，即使校长天天盯着，逼其努力工作，也多是无济于事的，甚至还会产生副作用。

那么，究竟是什么样的学校文化，让教师们有了如此强大的内在动力呢？

席校长说，是学校的“六大文化”，让管理有了“道法自然”的妙道。

一、爱与善的文化

孔子说“仁者爱人”，《大学》说“止于至善”，其中的要道就在于：一个人要想抵达精神的高峰，爱与善是“不可须臾离也”的，因为“可离非道也”。教育之道，核心则在爱与善。

正是基于这样一种思考，学校的重大决议遵循了“五个有利于”原则：是否有利于学生的和谐发展，是否有利于教师的专业发展，是否有利于家长的整体发展，是否有利于学校的持续发展，是否有利于教育的创新发展。

这“五个有利于”不着爱与善字，爱与善却尽在其中。因为爱与善不能只是口头的言说，更应体现在日常的教育教学之中。教师有了爱与善，会在教育教学与日常生活中将其“于无声处”传递到学生的心里，从而让他们也有更多的爱与善。孩子是祖国的未来，当下播下爱与善的种子，到了一定的生命节点，自然就会开花结果，并以爱与善光照他人与社会。

二、赏识文化

赏识不只是表扬与激励，还有如孔子所说的要“成人之美”。其有两个含义：一是领导与教师、教师与教师、教师与学生、教师与家长要彼此信任，希望对方更好；二是每个人都要学会赏识自己，相信自己会变得更好。

有了这种赏识文化，人就会更多地看到别人的优点，并“择其善者而从之”，让别人感到高兴的同时，自己心里也舒畅起来。同时，每一个人都应生长在“自己和自己比，这次和上次比，今天和昨天比”的“土壤”里，每天都应生活在“每天进步一点点”的信念里。有了自己欣赏自己的心理，自信心就会随之“水涨船高”。生命不断成长，拥有幸福，也就是必然的了。

人人心灵愉悦，人人充满自信，学校就有了发展的内在动力，就会形成同心同德、共谋发展的学校文化，就会像《周易》中说的那样：“二人同心，其利断金；同心之言，其臭如兰。”

三、相信、尊重文化

相信和尊重身边的每个人，是洛阳国际书院的又一文化特色。在这里，你是独一无二的，可以有独立的思想，可以有绝对的自由。校长一旦将任务交给你，就绝对相信你能把它做好，即使结果不尽如人意，也相信你努力了，并和你一起分析利弊得失。在这里，每一位教师都被满满的“相信”和“尊重”感动着，都在积极主动地工作着。

每一个人都有被尊重、信任与渴求自由的心理需求，这其实就是每个教师的心灵“自然”。尊重，要求校长与教师在人格上平等，要给教师以真正的信任与巨大的包容；自由，不是让教师自由散漫，而是让他们在心灵自由的状态下进行创造，创造出学生当下的精彩与美好的未来。

四、“懂”的文化

“懂”是席校长独创的一个学校文化标识。他认为，三观不同，思想境界也不一样，由此会增加人与人之间沟通的“成本”，甚至会使人与人之间出现矛盾。的确如此！我们都遇到过这种情况：在与对方沟通的时候，你竭尽全力、费劲口舌，对方却懵懵懂懂、一脸茫然；抑或虽然心里明白，但就是认定与你“道不同，不相为谋”，依然我行我素。

在洛阳国际书院，校长交代的任何一项任务或某个小小的指令，无须多言，教师们都会全力以赴地执行。有时甚至仅一个手势、一个眼神，教师都能心领神会，迅速行动并尽力做好。

席校长称这是洛阳国际书院的文化密码，是使全校上下有令则行，甚至“不令而行”的秘密武器。

其实，说是秘密武器也不是秘密武器，因为当人与人心灵相通的时候，就产生了真正的信任。有了信任，就有了强大的执行力。恰如《论语》所言：“君子信而后劳其民。”相反，“未信，则以为厉己也”。如果“未信”，则有可能虽懂装不懂，甚至做出违背与反对的行为。由此看来，只有心往一处想，并建立起彼此之间的信任体系，才是真正意义上的“懂”的文化。

五、成就文化

孔子说：“己欲立而立人，己欲达而达人。”自己发展与成功了，也就希望并帮助别人发展并走向成功。孔子的人生，就是立己达人的一生。他成就了三千弟子，其中七十二贤者，同时，也成就了自己，成为伟大的教育家与思想家。

席校长常对教师们说，教师要想立己达人，自己就要努力进取，不断发展，并让学生不断成长。而学生的成长，反过来又促进了教师的发展。大凡德才兼备者，都能培养出一大批优秀的学生；而优秀的学生，也会给教师以更多的力量，并使教师做出更大的努力，步入更高的精神殿堂。师生间如此，教师之间、校长与教师之间亦如此，成就别人，也就是成就自己。因为要想成就别人，既需要有成就别人之才，也需要有成就别人之德。这就要有自强不息的精神、厚德载物的品行。这样，才能具有成就别人的资本，并在成就别人的时候，享受心灵的愉悦。

六、求真文化

《中庸》有言：“诚者，天之道也；诚之者，人之道也。”“不诚无物。”而陶行知则说：“千教万教，教人求真；千学万学，学做真人。”看来，求真文化之于教育，甚至之于整个人生，都是大事要事。

对于一个人的真假，人们都能看得一清二楚，即使有人使点权术，也终会被人识破。所以，做假者多是“机关算尽太聪明，反误了卿卿性命”。如此看来，求真有着巨大的意义。在洛阳国际书院，校长系本真之人，教师也以真教育学生，学生自然也就有了求真之美。

洛阳国际书院的求真文化还体现在没有任何以假乱真的数据分析方面。席校长说：“我们特别依靠大数据说话，每月的学习情况量化表，不但算得快，而且做得真。这为教师了解每个学生的学习情况和学习进度提供了可靠的真数据。”

目前，“六大文化”已经烙印在教师和学生的心里，并升华成一种精神，变成了师生的文化自觉。

席校长十分得意地说，老子“我无为，而民自化”和“无为而无不为”的管理思想，在洛阳国际书院已经变成了现实。而他，则有充裕的时间读上乘之书，思学校发展大计。而这，才是真正意义上的“在其位，谋其政”。

“周行而不殆”的精神气象

“道”是中国哲学的最高范畴，也是教育哲学的最高范畴。从孔子的“吾道一以贯之”的“忠恕”之道，到《大学》的“大学之道，在明明德，在亲民，在止于至善”，再到《中庸》的“天命之谓性，率性之谓道，修道之谓教”等，都揭示了教育的内在规则，直指教育发展的生命走向。走进洛阳国际书院便会发现，其之所以能够从无到有、从弱到强，其中一个重要的原因，就是遵循与践行了教育之道。

王阳明的“致良知”之说，让我们感到即使是童年的生命也有近道的自然“属性”。可在很多时候，这种自然“属性”却因精神的污染而被遮蔽。被遮蔽的童年、少年时代，则是近道并使其生命升华的关键期。洛阳国际书院在“机不可失，时不再来”的时候，让学生亲近高尚的精神与优质的文化，让他们在不知不觉中走进道中，进而点燃生命的亮色。

经典之中蕴藏着能丰富人的精神世界的真善美，以及提升人的文化修养的优质语言。天天沐浴其中，学生就有可能让生而就有的“良知良能”灼然生辉。于是，“道”便有可能悄无声息地内化于心，外化于行，从而让生命拥有立身之本。

每天清晨，全校师生齐聚一堂，不但诵读《弟子规》《朱子家训》《道德经》《孝经》《教条示龙场诸生》等，还以吟唱、歌诀体、小品、演唱、课本剧等形式展示。师生长期沐浴在如此高雅的学习场景中，文雅的言行也就自然而然地形成了。

晨读后，师生一起观看具有精神气象或传颂真善美的视频：《指尖上的传承》《十八人报告》等；共唱一首歌：《让世界因我而美丽》《最好的未来》、*Dream it possible* 等；高尚的精神与优美的歌声和谐为一的时候，学生的心灵澄澈、精神愉悦，就有了“道法自然”的美。

上午的诵读课上，学生读起“四书五经”和《古文观止》等经典来，简直就是一道动人的文化风景：或全班学生一起朗声诵读，或个人抑扬顿挫渐入佳境；或一个个摇头晃脑合韵律吟唱，或一双双拍桌击掌有节奏地歌舞……

于是，学生在学习经典中，不知不觉走进了“乐之者”的审美境界。

英语课堂上，听、读、背、抄、默、译，英语学习变得妙趣横生而又异常高效。

数学课上，在思维建模中，类比推理、归纳推理与演绎推理交相辉映。而情景故事的巧妙插入，则让数学学习这一“思维的体操”摇曳出一道又一道的趣味风景。加之师生、生生之间思维与语言的互动，课堂成了一道师生共同演绎“教学相长”的风景。

下午，音体美社团的学生们徜徉于“游于艺”的海洋，演绎出一幅八仙过海、各显神通的校园艺体图。这里培养出来的少年君子，不只腹有诗书和富有艺术气质，而且人人拥有健康的体魄与积极的心态。

傍晚，学生在古韵悠扬的古筝声中，静心守气，练习书法。在这里，他们不但练就了一手好字，更重要的是，养成了注意力高度集中的好习惯。从这个意义上来看，他们是在练字，也是在不动声色地学做人。

学生阅读时，穿越时空，聆听大师教诲，与大师进行心灵对话。于是，在对这些摇曳着智慧的经典文本的阅读中，真善美的春风习习吹来。久而久之，学生身上自然而然地呈现出“文质彬彬，然后君子”的气质。

每周一的升旗仪式由学生主持，他们自信地展示出独具的风采。“最美学生”“最佳坚毅奖”“我叫第一名”“六星班级”等多元的评价，让这些在不同方面有着突出表现的学生能在全校师生面前领取奖品，生成自豪感。

每周日的“五个一”作业：“一个小时运动”“一个小时做家务”“一个小时读书”“一个小时听读英语”“一周一反思总结”，让学生的求知之学、修身进德与快乐健体并驾齐驱，《学记》所言的“藏焉，修焉，息焉，游焉”在这里得到了完美的体现。

返校时的全校读书分享会是学生的最爱，人人登台演讲，跟大家分享自己读书的所得、所思、所悟。有些学生的感悟与习作，不但有文辞之美，还有思想之妙，常常让教师们不由自主地生发出“后生可畏，焉知来者之不如今也”的无限感叹。

德者，本也。本立而道生。只有让德育落地，才能彰显其“本”的魅力。学校每月的主题活动围绕社会主义核心价值观的十二个核心词，建立起德育课程体系。比如“共赏祖国美好星空——帐篷节露营活动”“祖国在我心中——庆国庆演讲比赛”“使命担当，彰显长征精神——长征徒步活动”“诚信考试”“圣诞夜钢琴音乐会”“迎新年元旦晚会”“校园运动会”…… 在点燃学生激情的同时，德育春风化雨般渗入学生心灵，核心价值观润物无声地滋润着学生心田。

每个学期，学校都会以活泼有趣的“期中展示会”“期末闯关活动”，替代单调死板的考试。学生不再一动不动地坐在考场上，而是生龙活虎地展示在舞台上。展示是对学生半学期或一学期学习情况的特殊考评，它在关注学生学习结果的同时，更关注学生的学习状态、学习过程，让评价变得多元而又科学。展示时，既有静态的文本展示，也有动态的舞台展示；既有学生学习过程、方法的展示，也有教师教育教学功底的展示；既有语数英各科的展示，也有艺体课程的展示。它不但让全校师生看到了展示者学习能力的优劣，也观测到了每个学生的心理素养、意志品质与创造精神。为了让自己有更好的表现，师生就会有持之以恒的行动。从这个意义上说，展示还大大激发了师生积极向上的内在力量，从而让平时的所教、所学，与展示时的精彩构成一种内在的和谐。

每日、每周、每月、每学期的“周行而不殆”，既培养了学生积极努力的学习品质，锻造了学生的健康体魄，培育了学生的艺术气质，更铸就了一种群体向上的精神气象，从而让学校精神文化闪烁出了“道”的光芒。

激活生命潜能的课堂教学

几乎所有学生都具有巨大的学习潜能，只不过有的课堂教学非但没有将其激发出来，反而任其处于沉寂状态。有些课堂教学有时甚至会无意间将学生的潜能扼杀在萌芽状态，压抑学生的学习兴趣，让学习变得低效甚至负效。洛阳国际书院则不然，学生在课堂上的学习不但是科学高效的，而且是激情洋溢的。

学生在“身正、腰直、肩平、足安、目视前方”的导语中起立，行礼，说：“感恩老师，引领教诲。”教师回礼并说：“感谢孩子们，一起成长！”这是洛阳国际书院每一节课开启的重要环节。“学习力训练”环节，让学生学习时变得异常专注与快速。如语文课上的定点凝视、横向快速移动、纵向快速移动、快速记忆、快速阅读；英语课上的舒尔特表训练、速读、限时读、速记默写；数学课上的书写马拉松、速算；艺体课中的站姿训练、音阶训练；等等。席校长称这是新学道学习的核心技术，长期训练，就会抵达功到自然成的境界。因此，学生的学习不但变得特别高效，而且井然有序。

丰富多样的课型、符合学生学习规律与学科认知规律的教学方法，大大激发了学生学习的积极性。比如，韵律拼音课、韵律识字课、快速阅读课、快速记忆课、课文讲读课、经典诵读课、思维导图课、思维建模课、自学辅导课、自主探索课、英语原典教学、英语听读背课……于是，人们称其为有生命活力的课堂，“岂虚言哉”？

入学两年半的学生，在学习国家课程的同时，还背诵了《大学》《中庸》《论语》《道德经》《诗经》《易经》《孝经》《黄帝内经》等经典。不仅如此，他们还进行了快速的海量阅读，平均阅读速度能达到700字/分钟，平均快速记忆16个词/分钟。每个学生的阅读量平均约达700万字，其中阅读量高的已经达到1200万字。难怪学生们都表现出“满腹经纶”的样子，所写的文章也让笔者惊叹——

游晋祠

四年级　吴彦辰

三晋大地，表里山河，古韵平遥，精美石窟，千年晋祠，迁客骚人赞美之情不绝于耳。吾于暮春之时有幸游于晋祠，感慨系之，故作此文。

晋祠有其独特之韵味，有其引人之风景，有其古老之建筑。立于三晋大地而闻名遐迩。

晋祠不似普通之祠堂，始入之时，有古色古香之感，细看亦可发觉古人之智慧及精湛之技艺，渐入，遂有身临其境之感。

晋祠，山水环绕，古木参天，芳草鲜美，落英缤纷，清泉环绕，映带左右，如同世外之桃源。

于晋祠之内，殿、堂、楼、阁、亭、台、桥、榭随处可见。雕龙画凤，壁画碑刻，千年古刹，览物之情，恍如隔世。

乍暖还寒，最难将息，后之览者，亦将有感于晋祠。

美园

六年级　耿樱畅

吾见一园，风景尤美。中有一湖，碧波万顷，清澈见底，湖中游鱼清晰可见，其色或红，或黄，或各色混杂，皆能和平处之。湖旁绿柳环绕，观之细长如丝，触之柔软似锦，随风舞动，甚是可爱。中央红桃数株，若有微风拂过，则落英缤纷，甚浪漫也。

旁有幽径，直通小岛。岛中有一亭，虽小，然亦可爱精致，遥望甚美。若两人对坐于亭中，或品香茗，或饮美酒，推心置腹，互诉衷肠，亦是人生之雅事也。

在洛阳国际书院，像吴彦辰、耿樱畅一样能写出如此佳作者并非凤毛麟角，因为有了大量阅读与经典背诵的积累，学生就自我构建了超越一般孩子的优质语言系统与写作思维系统，写作的时候，积淀于他们大脑中的优质语言就会迅速做出反应，形成其独具的语言范式。其实，从古到今所有的文化大师，几乎都是从小就练就了经典文化的“童子功”。这种“童子功”在小学阶段只不过“偶尔露峥嵘”而已，而随着其生命的成长，阅历的增加，会生发出巨大的能量。童年是记忆的黄金阶段，“时过然后学，则勤苦而难成”。儿童时期记得快，忘得慢是其自然属性；成年之后，就转换成了记得慢，忘得快，即使用上数倍甚至十几倍的时间，也不可能背诵如此之多的经典。北京新学道洛阳国际书院深知这种记忆规律，所以，在小学阶段就让学生大量背诵经典，从而为其一生的发展积蓄生命的能量。

儿童不但在背诵经典上有其独具的优势，在外语学习方面也有其超越大人的敏感性。敏感期一过，此后用数倍的时间，也难以收到相应的效果。北京新学道洛阳国际书院紧紧抓住学生学习语言的敏感期，让入校两年半的学生平均能够背诵95篇《新概念英语》中的文章。经过训练，学生的英语输入多，口语好；不仅会说，还会演；不仅会背，更会写。学习内容之多、速度之快，常常让教师有一种自愧不如的感觉。

北京新学道洛阳国际书院的数学教学不仅包括国家教材的内容，还开创了速算巧算、数独游戏、魔方游戏等内容，每周一节的思维训练课更是让学生的思维得到了训练和提升，难怪学生的数学考试成绩在当地总是出类拔萃。令人印象深刻的是在洛阳市统考中，吉利区七年级数学的两个满分学生都出现在北京新学道洛阳国际书院。

学校语数英学科成绩突飞猛进的同时，其他学科也毫不示弱。每周五节体育课：两节武术课，两节体育课，一节形体课；每周两节音乐课：一节视唱练耳课，一节奥尔夫音乐课；每周两节美术课：一节手工课，一节绘画课；低年级还有一节围棋课。此外还有心理课、科学课、书法课。

也许有人会质疑，如此之多的学习，会不会加重学生的负担？其实，对于“负担”的理解，有人步入了误区。学生负担的重与轻，并不都与所学内容多少成正比。如果课堂上教师讲得味同嚼蜡，学生学得痛苦不堪，即使所学内容很少，也会让学生感到负担很重。一些学校的学生之所以辍学，并不是因为他们学的内容多，而是因为他们学的少而苦。北京新学道洛阳国际书院恰恰相反，由于学而有道，学而有法，学而愉悦，所以，学生面对那么多的课程，非但没有负担，反而乐此不疲。一个人只有一个童年与少年，如果在这个生命时段让其学的既多又好且幸福，不但不是什么负担，反而会使他们形成积极的思维：学习不但可以在增长知识，增强能力，还有一种文化与科学升值的幸福感；不但可以在当下考出好的成绩，更能为未来的学习甚至一生成长奠定基础。

家校共育的精英教育

从孩子呱呱坠地起，家长就应当承担起教育孩子的责任了。不管是孟母三迁的故事还是岳母刺字的故事，都让我们看到家长对于孩子成长的重要性。遗憾的是，有的家长认为他们只有养育孩子的义务，而教育孩子是学校的责任。固然，学校教育承担着培养孩子成人成才的重任，可是，如果没有家长的合作共育，培养的效果就会大打折扣。

北京新学道洛阳国际书院从建校之日起，就特别关注家校共育，并提出了“家校共育的精英教育”的主张。学校每个月都会精心组织家长教育报告会，洛阳国际书院家长课堂每月一主题的报告会已经举办了16场，内容包括“学习是一种功夫”“梦想从这里远航——新学道教育解读”“英国游学分享会”等，近7000人次参加了培训。这不但为家长打开了家庭教育的智慧之窗，也让他们积极主动地投身到与学校教育同频共振的阵营里。共同的愿景与期盼、齐心合力的行动，为孩子的健康成长提供了家校共育的优质环境。

家长之于孩子的影响，有显性的，也有隐性的。平时家庭生活的高雅与粗俗，往往会在不经意间影响孩子。于是，学校致力于帮助家长过上一种高雅而有品质的生活。为此，学校开展了家长沙龙，开设有茶艺、瑜伽、插花、书法、古筝、太极、曼陀罗课程等，极大地提升了家长的艺术修养，让家庭有了艺术气息与文化品位。这不仅让孩子生活于一个审美趣味更高的家庭，还在无形中影响到家长的工作，起到了“化民成俗”的作用。

随着对家校共育认识水平的提升，家长参与学校活动的热情与日俱增。他们纷纷走进班级自主开展家长讲坛，并展示才华。仅这一个学期，各班的家长讲堂就已举办15场。内容涉及个人经历分享、金融理财、烘焙、预防近视、美食、新能源、生活急救常识、生物细胞、责任与担当等，不但让学生大开眼界，也让教师们大大受益。更重要的是，家长与教师的关系已经提升到同心同德的境界，甚至有了“孩子成长，舍我其谁”的使命感。

目前，北京新学道洛阳国际书院何止是一所让家长满意的学校，还与学生家庭组成了成长共同体。

北京新学道洛阳国际书院受到越来越多的赞誉和嘉奖。2016年荣获河南省教育部门授予的“省优秀民办学校”的称号，荣获吉利区“希望之星”小学英语演讲比赛一等奖；同年，学校派代表队参加第十一届中国郑州国际少林武术节，荣获1金6银8铜；2017年被评为吉利区教育部门民办教育工作先进单位；在第六届“星耀中国”全国大型少儿艺术大赛中获金奖，并被评为最具影响力艺术教育机构；在吉利区学校大课间活动成果展示中获得一等奖，在吉利区中小学篮球比赛中荣获中学男子组冠军，在吉利区“区长杯”校园足球联赛中荣获男子一等奖和女子二等奖。

席校长非常欣慰地对笔者说，在北京新学道洛阳国际书院优质快速发展的同时，新学道教育旗下的北京临川学校、北京新学道晋中书院、北京新学道金泉书院、北京新学道重庆书院等也在依“道”而行，收获着累累硕果。如果说新学道五年来一直在创造着教育奇迹的话，那么，未来它将会铸就更大的辉煌。

正气与人文的和谐

——山东省桓台县第二小学刘传田校长的精神品质

山东省桓台县第二小学（以下简称“桓台二小”）是当地有口皆碑的名校。学生不仅连年收获骄人的学习成绩，养成了良好的学习习惯，提升了综合素养，而且打下了积极、阳光的精神底色；教师们不仅具备很强的教育教学能力，而且具有被老百姓钦敬、认可的高尚的师德风范；而作为领军人物的刘传田校长，更是以一身浩然正气、真挚的人文情怀和坚持构建制度文化、以文化人的管理智慧，打造出了一道极具亮色的精神风景线。

树立正气：以身正定人心

孔子说：“政者，正也。”校长虽不是从政者，但学校管理事关千秋大计，同样是一门高深的管理学问，与政治管理有异曲同工之妙，因此要想做好学校的管理工作，校长的“身正”是必不可少的要素。尤其是面对以知识分子为主体的学校教职工，校长之“正”意义就更为重大了。恰如孔子所言：“其身正，不令而行；其身不正，虽令不从。”校长身正，教师们自然也多能“不令而行”。

“立志言为本，修身行乃先。”校长“言必信，行必果”，正人先正己，中层干部亦然。所以，在每年选拔中层干部的时候，“正”就成了首要条件。提拔、任用每一个人，刘传田校长都丁是丁，卯是卯，对能力的考察绝不马虎，对人品的考较绝不含糊。毋庸讳言，总是有些德才尚有欠缺的人希望走上领导岗位。极个别人虽然自身不正，可关系不少，有的关系还比较“硬”：你刘传田不是不选我吗？好，我就找你的上司，找你的亲友来“教育”你，给你施加压力。怎么也没想到，刘传田这个“铁面包公”，不但“刀枪不入”，还一言以拒之：“找谁都没用！越找越不行！”

个别人看这一方法行不通，就另辟蹊径，到刘传田校长家送礼求情套近乎。结果，不但被拒之门外，还被“教育”了一番：“这不是一个好老师应该做的事情，希望你能好自为之。”

有的人一而再，再而三，接连碰了一鼻子灰之后，才突然发现，这个校长不一样。于是，偃旗息鼓，安心工作。

刘传田校长认为，一所学校，如果正气不能上扬，邪气不受到抑制，休说做好工作，稳定也很难保障。只有树正气、干实事，踏踏实实地我手写我心，才会拨响学校持续发展的琴弦。

但有的学校领导担心由此引火烧身，因为大凡托关系找门子、常寻衅闹事者，往往多善于制造麻烦，甚至还具备诬蔑陷害他人的“专长”。于是，出于明哲保身的考虑，有的校长往往不敢动其分毫，甚至曲意逢迎，认为安抚了这些“非等闲之辈”，学校就可以相对安静，自己就可以高枕无忧了。而对那些各方面都非常优秀的教师，则不予表扬；认为如果表扬了这部分积极肯干的教师，就有可能造成有些教师的心理不平衡，从而使得这些教师对个人、对校领导班子、对学校管理产生意见。

如此而为，尽管有时候也会让某些人得到安抚，不再闹事，可是，这种靠不作为、当老好人来息事宁人的“鸵鸟心理”，会被绝大多数教师识破，导致教师们对个别校领导乃至整个领导班子失去信任，甚至嗤之以鼻。教师们意志消沉，不再积极工作，学校没有了向心力，失去了凝聚力，整个学校就会如一盘散沙。

刘传田，是一位嫉恶如仇的校长。他心里始终有一个坚定的信念：邪不压正，公道自在人心。永远不能让不好好工作又想占便宜的个别人得逞；要坚决让品行端正、工作突出、有教学实力的教师凸显出来，为他们争利益、树形象，让他们“名利双收”！

对于工作认真、师德堪为楷模的教师，刘传田校长会在全校教职工大会上，大张旗鼓地进行表扬，并要求大家向其学习；对于某些影响学校形象、工作敷衍塞责的教师，则提出严厉的批评，并告诫其以后一定要改正。

据教导处主任陈曦、办公室主任崔莹讲，学校所有关系到教师切身利益的大事，全部做到了公开、公平、公正。教师职称评定就是最好的佐证——由所有评委成员投票决定。学校组织工作非常严密，评委小组并非提前成立，而是全体教师集体开会投票，一个级部推选一人，临时选定人员，组成评委小组。然后全体评委现场给参与职称晋升的教师投票，当场核算，当场公布投票结果。这样，即使有人想通过拉关系、套近乎为自己拉票，也因时间紧迫而无法实施。人们常说，群众的眼睛是雪亮的。事实确实如此，由群众投票产生的结果，必然也是公正的。所以，每次职称评定，学校总是“风雨不动安如山”。由此也向教师们辐射出一个信息：要想评上高一级职称，靠拉关系、走后门绝对是不行的；只有兢兢业业工作，获得领导、其他教师、家长的认可，才真正有“出路”，也才能顺理成章地评上高一级职称。

制度文化：以规矩成方圆

要想让一所学校正气弘扬，邪气下降，不但需要校长身正，还需要有效的制度保障。当然，这里的制度，不只是装订成册或挂在墙上的冷冰冰的条文，还是蕴含管理智慧、充满人文情怀、真正以人的发展为本的制度文化。只有这样的制度，才能真正抵达人的心灵，达到以文“化”人的境界，也才能升华为人的自觉行为。

桓台二小的制度，尤其是关系到教职工切身利益的制度，都不是轻而易举出台的，更不是校长一拍脑袋就定下来的，而是从上到下，从下到上，三番五次地研究，反反复复地考量，方才“难产”而生的。虽然说，一人难称百人心，但每一项规章制度，都体现了绝大多数教师的意愿，代表了群体的利益，维护了教师们的正当权益。唯其如此，才能让教师们心服口服。

如2012年制订教师专业技术评聘办法的时候，不但一次又一次地在各个层面讨论研究，还在教职工大会上以无记名方式进行投票，通过之后，方才确定下来。虽然这个过程有点长，在有些人看来有些烦琐，但刘传田校长认为，每一个步骤，甚至每一个细小的环节都是断断不可缺少的。一般情况下，人们对于即将产生的制度，往往从是否对自己有利这个方面考虑，至于是不是对其他人同样有利，大都考虑的较少，甚至根本就没有考虑。当所有人都在审视这个制度的时候，自然也就有了不同的看法，甚至会产生争执。可就是在这样一次又一次的碰撞中、一次又一次的磨合中，教师们才意识到自己以往的狭隘，由只考虑自己的利益转而也考虑他人的利益。广泛征求不同层面的意见、倾听不同的声音，不断修订，逐步完善而产生的制度，大家不但会明白其内涵，而且会高度认可，在执行制度的时候，就很少有抵触情绪，甚至还会敬畏它，悦纳它。这种制度其实是“始”之于民，“施”之于民，达到了以人化“文”的结果，也就形成了制度文化。而这种制度文化，反过来又在有形与无形中“化”人，让身在其中的人，自觉地遵守制度，维护制度，内化于心，外化于行，并升华为一种心理的愉悦。

制度一旦形成，在学校里就有了“法”的权威，任何人都不能挑战它。即使有人因违反制度受到惩罚，甚至是比较重的惩罚，也无言以辩——自己亲自参与制订、认可的制度，因为不自律而违反，没有谁会同情你。甚至，自己都不会原谅自己。

据桓台二小南校区张广伟老师讲，2014 年 8 月，在没有任何心理准备的情况下，自己所在的农村乡镇学校果里实验小学全建制并入桓台二小。刚刚合并到这所学校时，他感触最深的是桓台二小的管理制度之严，学校的任何人都不能触及制度这条“红线”，更不能越雷池半步。严格的考勤制度，让原来常常迟到早退的果里实验小学的教师品尝到了“触电”的痛感，从而开始敬畏制度；那些无病装病、小病大养，无课就不到校的教师，在严格的考核制度面前，不再无病呻吟；靠拉关系、走后门，不想工作只想要荣誉的教师，则在客观公正的评价制度面前退避三舍，以至销声匿迹。

刚开始的时候，很多教师不太习惯。时间一长，不但适应了制度之严，而且感到严格的管理不仅不是沉重的枷锁，反而是使人际关系和谐的润滑剂，让每一个勤勤恳恳工作的教师都得到了均等的发展机会，获得了真正的心理平衡。张广伟老师欣喜地说，目前原来果里实验小学的教师们已经由牢骚满腹转化成无限的感激，理解了“管理是一种严肃的爱”“管理给予了绝大多数人真正的公平”的深刻含义。

桓台二小南校区执行校长宗素平说，原来个别教师工作不认真，甚至“巧言令色”、无事生非，在制度文化的熏陶下，也发生了变化，他们把“闲心”收了回来，踏踏实实工作，有的还成了深受学生喜爱的教师。

王阳明认为，每一个人都有良知，只不过有时被遮蔽了而已。如果没有文而“化”之的制度，就有可能把教师的良知遮蔽。从某种意义上说，好的制度文化，不但会让原来积极努力的教师更加奋发向上，也会改变那些本想混日子的教师的生命状态，促使他们心甘情愿地去展示其本性中美好的一面。

制度文化影响的不只是教师，还有学生。到桓台二小交流的乡村教师马宁说，不管在什么地方，做什么事情，即使教师不在场，桓台二小的学生也是循规守矩、秩序井然的。比如，下课后，学生无论是在楼道内还是上下楼梯都靠右走，这便避免了彼此之间可能造成的冲撞；上学或放学进出校门，学生都自动列队前行。这些规矩，从引导、训练，到让学生形成习惯，潜移默化地把行为文化融进了学生的血液。

人在路上，“路”在心中，行走就成了一道文明的风景。

刚开始执行这种规定的时候，有些学生不太适应，需要小干部监督、老师提醒；可不长时间后，他们不但能按“规定路线”行走，而且以遵章守纪为自豪。假若哪个学生一时违反了规定，周边的学生便会立即给予提醒甚至批评。相互监督，共同守护，并肩而行，成为桓台二小的一种品质。

教导处主任陈曦对笔者说，桓台二小的学生在任何时候，都是一道美丽的精神风景。这道风景，折射出桓台二小的学生已经养成了良好的行为习惯。

叶圣陶先生说：“教育是什么？往简单方面说，只须一句话，就是要养成良好的习惯。”桓台二小学生规范的制订，关注的是学生行为文化的养成。而更可贵的是，当学生的日常行为升华到文化的高度之后，学生也就有了行为习惯之美。言谈举止间，女孩是娴雅的小小淑女，男孩是彬彬有礼的谦谦君子。

人文关怀：以真情换人心

行文至此，也许有人会认为刘传田校长只是一个以刚直不阿著称的铁面无私的“包青天”。其实不然，在其浩然正气的品格里，还流淌着人文情怀之水。两者的和谐，才铸就了这位独具精神风格的名校长。

刘传田校长有这样一个观点：要想让学校更好更快地发展，用制度来“堵”固然重要，而心理之“疏”也断不可少。因为不少事情，未必在制度的严密管控之下。即使有了完备的制度，也未必都能彻底执行。于是，便会出现这样那样的问题，甚至造成学校领导与教师之间的误会与矛盾。

为避免此类现象的发生，刘传田校长特别设立了一个打通心灵隧道的机制——沟通交流机制。每周一下午是他与教师们交流的时间。学校里的任何人，无论大事小情，都可以到校长室与他面对面进行沟通。大到职称晋升、评优树先，小到同事误会、个人情绪，只要觉得有问题，觉得对自己来说是个问题，都可以找校长发泄、倾诉。

开始的时候，有的教师还不习惯，甚至个别教师认为这是走形式，做样子。没多久，尤其是一些教师在与校长沟通交流后，反映的问题很快得到了解决，大家便信服了：原来刘传田校长是开诚布公地与大家交流，敞开心扉与大家交心。于是，教师们有了问题，再也不会在人前背后满肚子牢骚，而是主动在周一下午到校长室与刘传田校长真诚坦率地沟通交流。

刘传田校长发现，沟通交流不但可以解决教学管理中存在的实际问题，还可以澄清一些不必要的误解，化解某些教师的心理问题。个别教师对领导不满或对学校有意见，除了领导确实存在问题之外，与某些问题没有公开化，不被教师全面了解也有关。而通过与校长交流，教师们了解到了真相，不但心里豁然开朗，还会放下包袱，轻装上阵，积极投入工作之中。

教师们交流意识的觉醒与增强，使一些校长可能看不到的问题得到了有效解决。比如，教师们认为冬天水龙头流出来的水太凉，与校长交流后，很快，凉水变成了温水，师生在严寒的冬天用温水洗手的时候，心里也热乎乎的。再比如电动车如何充电的问题，在教师们的提议下，也得到了圆满的解决。

这些事可谓小之又小，可件件关乎教师的切身利益和情绪。随着这些小事的解决，教师们对学校的满意度也提升了。

更让人欣喜的是，随着思想的交流、情感的互融，教师之间的矛盾和纠纷越来越少，学校干部与教师之间发生的矛盾与纠纷也越来越少。教师们关注的重点都转移到学校管理上，他们找校长反映的，不再是关于个人利益的事，而是有关学校发展的中肯意见或建议。学校管理中一些小小的疏漏甚或死角，一个个被发现，又一个个被有效地解决。

抓住需要解决的现实问题，就等于抓住了工作中的“焦点”。

不少时候，某些问题发生在当下，解决问题的最好时机也在当下。如果等待，往往会积累成更多更大的问题或矛盾。为此，刘传田校长又具有创意地提出了“主动约谈”的交流方式。它与交流日不同的是，不是教师来找校长，而是校长主动约教师。比如，每天早晨，刘传田校长都会早早站在学校门口，迎接教师与学生到校。一般来说，师生都会笑着回应他的微笑。如果他发现某个教师一向春风满面，可这一天突然阴云密布，就会意识到这个教师一定有心结，然后会主动约谈这个教师，推心置腹地耐心疏导，帮助其解决问题或困难，驱散其心里的乌云。

人的情绪具有很强的感染性。教师的情绪不佳，影响的不仅仅是其本人，在很多时候，还会无意间将这种情绪倾注、发泄到学生身上，影响到学生的学习与身心健康；有的时候，还会将不良情绪传递给办公室的同事，影响到同事之间的关系；而同事又会把这种坏情绪带到家庭，影响到家庭的和谐。

任何人都不可能一帆风顺，教师们遇到困难或心理问题，特别渴望能够有个人倾听，并为自己指点迷津。刘传田校长甘心做教师们情绪的“垃圾桶”，给教师们的“坏情绪”找到一个出口。每次的认真倾听之后，便是娓娓道来的谈心，教师们经过刘传田校长的“点化”，往往云开天晴，心底敞亮。

据教导处主任陈曦讲，这些富有人文色彩的“心灵之约”，把校长与教师们的心理距离拉近了，校长和教师们的关系融洽了，学校有了温度，教师们也就有了学校如家的归属感。

荀子说：“君子贤而能容罢，知而能容愚，博而能容浅，粹而能容杂。”刘传田校长认为，作为学校的带头人、“家长”，要有清浊并容的雅量。他常对教师们说：“当你们心里有了委屈、怨气，只要不侮辱我的人格，你就可以尽情冲我发泄，甚至拼命地打上一番都可以，只要能够化解你的心头之‘恨’，我会非常乐意‘挨打’的。”

有一次，一位教师气冲冲地来到校长办公室，二话没说，便把手里的钥匙往办公桌上猛地一摔。刘传田校长虽然感到莫名其妙，但并没有生气，而是笑着对他说：“有什么事情，好好说，看看我能不能给你帮上忙。”“伸手不打笑脸人。”看到校长真诚的微笑，听着贴心温暖的话语，这位教师不好意思再使性子、发脾气，心里的气先自消了一大半。再一交流，所有的坏情绪便烟消云散了，并认识到自己的行为有失为师者的尊严，向刘传田校长道歉后，心平气和地走出了校长办公室。

世事如局，人心难测。人的思想工作是最难做的，有时候，一次谈心并不能起到立竿见影的效果。刘传田校长就约谈第二次、第三次，甚至更多次，直到教师的思想畅通了为止。

通过多年真诚而悉心地和教师们沟通交流，刘传田校长不仅练就了一双善于洞察人心的“火眼金睛”，同时也练就了面对不同个体“量体裁衣，对症下药”的本领。给困惑者疏通、给迷茫者牵引、给问题者教育，这就是刘传田校长的工作作风和真诚待人的风格。

刘传田校长认为，他与教师们的目标是一致的，那就是希望学生更好更快地成长；他与教师的心也是相通的，彼此没有新仇旧恨，不可能形成长久的心理对峙。对待教师真心实意，不“打哈哈”，不摆架子；工作方法“接地气”，真正为教师们解决问题，即便面对制度的“高压”，领导和教师的关系也一样融洽。刘传田校长认为，关心教师，让他们愉快地工作与生活，是他的职责与义务，为此，他感到欣慰与自豪。

有其心者，必有其行。

每年中考、高考期间，学校上下班时间实行弹性管理，允许有孩子参加中考或高考的教师早晨送孩子到考场后再来学校，下午早点回家陪伴孩子。

由于户口等原因，学校招聘的一些教师的孩子并不能进入桓台二小上学，刘传田校长就专门将这些孩子的情况报请教育局，使他们全部如愿进入桓台二小。这既是对聘任职工对学校做出的贡献的极大认可，更是对他们的孩子的一种深沉的关爱。这些教师在感激之余，不但工作积极性更高，也感受到了学校这个大家庭的温暖。

“爱出者爱返，福往者福来。”任何关爱都不是单向传递的，校长关爱教师们的时候，教师们也以各种不同的方式回应校长之爱。比如，根据相关规定，家属生产，男教师陪护假为一周时间，可不少教师只陪护了一两天，就主动赶到学校工作。更多的教师，小病从不请假，有时上午输完液，下午就到校上课。

周一交流日、随时约谈、为教职工解决实际问题……一系列的“暖心工程”让学校氛围越来越好。

同时，刘传田校长还想办法激发和调动教师们潜在的管理才能。他鼓励教师们以书面形式将对学校发展的建议与意见提交到教职工代表大会，通过大家的讨论与研究，形成相对一致的意见，进而付诸实施。这种做法，让全校教职工都参与到学校管理中来，人人都感受到自己就是学校这个大家庭的主人，对学校的发展负有不可推卸的责任和义务。

爱的基石是拥有共同的理想、共同的情怀。对教育的大爱，对学校的热爱，把教师们和刘传田校长的心紧紧联结在一起。刘传田校长自豪地对笔者说：“每天一走进校园，我就能真切地感受到老师们对学校的热爱、对学生的关爱、对我的理解。这让人产生一种美妙的感受，仿佛整所学校都被一种温馨的爱的光辉沐浴着。所以，尽管非常忙，可我感觉很幸福。”

有了幸福的校长、幸福的老师，必然就有幸福的学生、幸福的学校。愿这种幸福，似浩荡的春风，吹遍校园的角角落落……

孔子故里的“君子教育”

——山东省曲阜市济宁学院第二附属小学的传统文化进校园活动扫描

地处孔子故里曲阜，且百年来对孔子教育思想一直“学而时习之”的济宁学院第二附属小学（以下简称“二附小”）的广大师生，在李成泉校长的引领下，以“办一所体现孔子教育思想的学校”为发展目标，开展“君子教育”，且已经进行了十多年的不懈探索，取得了累累硕果。

孔子赋予了君子丰富的道德内涵。其关于做君子的倡导，更是深入人心。只要你是中国人，在思想深处，就会有一种相对稳定的心理认定，希望成为君子，不愿意做小人，至少不愿意被人称为小人。可以说，君子具有中华文化特有的人格魅力。

李成泉校长认为，孔子倡导的君子人格，具有超越时空的意义与价值，今天倡导的育人价值取向与其本质内涵是一脉相承的。《周易》有言：“日新之谓盛德。”时代赋予君子教育更为丰富的内涵与特色，既对传统文化的现实意义加以明确阐发，也对优秀文化的思想价值进行了深刻挖掘。可以说，“君子教育”对全面塑造学生的完善人格、拓展青少年的价值视野、丰富育人内容等有着重要的意义。

李成泉校长说：“中国的教育应该根植于五千年灿烂文化，继承中国教育的优良传统，借鉴吸收西方先进教育经验和优秀成果，创建中国教育特色，展现中国教育气象，形成中国风格；中国教育应该为世界教育贡献中国经验，走出我们民族自己的教育发展之路！”他还谈到：“我国素有‘礼仪之邦，君子之国’的美誉，我国的教育应该培养具有中国精神和中国气派的‘中国人’。‘中国人’是君子，是具有中国心、民族魂、文化根和创新力的现代化建设者和社会主义事业的接班人。君子是有修养的人、身心健康的人，是充满智慧和具有较高生活品位的人。你做君子，我做君子，大家都来做君子；今天做君子，明天做君子，我们永远做君子。”

二附小从“仁智勇艺”四个维度阐释君子教育的目标，这是对民族魂与创造力兼具的现代君子的定位。有了这种定位，才能始终被孔子文化的“根”滋润着，从而为学生的生命成长奠基，即给予学生终生受用的精神营养。

二附小的君子教育，不再仅是一个德育概念，而上升为教育的目标。把孔子教育思想中“有教无类”的价值追求、“仁者爱人”的教育情怀、“文质彬彬”的人格理想、“因材施教”的教学原则、“学思结合，知行统一”的教学方法、“诲人不倦”的教师风范等思想的精髓，融入现代教育生活，给现代学校教育打上文化的底色，已经形成了一个全方位的系统工程。围绕“办一所体现孔子教育思想的学校”的发展目标，学校相继提出了“五大特色构想”。一是明确以孔子“仁爱”精神作为校魂；二是在德育方面，提出“少年君子行动”育人特色；三是在教学方面，实施“学思行课堂”，倡导“因材施教”“学思结合，知行统一”的教学理念；四是设计实施校本课程“走近孔子”；五是以建设“儒雅校园”为目标，推进“传统文化进校园十大行动”。“五大特色构想”互为依托，互为借鉴，互为因果，共同构建了学校特色发展体系。本文试图从传统文化进校园这一个视角进行“扫描”，并期待能给广大读者以启发。

“三大行动”构建经典浸润的校园生活

晨诵、午读、暮省是二附小为学生设计的校园生活“三大行动”，其目的是为学生构建由经典文化浸润的校园生活。学生每天早晨有30分钟的晨诵时间，用来诵读国学经典；下午上课前有30分钟的午读时间，学生可以自由阅读中外名著；下午放学前有20分钟的暮省时间，学生“三省吾身”，反省一天的学习和生活。

二附小每天30分钟的晨诵，开启了学生一天的学习生活。笔者在孔庆龙老师的班级，领略了超越想象的精彩——

晨诵由一名男生主持，学习目标是背诵《笠翁对韵》中的一段，学习形式花样迭出：领诵、齐诵，个人诵、小组诵，男生诵、女生诵；或击掌而诵，或拍桌而读；或站立，或“接龙”而行……热闹非凡，激情洋溢。在30分钟内，学生不但轻松背会了那段文字，还背诵了以前学过的几十首古诗，朗读了文言文《守株待兔》。学习内容之多，学生兴趣之高、收获之大，如果不是亲眼目睹，是绝对难以想象的。

可以推想，每天如此，每周如此，每月如此，每学期如此，每年如此，六年下来，将有怎样的收获，将为学生打下多么深厚的文化功底！

小学是学生记诵的最佳时段，一旦错过终生将不复来。二附小正是紧紧抓住了这个时不再来的“采摘”机遇，让学生从小就具备了“腹有诗书”的“童子功”。这不但可以丰富学生当下的精神生活，还会为其未来成长埋下一颗优质的种子，到了一定的生命节点，它就会破土而出，以至长成参天大树。而现代君子，恰恰是需要这种厚积薄发的“功夫”的。

午读时间，笔者走进几间教室，看到学生在津津有味地读书，《童年》《简爱》《老人与海》《斑羚飞渡》《小桔灯》……不仅有中国经典，还有世界名著，这些都是他们爱不释手的读物。恰如歌德所言：“读一本好书，就是在和许多高尚的人谈话。”学生天天和“许多高尚的人谈话”，也就有了“蓬生麻中，不扶自直”的走势。学生在经典名著的阅读中，走进了真善美的园地。而现代君子应该是具有世界眼光的人，恰好，这里是世界优秀文化的集结地。让学生尽情享受世界文明的滋养，对其君子人格的形成，无疑会起到极大的促进作用。

据戴荔老师讲，《鲁宾孙漂流记》和《汤姆·索亚历险记》作为世界名著，有些内容已被收录到教材中，但是，教材所呈现的往往是相对独立的情节或片段，难以引领学生深入品味原著的思想内涵，所以，学校就将这两部小说作为午读内容。学生读了这两本小说之后，再反观课文，不管是对故事情节的了解，还是对思想内涵的把握，都提升到了更高的水平。

叶圣陶先生说：“教材无非是个例子。”在人类传承下来的所有的文化精华中，教材仅仅是渺渺一点。然而，有些语文教师却将教材当成学生学习的全部，这就常常使学生错失了生活世界中更为广阔的认识空间。二附小的师生则不然，他们从“例子”拓展到书的海洋里，去领略与探究原著的精彩绝妙。学生书读得多了，写起作文来就不再无话可说，有的学生还具有了一定的文采。唐代大诗人杜甫说：“读书破万卷，下笔如有神。”岂虚言哉？

曾子说：“吾日三省吾身。”内省，可以有效地促进君子人格的形成。

二附小每天下午放学前20分钟的暮省，当是学生“回头看”的一种有效途径。在这个时段，学生静下心来，反思这一天来自己在哪些方面做得不足，进而思考如何改正，然后写成文字，作为日志留存。有时，学生会在一起讨论，看看哪些同学有良好的表现，从而自觉自愿地“见贤思齐”。学生在自我书写与自由思考中自觉“修身”，进而成为日趋向善的人。

向善是人之共性，孩子尤甚。他们的某些问题与错误，从本质上来说，并非思想问题，而是习惯与心理问题。不过，这些问题如果得不到及时解决，就有可能积少成多，以至出现“发然后禁，则扞格而不胜”的后果。通过暮省，学生就会“有不善未尝不知，知之未尝复行”。于是，“不远复，无祇悔，元吉”也就有可能成为现实。

讲好中国故事，传递中国力量

讲故事是最受学生欢迎的教育形式之一，它可以满足儿童的好奇心，激起儿童的想象力，进而让他们与故事中的人物进行情感交流。另外，小故事往往蕴含着深刻的大道理。故事中记录了人们的处世原则和人生智慧，潜藏着巨大的教育价值，这会让学生在听的过程中受到教育。诚如著名教育家陈鹤琴所说：“故事是儿童的一种重要的精神食粮。”

现在的问题是，我们该给学生什么样的“食粮”，是“中餐”还是“西餐”？当中国与故事关联时，中国就不是一般的中国，故事也不是一般的故事。讲好中国故事是中国教育的时代使命，充分利用中国先贤故事、寓言故事、神话故事、道德故事、历史故事等资源，激发学生的爱国热情，培育他们的民族自信心、自豪感，培养他们讲仁爱、重民本、守诚信、崇正义、尚和合、求大同的价值观念，塑造中国精神，传递中国力量。这是二附小将“讲好中国故事”列为“传统文化进校园十大行动”的主要原因。

据教务主任张凤霞介绍，讲故事已经进入课程中，在低年级，学校专门开设了“故事课”。学校要求所有年级的语文课在40分钟的时间里要拿出5分钟讲故事。故事内容由教师与学生共同选取，多为中国古代及现代名人先贤的故事、成语及神话故事。讲故事的形式多种多样：个人讲，组合讲；班里讲，家里讲；演故事，画故事等。学校还定期举办讲故事大赛，并把讲故事的水平纳入教师考评和学生素养的监测之中。

据周倩老师讲，学校还将讲故事与学生的阅读相结合，通过讲故事带动阅读，通过阅读促进讲故事。在选取故事的过程中，学生不但扩大了阅读面，还逐渐学会了去粗取精，拥有了筛选能力，也就是说，这件事对学生而言，除了饶有兴趣之外，还有了更积极的意义。久而久之，他们还会在潜移默化中受到教育。选了好的内容，还要讲得好，这不是一件简单的事情，需要有情感的共鸣，讲起故事来才能绘声绘色，语调才能抑扬顿挫，且兴趣持久不衰。因此，学生需要全方位的且琢且磨、全身心的热情投入。就这样，在讲读中、在思考中、在表达中，学生的综合素养悄然提升。

孔子说：“知之者不如好之者，好之者不如乐之者。”如果说这里的

“知”在求知层面，“好”在道德层面的话，那么，“乐”就进入了审美层面。而讲故事，则将求知、道德与审美融为一体，使得学生争做现代君子的行动升华为一种更高的精神追求。

开设“孔子学堂”，汲取《论语》智慧

中国孔子基金会在全国范围内创设了“孔子学堂”项目，“孔子学堂”以“写好字、读好书、做好人”为堂训，积极推进传统文化进学校、进社区、进农村、进工厂活动。二附小的“孔子学堂”已成为中国孔子基金会“孔子学堂”进学校项目的典范，同时，也成了二附小师生学习优秀传统文化的殿堂。学习传统文化经典，《论语》当是最佳的也是最重要的读本，有人称其为中国人的“圣经”，这并不为过。中国文化之所以历经磨难而千古长存，原因固然不止一端，千百年来大家共读一本《论语》定为其中之一。如果人人都能读好《论语》，并且身体力行，就能形成我们整个民族的核心价值观。而《论语》中的思想与智慧，至今仍然闪烁着耀眼的光芒。其中很多思想，与当下的社会主义核心价值观也是一脉相承的。

李成泉校长说：“如果选一本书让我们全中国人去读的话，那就是《论语》；如果选一本书让我们的教师与学生终生去读的话，那还是《论语》。我们要让孩子从小亲近《论语》、感知《论语》。”在二附小，到处可见诵读《论语》的身影，人人可诵《论语》章句，时时可闻诵《论语》之声。

二附小的学生学习《论语》，除了前面笔者所写的学习经典文化的方法之外，还有很多形式，比如待课的时候便是学习《论语》的一个时机。一般而言，上课之前，学生大多是静心端坐，以待老师。可二附小不是这样的，每天黑板上都有一段《论语》中的内容，学生等待老师上课之时，就会不由自主地自读起来。上课铃一响，老师走上讲台，喊“起立”之后，学生则齐声朗读这段内容，然后师生行礼问候再正式上课。下课时，老师喊“下课”之后，学生再次朗读这段内容，此后老师再喊“坐下”，方才正式下课。每天六节课，节节如此。此举意在为学生打造一个学习经典的场域，让学生耳濡目染，在不知不觉中学到更多经典。如此六年下来，《论语》中绝大多数的章节，学生便可以诵记在心了。教育心理学认为，人的记忆乃是一种过程，靠着这个过程，人不仅重复他以往的经验，而且重建这种经验。学生周而复始地诵记，虽看似在重复相同的经验，实则是体验的不断更新、理解的愈加深刻，是对其已有知识经验的重建。

在二附小，不仅学生学《论语》，教师也在学《论语》。教师不仅读

《论语》，还在讲《论语》。很多时候，教师在读了几遍《论语》与相应的解析之后，多自认为了然于心了，但要将其讲清楚且讲出特点来，却不是一件容易的事情。很多时候，对于《论语》的要义，虽然自己心里明白了，但不一定能讲得明白；自己认为讲明白了，却不一定能让听众听明白；让听众听明白了，却不一定能让听众听得如痴如醉、心驰神往。

而二附小的教师必须做到这一点。这样的要求，也许在一般人看来有些苛严。可李成泉校长说，这样要求身处曲阜圣地的二附小的教师并不算高，因为他们具有特殊的历史使命，理应承担起传承孔子思想的重任。

那么，对于《论语》二附小的教师就不能是浅层次的解说，而应当是深层次的探究。为此，学校专门开设了《论语》讲堂。目前，已经有一批教师比较成功地在讲坛上做了学习与研究《论语》的报告，李成泉校长等还在山东甚至全国的讲坛上谈《论语》及孔子的教育思想，引起了强烈的反响。

二附小已做出规划，要在全体教师中开展“我们一起学《论语》”活动，为每一位教师拍一个不少于15分钟的《论语》微课视频。先部分后全体，一个教师也不能少。最终这会作为大家共有的精神财富收藏，留存后世。之后，活动还会向学生和家长延伸，让他们也在活动中一展风采。

从人人诵读《论语》到人人讲《论语》，这不只是一种形式的变化，更是要让教师及学生更好地把《论语》入口入心，不但要对孔子有一种“仰之弥高，钻之弥坚”的敬仰之心，更要终生学习他的君子人格，做对社会对人类有益的事情。

举行开笔礼与志学礼，礼乐教化励人有仪

礼，源于人类对生活世界的理解，是礼仪（形式）与礼义（内涵）的合一，表现为规范化的文明仪态，也是与整个社会生活结为一体的。

孔子重“仁”言“礼”，认为“克己复礼为仁”，礼的本质是仁爱。他又言，“不学礼，无以立”，还说要“立于礼”。足见礼之于人的成长意义之大。身处现代社会，要想成为具备君子之风的人，礼不可或缺。通过仪式这种特殊的载体，能让有意义之礼彰显出更大的生命力量。二附小的“开笔礼”与“志学礼”，便成了具有生命张力的礼仪品牌。

“开笔礼”是少儿开始识字习礼的一种启蒙教育形式。二附小每年一届的“开笔礼”，便成了入学孩子及其家长最重要的典礼。它通过正衣冠、献花篮、颂先师、拜师礼、朱砂启智、击鼓明志、开笔描红、诵读经典等仪式，让童蒙初开的孩子，对中国优秀传统文化产生敬畏感，并初步生成

好好学习的愿望。

入学，是孩子人生第一要事。“开笔礼”不但当下定格在了孩子的心里，甚至会使其终生铭记。同时，它也向家长传递了一个信息：你的孩子接受正式学校教育的生涯从今天开始了；在为孩子祝福的同时，也应当承担起一个家长应尽的责任与义务。

“志学礼”于学生毕业时举行，与“开笔礼”遥相呼应，旨在启示学生，在离开小学之后，将开启人生有志之学的新篇章。

“志学礼”源于孔子所言的“吾十有五而志于学”。孔子之“学”，不但有学文化之义，更有学做人之要。《论语》中有许多关于“学”的篇章，多谈的是学做人。比如，孔子说：“君子食无求饱，居无求安，敏于事而慎于言，就有道而正焉，可谓好学也已。”孔子弟子颜回并非最有学问者，却被孔子称为“好学者也”，“有颜回者好学，不迁怒，不贰过”，甚至说除他之外，“未闻好学者也”。所以张居正说：“圣贤之学，不在词章记诵之末，而在身心性情之间矣！”

二附小之所以在学生毕业的时候举行“志学礼”，就是要让学生好好学文，尤其是学做好人。每一个孩子都有巨大的发展潜力，可是，如果不能文德兼修，就不可能成为真正意义上的君子。恰如孔子所说：“质胜文则野，文胜质则史；文质彬彬，然后君子。”

大凡参加过二附小“志学礼”的人，都会感动不已。

“志学礼”在六年级全体学生“有朋自远方来，不亦乐乎……”的合唱声中拉开序幕。全体师生肃立，正衣冠，昭示这一仪式的庄重肃穆。学生代表对六年学校生活进行简短回顾后，全体毕业生齐行鞠躬礼，敬父母，谢师恩。然后学生代表击鼓立志，全体毕业生立下铮铮誓言，决心以少年君子的品行、以优异的学习成绩，向母校、向父母、向师长致以最诚挚的感恩。之后，教师向全体毕业生颁发学业证书，佩戴少年君子绶带。李成泉校长满怀深情地对全体学生寄语，号召大家欲成人先立德，今日做君子，明日做君子，永远做君子。最后，伴随着古韵悠长的音乐，全校师生共同吟诵《大学》。“大学之道，在明明德……”的洪亮之音，在整个校园激荡回旋。

这一仪式，不但让每一个毕业生都终生难忘，生成志在远方的抱负，也让在场的教师、家长及嘉宾感动得热泪盈眶，心灵得到了净化与升华。

学生依依不舍地离开与其相依了六年的二附小，即将开启初中学习与生活的新篇章。这一仪式及其在校学习与生活的点点滴滴，都已经给学生留下了君子人格的精神印迹，并会在他们未来的生命行程中延伸，让君子之风摇曳出更美的风景。

可见，“志学礼”隐蕴和践行的是一种致力于将学生的道德与心理高度融合的人格发展，旨在使校园浸染在优秀传统文化的氛围里，使学生在感受、体悟与表达美好情感的过程中，实现人格的完善。

何止于此，它还在向更大的层面推展。据分管德育与少先队工作的朱彩霞主任讲，二附小的“开笔礼”“志学礼”与《论语》课堂这三个礼仪文化品牌，已经成为孔子基金会“孔子学堂”的推广项目，并被团中央“青年之声”国学教育联盟采用并推广。

孔子说：“己欲立而立人，己欲达而达人。”在做君子之路上收获硕果的时候，二附小师生“安己以修人”的品质也闪耀出更加璀璨的思想光芒。

举办祭孔仪式，重塑国人信仰

两千多年来，朝代更迭，时代变迁，可中国人对孔子的敬仰经久不衰，其人格境界与教育思想，更是让师生“高山仰止，景行行止”，“虽不能至”却“心向往之”，于是，就有了每年一次的祭孔活动。

始于1989年的每年一度的中国曲阜国际孔子文化节，已经成为国际教育界的文化盛典，而节日期间的祭孔仪式，则成为万众瞩目的一大亮点。

二附小的李成泉校长及部分师生，就曾在中国曲阜国际孔子文化节上参加过祭孔大典。他们将祭孔仪式引入校园，每年孔子诞辰，在学校孔子广场举行隆重的祭先师仪式，这让全体师生及一年级学生家长领略了其庄严肃穆及重大意义。

节日本身即具有神圣特殊之意，历经时空变迁与文化积淀，便逐渐形成了一些独特的仪式和精神。学校教育一直都是以文化传承为使命，围绕节日创生教育契机，无疑为现代学校文化教育的传承提供了更广阔的探索空间。

如祭先师活动，有迎嘉宾、正衣冠、献花篮、颂先师、拜师礼、颁奖宣言六个环节。

整个仪式不但给人以庄严肃穆的感觉，还启人心智，让身处其中的人对孔子这位伟大的教育家不由自主地生出一种崇高的敬畏感。不管是司仪的主持语，还是唱诗班的吟唱；不管是《先师颂》的诵读，还是全体教师的宣誓等，都彰显出了激情昂扬的文化品位。比如，献花篮环节，刚一开始，就有古乐奏响，司仪朗声宣告：“‘天不降仲尼，万古如长夜。’至圣先师孔子秉承尧、舜、禹、汤、文武、周公之仁德，两千五百多年来，内凝于中华之血脉，外化于国人之行为，‘为天下之木铎’。”司仪厚重的男中音里，传递出来的是对孔子的敬仰之情。而在场的所有人，便也沐浴在这种圣洁而美妙的感情里。它不但会在此时此地激起师生的学习与向往之情，还会烙印在他们的记忆里。随着时间的延续，教师们会将其转换成对孔子教育思想的学习与实践，并升华成文化担当意识与积极向上的精神。于是，向孔子学做教师，就成了全校教师"不令而行"的内在需求。

谈起祭孔仪式，李成泉校长感慨不已。他说，教育最重要的一项任务就是建立人的信仰。中国教育，就要建立起中国人的具有核心力量的信仰，过上中国人的信仰生活。而这种信仰生活的建立，应该从小学开始。孔子被后世尊奉为"天纵之圣"，是中国的至圣先师，是中华民族文化信仰的代表。

以儒家文化为代表的中国优秀传统文化与教育智慧，展现的是东方人的伟大与哲思，始终是现代学校教育"日用而不知"与"温故而知新"的不竭源泉。中国现代教育在向外学习的同时，也应回首自家传统，尤其应回归孔子的思想，因为只有"慎终追远"，"民德"才能"归厚矣"。

传习新六艺，培养现代才子

不同时代所谈的"六艺"有着不同的内涵与外延。周朝专指要求学生掌握的六种基本才能：礼、乐、射、御、书、数；春秋时期，孔子主张由学在官府转向学在私学，之后也教学生"六艺"，但有了变化，成为易、书、诗、礼、乐、春秋。

古"六艺"值得我们借鉴，因为它是基于人适应终身发展、适应社会发展需要的必备品格和关键能力，可算作古人的"核心素养"。时移世易，到了现代社会，再让学生原封不动地学习古代的"六艺"已不现实。不过，其中的一些文化迄今仍然具有生命的能量，"拿来"学习与消化，再赋予"六艺"以新的内容，则有了古为今用与变法求新合而为一的妙道。为此，二附小从中国传统优秀文化中汲取智慧，提出了"新六艺"教育。

二附小设计的"新六艺"以"做有品位的君子"为理念，开展诗、书、礼、乐、体、数教育，围绕博识（书）、博能（体、数）、雅言（诗）、雅行（礼）、雅趣（乐）来培养学生的核心素养。目的是通过"新六艺"教育，让学生在学习过程中培养一生发展所需的素养，从而让教育充满艺术，使学生自身实现知、情、意、行的完美统一。

"新六艺"中的"诗"包括《诗经》在内的历代诗词。"诗教"是中国古代教育的重要组成部分，孔子讲"不学诗，无以言"。"诗教"不单是简单的背诗，还要在读诗、背诗、诵诗、写诗的过程中体悟诗中的美、感悟诗中的情，由美育、情育导向德育。中央电视台《中国诗词大会》的热播，让我们看到古典诗词非但没有在历史的演进中湮没，反而拥有了更多的潜在支持者。中华民族是一个诗意的民族，“诗教”让忙碌浮躁的当代人沉静下来，在上下几千年的传统坐标中找到属于自己的精神归宿。走进诗词，与心灵对话，在诗词意境中感受辞藻之美、心境之美，唤醒心底最温暖的记忆，应成为学生校园生活中最美的记忆，更应成为现代人的生活方式。

“新六艺”中的“书”，就是要求写好中国字，特别是在信息化时代，书法教育具有重大意义。历代书法大家的字都展现着其人格魅力，展现着时代的开阔胸襟。俗话说“字如其人”，练字如练人，工工整整写字，堂堂正正做人，写好中国字，可以展现中国人的魅力。李成泉校长就是一位书法爱好者，在治学、治校之余潜心书法研习，几十年未曾中断 。在汉隶、魏碑、唐楷、宋行诸体中得益匪浅，于“二王”、褚遂良、苏轼、文征明、王宠诸家中获益良多。在李成泉校长的带动下，学校每个教职工都能写毛笔字，校园到处都是“书法”，处处可闻到墨香。儿童习练“书法”，不独重视知识技能之术，更需积淀文化素养之学。无处不在的书香翰墨，濡染渗透的是一种全环境教育的校园文化意味与生活意义。

“礼”的教育在小学阶段主要还是文明礼貌教育。古代社会重视礼，为的是让人们懂得“自别于禽兽”，圣贤教民“为礼以教人，使人以有礼”，让百姓懂得礼、遵守礼。现代社会更需要礼，培养现代公民更需要施以“礼教”。中国是举世闻名的礼仪之邦，中国传统文化的核心是礼乐文化，我国古代的礼乐文化让我们获得“文明古国”的桂冠，今天的文化复兴更需要礼乐文化的支撑。“礼”讲究“仪”与“序”：重“仪”，故贯之以各种仪式的隆重表达；重“序”，则强调各种形式的存在样态。就学校教育之“礼”的本质而言，实是对社会文明规范的重拾与再现。

二附小的课间操美其名曰“君子操”，它熔学“诗”、听“乐”与健“体”为一炉，成为学生舞之蹈之、乐学而健身的一种活动。“君子操”由四个环节组成：一是列队——行问候礼，君子呼号；二是“兴于诗”——诵诗追远，威猛阳刚之体操；三是“立于礼”——校园尊师，好学礼仪操；四是“成于乐”——自由舒展，祥和之优美舞姿。最后，校歌声起，各班有序踏校歌节奏回教室。

据李成泉校长介绍，学校依托“菁莪书院”开设了 50 多个社团，涉及古筝、茶艺、古琴、围棋、书法、沙画、陶艺、合唱、诗词等，兴趣小组每周五下午用两节课时间进行学习。学校还邀请一些热爱传统文化教育的外校老师前来二附小参加“传承国学经典，感悟文化魅力”雅集活动。

大家汇聚一堂，吟诗文、诵经典、赏国乐、品香茗、挥毫泼墨绘丹青。可谓“群贤毕至，少长咸集”，“游目骋怀，足以极视听之娱，信可乐也”。

36 个主题活动，构建君子教育活动体系

为了具体地实施君子教育，学校有的放矢地设计了六大主题：衣冠整洁做少年君子，文明礼貌做少年君子，孝亲敬老做少年君子，诚实守信做少年君子，刚毅乐观做少年君子，知荣明耻做少年君子。六大主题如同生发在春天的枝芽，向蓝天伸展出一份“鲜嫩”。每个主题下各有 6 个活动，36 个活动支撑起君子教育的框架，在各个年级实施。围绕主题，每个年级都制订了具体实施方案，开展了一系列活动，并不断将活动推向深入。与此同时，学校又根据这六大主题，结合相应学生的特点分析相应的教育现状，让学生在生活和学习中做到“文质合一”“内外兼修”“知行统一”。

儿童对民族文化的记忆、理解与情感，是学校教育文化传承的核心问题。与其说学校教育的文化传承是对民族文化深层解读的自觉与复兴，不如说是对当代学生心灵的洗礼与真切关怀，因为它使学生的成长烙印上民族记忆，使学生理解了地域人文、生发了精神使命感，如此成长起来的学生不但会有中华民族文化的记忆，内心更会深植中华民族的根。

主题活动的实施，如同一次次心灵的旅行，让学生聚积了能量，完成了灵魂的蜕变，从而培养了健康的心理素质与高尚的人格，建立起和谐的人际关系，形成了恰当的礼仪行为，使君子之德蔚然成风。

二附小的君子教育，是一个追逐生命本真、丰富而多元的系统工程，它在融合传统与现代的同时，秉承着对民族文化的深厚情感与价值认同。囿于篇幅限制，笔者以上所写，只能称得上三千弱水之一瓢而已，颇具特色的校本课程、学思行课堂等，都未涉及，即使是“传统文化进校园十大行动”，也还有兴礼乐、传家风、倡民俗、研游学等没能写到。不过，笔者希望广大读者能够窥斑见豹，最好是亲临学校考察，如此，你一定会有更大的收获。

构建关联“国学根基”的课程

——广东省罗浮山国学院附属学校的中国式教育

中华文明是世界古代文明中唯一没有中断的文明，且延续至今依然光华四射，根本原因当是中华民族所特有的精神基因。而这个基因能够代代繁衍、生生不息，教育无疑起到了至关重要的作用。

2017年1月25日，中共中央办公厅、国务院办公厅印发的《关于实施中华优秀传统文化传承发展工程的意见》中明确指出，要把中华优秀传统文化传承发展贯穿国民教育始终，并要“以幼儿、小学、中学教材为重点，构建中华文化课程和教材体系”。

罗浮山国学院附属学校从建校之日起，就将建立中华文化课程和教材体系作为当务之急，问题是，类似于文化进校园、法治进校园等活动，常常造成学校课程的叠加和补充，不仅增加课程内容与课时量，甚至造成学科课程与办学理念“两张皮”的现象。如何实现学科课程与中华优秀传统文化的内在一致？在李秀伟校长的带领下，学校以“先学做人”为办学理念，构建起了关联“国家标准、国学根基、国际视野”的中华文化课程体系与教材体系。

关联“国家标准”，就是把国家规定的课程上全、上好，对接基础教育办学体制，严格按照国家课程纲要构建“国家标准”课程系统；关联“国学根基”，是指用“具有中国特色的学问”来传承、发展中华优秀传统文化，并以《易经》《道德经》《论语》三部经典落实“国学根基”课程；关联“国际视野”，是指接轨世界，促进学生的多元发展，通过选修、践行、国际经典课程引入等实现“国际视野”课程的中国式实践。这就是“理解”与“关联”的课程思维，不是在学科课程之外再补充国学课程，而是关联、融合，将学科课程、中华优秀传统文化、国际视野作为一件事来思考与实践。

其价值在于探索并实现了中华优秀传统文化与学校课程的一体化，真正解决了长期以来学校课程建设中门类各异、要素混杂等问题，意义深远且极具挑战性，是对现有课程体系的重构性改造与开创性实践。因为有“仁以为己任”的国学大家的指导，有“术业有专攻”的国内一流课程专家的把脉，有具有“自强不息”精神且学养深厚的李秀伟校长的引领，有教师们夜以继日的研讨与实践，罗浮山国际学院附属学校构建与完善以“中华文化”为根的课程体系与教材体系逐渐梦想成真。

囿于篇幅，本文只就关联“国学根基”课程，为读者略作叙说。尽管如此，大家也会感受到其不同凡响之处。

“《论语》日修”课程

中国精神基因长存而不去的原因固然非止一端，与千百年来全国人共读一本《论语》有着内在的维系。《论语》不但流淌着人格修为的思想要义，而且摇曳着生命的智慧。直到今天，《论语》依然释放着巨大的生命张力。2008 年北京奥运会举世瞩目，兼具传统与现代、民族与世界的文化特性，所选用的五句迎宾语“有朋自远方来，不亦乐乎”“四海之内皆兄弟也”“己所不欲，勿施于人”“德不孤，必有邻”“礼之用，和为贵”皆出自《论语》，不仅向全世界展示了中国传统文化的源远流长，也让人们感受到中国优秀传统文化是可以穿越时空，用之于当下的。

孔子的人生智慧与精神世界是多元而丰富的，他在关注修身与入世的同时，还构建了烙印着儒家文化特质的乐感文化。不过，孔子之乐，并非一种自然性的快乐，更不是阿 Q 自嘲式的快乐，而是一种具有高尚品格且持久的审美快乐。它不是在刻意追求“乐”的情况下实现和获得的，而是在日常生活中以一种平常的心态自然而然生发的，具有生活的“无欲”、情感的“中和”和心灵的“宁静”等特质。

人类存在于宇宙，虽然苦短匆匆，却可以在有限的人生中创造无限的意义，可以让短暂的生命充满绵延的愉悦与快乐。这种生存理念，常赋予个体生命以感触世界的不同经验与体验。甚而，在看到任何事物时都会产生一种特殊的美感，即便每天的日出日落，也并不认为只是太阳循环往复的重复既往，而是一个又一个全新景象的呈示，具有妙不可言之美。基于此生存理念的乐感文化，打开了生命走向积极世界的天窗。“反身而诚，乐莫大焉”，人的一生，总会遇到这样那样的困难、挫折与失败，只要坚持、坚强与努力，就会实现内在的超越，成就一个更加真实、完善的自我。孔子的这种乐感文化，积淀成中国人乐观豁达、坚忍不拔、自强不息的高贵品质，历久不衰，让生命一次又一次地涅槃，展现出绚然的光华。

正是基于这种思考，罗浮山国学院附属学校开设了“《论语》日修”课程。《论语》全本成为他们的教材，句段、篇章、系统，决不断章取义，也不泥古复古，而是有着肩负传承与发展担当的设计与实践。

每天在学校的“孔子广场”或专用教室，由班主任带领、学科教师参与，全校师生日修《论语》一章，如此下去，两年之后，师生便可以把《论语》全部记诵下来。

同时，学校基于《论语给少年的启示》开设“每日呈现”课程，每日一章《论语》，附以大师的“今译”和“启示”，连接古往今来主流版本的《论语》解读，让师生日修《论语》成为常态。

在记诵、例释与研习《论语》的过程中，孔子思想已经潜移默化地渗透进了师生的心灵，融入了师生的血液。

也许有人会质询，儿童背诵下全本《论语》后，是否能理解其中要义？是否能关照精神层面？是否能生成个体意义？事实上，这些质疑实是误解或低估了儿童的学习方式与学习潜力；当然，更低估了《论语》这部千古绝学的精神穿透力。学生在读与背的过程中，会按照自己的理解慢慢建立思想图式，《论语》中的思想，已经在他们的心里埋下一颗经典文化的种子，尽管当下未必产生极大的生命能量，可随着年龄的增长，这颗种子就会在其生命深处扎根，到了一定的生命节点，便会破土而出，长成参天大树。这当然是需要一个过程的，所以，教育不能急功近利。诚如孔子所言：“勿欲速，勿见小利；欲速则不达，见小利则大事不成。”李秀伟校长认为，“《论语》日修”课程，是为学生的生命成长培根、固本，因为本立才能道生。

当下，由于日日口诵心惟，传统经典的内在能量也会“偶尔露峥嵘”。罗浮山国学院附属学校的学生×××，其父亲是位企业老板，生意做得风声水起，家庭生活堪称富裕。后来，因为一个特殊原因，企业一下子倒闭了。其父亲痛不欲生，觉得无法面对家人，尤其觉得对不起年幼的儿子，甚至想到了自杀。他再三思虑后，把这个家庭突变告诉了儿子×××。儿子的表现让他大吃一惊，不仅一点儿也不难过，反而像个小大人似的安慰父亲说：“孔子说了：‘君子忧道不忧贫。’爸爸，您只要不把做人之道丢了，就只是一时的贫穷，以后您还会做好的。所以，您用不着担忧。”父亲惊讶不已，也恍然大悟，于是，不再苦恼，而是下定决心，准备东山再起。直到今天说起此事，这位父亲依然激动不已，他说，是孩子教育了他，如果孩子没有读过《论语》，就没有了他的未来。更可贵的是，孩子因有了《论语》这一文化底色，小小年纪便能“不怨天，不尤人”，实在值得他这个做父亲的学习。

不只学生，教师读了《论语》也有了很大的变化。据李秀伟校长讲，在这里教学的大多是“90后”的大学毕业生，他们大都是独生子女，从小就集万千宠爱于一身，与人相处，会不会过于自我？会不会不懂得与人协商与合作？可事实上，他们不但相处和谐，而且个个兢兢业业。这固然不是一方面的原因，可一定与诵读《论语》有关。孔子说：“君子求诸己，小人求诸人。”教师们不但诵记孔子箴言，而且深得其中三昧，并以此要求自己。偶尔与人存有不同甚或矛盾，反问自我，慎独内在，往往会获得更为开阔的胸怀与境界，所谈“同”与“不同”渐渐化为主体的一种价值选择与对话立场，随即也就有了“求诸己”的君子之风。“爱人者，人恒爱之；敬人者，人恒敬之”，人人都是君子，人人争做君子，和谐、融洽的人际关系自然天成。

孔子不但能够“修己以敬”，而且能“修己以安人”。如何安人？在学校里就是要让学生做好人，学好文。让学生读《论语》，向真、向善、向美，为他们打下醇厚的生命底色。教学相长，教师在和学生共读《论语》的过程中，也在不断自我修炼，提升个人素养，于是，“学而不厌，诲人不倦”，“仁者爱人”之风也就自然形成了。

对于一名教师来说，生命不仅是宝贵的，肩负的责任更是沉甸甸的，他们对正在成长的学生有着巨大的影响力。教师只有不断地学习与研究，尤其要研学高品位的文化，才能提升自己的生命境界。也只有如此，才担得起“得天下英才而教育之”的重任。

说起教师们，李秀伟校长有着压抑不住的自豪，他说，这批德才兼备的教师，会在未来的生命行程中更好更快地成长，从而成为学校乃至中国教育一笔宝贵的财富。

“《易经》易学”课程

《易经》被称为群经之首，群经之始。凝聚着古圣先贤智慧的《易经》，曾被人误解为就是一本讲述占卜算卦的玄学书籍。其实，占卜算卦只是它最浅层次之用，更重要的是，它是解开宇宙密码的既古老又新奇，既陌生又熟悉，既高深莫测又简单容易的书。同时，《易经》又是一门生生不息的学问，是中国人群体智慧凝结成的学问体系。

所以，罗浮山国学院附属学校创办之初，就提出了《易经》进课程、进教材、进课堂的设想，李秀伟校长积极地带领教师开设“《易经》易学”课程。

有人也许会提出疑问：《易经》晦涩难懂，即使大人也很难知其真正的内涵，让小学生诵读《易经》，不是强人所难、增加负担吗?

之所以会有此疑问，多是因为他们用成年人的学习思维框定了孩子的认知思维。其实，孩子与大人学习古文是不一样的，背诵的效果也是大相径庭的。汉字具有图像的特点，体现了先人的智慧。而孩子对于图像有着特殊的感知、记忆与理解能力。所以，大人感到不解其义、很难背诵的《易经》，孩子背诵起来并不困难。如果附以有效的诵读方法，就会产生事半功倍的效果，不但不会形成负担，孩子反而会乐在其中。背诵的速度之快，更是令人匪夷所思，让大人们望尘莫及。我们的古人参透此理，所以，从小就让孩子“素读”经典，即不求甚解地读，以至熟读成诵。大凡国学大师，几乎无一例外都有儿时大量背诵经典的“童子功”。

笔者从教学现场看到，罗浮山国学院附属学校的学生背诵《易经》时，指导教师不仅仅有语文老师，还有音乐老师、数学老师，甚至体育老师，这就有了《易经》背诵的音韵、数理、律动的特点。但是，如果我们据此将其理解为是教师在指导学生诵读，就又不完全了，因为这所学校的宗旨是“教师是来陪同学们读书的”，他们不只是学生的老师，也是与学生共同学习、一起成长的“同道中人”。

《易经》的内涵是极其丰富的，它揭示了人与事物甚至整个宇宙间的对立统一、阴阳互根、阳逆阴顺、此消彼长、物极必反等规律，以及这些规律经数千年沉淀和积累形成的自强不息、厚德载物、居安思危、乐天知足等中华文明的基本精神与文化核心——和谐意识。正因如此，学校将《易经》与各个学科的教学关联起来，重构了“语文·国学”“数学·术理”“英语·游艺”“科学·万物”“道德·法治”“艺术·精神”“体育·健行”课程，构建了“《易经》易学”课程体系。

教师根据所教学科的特点，对每一个卦象进行教学设计，64 个卦 7 大学科，这样就有了“《易经》易学”448 个实践性的学习项目来引领学生在游戏中学习，这样丰富而有根基的校本课程以《易经》中的思想来“关联万物”，极大地丰富了学生的学习生活。

比如蒙卦教学的设计，就呈现出八仙过海、各显神通的妙道。

数学老师高金德教学“认识钟表”，课堂上，学生通过设计时间、表达时间到认识钟表，逐渐体会到学习是自己的事情，只有善于规划、主动求知才能获取真知，此即为“匪我求童蒙”的内涵。

高金德老师认为，蒙卦“匪我求童蒙，童蒙求我”的智慧直到今天依然有着巨大的意义。它与孔子所说的“不愤不启，不悱不发”，《学记》中的“记问之学，不足以为人师，必也其听语乎”，以及“道而弗牵，强而弗抑，开而弗达”有相通之妙。它昭示了教学与学习之道：要想使学生乐于求知并形成智慧，不但需要学生有兴趣，更需要主动探究的精神。当他们感到自己拥有巨大的自我学习能力，并体悟到学习所带来的无限喜悦时，学习就有了更高的追求，生命也就有了更大的发展。

冯金殿老师在语文教学中对蒙卦教学的解读角度是卦辞诵读、字词识辨、文意理解，结合下坎、上艮来理解山水启蒙。从人的出生初长到对万事万物萌发探索，再到“元亨利贞”生生不息的发展基础，逐渐让学生将“固本培元”与“童蒙养正”领会于心。

品德教师则通过案例学习、结合“礼闻来学，不闻往教”之礼，引领学生懂得“尊师敬教”，懂得“学问为先”，感悟“自强不息”与“厚德载物”的思想内涵。

外语游艺，则让学生以“童蒙求我”为主题独创课本剧，“蒙，山下有险，险而止，蒙”变成了学生创编外语课本剧的思维切入点。

张菁老师在设计科学课“罗浮山的水”时，则让学生从不同角度对水进行自主研究，让学生在小组探究、课堂展示、实地考察中体会“初筮告，再三渎，渎则不告”的学习准则，从而激发了学生主动探究的热情。

体育老师刘馨蔓的蒙卦课程设计的是“邻家做客”，做客罗浮山国学院附属学校的邻居——百岁山山泉水厂。体育要素：列队、行进、口令、动量；蒙卦要素：“顺以巽也”；数学要素：距离、比较等，所以这节课是体育老师、语文老师、数学老师，以及百岁山山泉水厂的员工和学生一起呈现的。

学习《易经》，不可能不关注64卦。说起64卦，就不能不了解《序卦》，它作为《易经》的其中一“传”，让我们了解到64卦周而复始、物极必反之道。了解每一卦的意思，是深入学习《易经》易理与要义的必经之路。为此，学校还开设了“每周一卦”选修课程。每周利用半天时间，师生背诵一卦的卦辞，并了解其中的基本内涵。64周下来，师生不但背会了64卦的卦辞，还知晓了其间的转化之道与内在意蕴。

学习《易经》，还让教师们明白了教育教学的为人之基、育人之道。如其中有这样一句大家耳熟能详的话：“积善之家，必有余庆；积不善之家，必有余殃。”那么，什么是善？对于教师来说，教育好学生，就是最大的善，从而让自己有了“余庆”。看来，为善不但是利他的，对自己也有好处。教师懂得这个道理后，就能全身心地爱学生，努力地教好学生，享受职业幸福感，进而拥有幸福的人生。

即便如此，可能还是有人会对一年级学生就开始学《易经》感到不解，《易经》真的容易学吗？罗浮山国学院附属学校的师生们，可以给出答案。

“《道德经》德行”课程

《道德经》与《易经》有着密切关系，是在解释《易经》中的“天之道”。道德是最高信仰，但并不遥远，也绝非玄之又玄，而是我们现代生活的源泉。

学校之所以开设“《道德经》德行”课程，是希望师生能够通过学习，去触摸与研习老子超越常人的智慧，并让自己的生活抵达更高的层次。

这一课程在“道德经广场”与专用教室进行，这是显性课程和隐性课程完美结合的典范。站在“道德经广场”放眼四周便会发现，身在群山绿树环抱之中，意识到人自然几乎无时无刻不在演绎着老子所说的“人法地，地法天，天法道，道法自然”的玄妙。没有了身处高楼大厦中的对天然之美的隔离，有的全是与自然和谐为一的清新与恬淡；听不到任何喧嚣之声，也少了世俗之气的熏染；大自然的造化与心灵的宁静，已经和谐成一曲超尘脱俗的乐章。这无疑是学习《道德经》的最佳之地。在这里，学生和教师坚持每天诵读一遍或几遍《道德经》，这不但使师生有了背诵老子智慧之言的兴趣，也有了心灵的净化与境界的提升。

“自然是评判万事万物的法则。罗浮山国学院附属学校有一条宗旨，就是要让学生在最美的自然环境中得到身心的陶冶，获得灵性的启迪。”李秀伟校长说，“自然环境是教育环境的一种体现方式，也是我们的隐性课程的体现方式，我们对自然美的崇尚，正是教育化人的一种内在表达，这就是‘顺木之天，以致其性’的教育模式。”

“学生自己能做到的教师不要去做”，“教师能身教的就不要去言教”，“学生居上，教师居其下，校长居最下”，学校秉承的这些教育思想处处体现着《道德经》的智慧。

是的，无须人为管理，四季照样轮转，日月按时巡回。在这里办学，就要顺应自然，无为而治。李秀伟校长深谙这种自然规律与教育管理的内在玄机，用老子的无为之道管理学校，让每一个师生都有了心灵的舒展。因为在这种生命状态下，才能抵达高效的教与学的境界，并获得自由发展。其实，李秀伟校长的无为，更多显现在学校日常的管理层面，因为他相信有了优秀传统文化的熏陶，师生就会拥有“不令而行”的自主发展意识。每一个人，每一天，甚至每一个小时，都会在这里生成发展的需求，都会听到生命拔节的声响，都会为自己的文化升值积蓄能量。于是，李秀伟校长的“无为”，就有了老子的智慧。同时，他还走进了老子所说的“无不为”的殿堂。因为人各不同，可人人都有巨大的发展潜力。

那么，怎样才能发挥教师内在的潜能呢？充分信任他们，放手让他们去做，才能让教师八仙过海、各显神通，在其自我实现的过程中，得到学生的认可与欣赏，油然而生职业自豪感与自信心。在罗浮山国学院附属学校，每位教师都有自己的教育主张和教学思路，都有自己对课程独特的理解：易学语文、根系数学、五行英语、大美音乐、微感美术、未济（易经第 64 卦的未济卦）体育等，这不就是以“玄德”来“生之”“畜之”的教育之道吗？

而学生，也在各自的爱好与特长领域里，自我点燃学习的兴趣，收获被老师与同伴认可、欣赏的心灵愉悦。这种心理，还会“于无声处”延伸到生活与学习的方方面面，从而让其感到学校生活的美好，尤其感到成长的美妙。

每个学生都有属于自己的课程表，自然的生命需求得到张扬。

学校 6:30 起床，有的学生 6:00 就主动晨起吟诵，并无教师监督。

暮省时间，挥毫泼墨，画笔涂鸦，甚至有几个学生开始了集体的文学创作。

……

每个人都“勤而行之”。

可见，无为的结果，是为师生的长足发展注入了不竭的生命动力，堪称“无不为”也。

这又让我们感受到了老子的智慧，他所说的“道常无为而无不为”，是不注重于雕虫小技，而是顺应天地变化与生命成长之道的。这就是“利而不害”“为而不争”的光华再现。正因如此，生命才有了勃然的生机与灿然的光华。

老子主张“复归于婴儿”，对于教师来说，富有童心很重要，他们几乎每天与儿童在一起，如果不能走进学生的内心世界，就不可能是一位优秀的教师。苏霍姆林斯基也说：“只有那些始终不忘记自己也曾是一个孩子的人，才能成为真正的教师。”在“道德经广场”学习《道德经》，旨在提醒教师，不要忘记自己也曾是一个孩子，更要不忘老子之嘱，要让自己的心永远与孩子的心在一起，即使年龄再大，那颗“童心”也要处于跳跃荡漾的状态。

据李秀伟校长讲，基于“国学根基”的课程，还有“做人养成”课程、“人人国学”课程和“中华优秀传统文化”课程等，都归属于学校“关联万物”的课程系统，与学校的语文、数学、英语、艺术、体育、科学、道德与法治是一个整体，追求的是同一价值理念，即尊重传统、根植文化、复归自然、坚守人之本真。

正是这种一体关联的高品位课程，让这里的学生有了卓然的才华，尤其是有了走向未来的生命动力。康长运博士就毅然将两个儿子从加拿大带到这里读书。他说：“我的儿子在加拿大或许可以得到更先进的教育，但是我更期待源远流长的中华文化能在孩子心中扎根。”

朱慕菊、崔允漷、陆志平、杨向东、蔡可等专家学者来校考察，听了李秀伟校长所做的“关联万物课程体系——传承发展中华优秀传统文化的理解与尝试”报告后，感到非常震撼，并给予了高度评价。

课程建设，只是罗浮山国学院附属学校整个教育系统中的一个子系统。而基于“国学根基”的课程，又只是学校整个课程建设的一个子系统。笔者所述，也仅是“国学根基”课程中的部分内容。尽管如此，广大读者仍然可以从中感受到这所被称为“中国式学校”的魅力所在。若能够亲临学校考察，定然会给你带来更大的震撼。

“战斗”在改革的“前线”

——广西壮族自治区玉林市玉州区“有效”小学校长撷英

广西壮族自治区教育厅“MS－EEPO有效教育”技术负责人韦昌勇认为，孟照彬教授构建的“MS－EEPO有效教育”是具有超越意义的一个完整的体系，既超越别人，也超越自己。超越不是为了显示自己多么伟大，而是为了让广西壮族自治区乃至全国更多的校长、教师走向改革之路，让全国更多的学生行进在素质教育的大道上。

在推进“MS－EEPO有效教育”的过程中，玉林市玉州区的一批小学校长率先垂范，弄潮于“MS－EEPO有效教育”之间，发展于课改之中，成为引领这场变革的中坚力量。

龙玉洁：团队作战无往而不胜

东环小学是玉州区的一所名校，龙玉洁是这所学校的校长，她是从小学语文教师阵营里走出来的一位名师。龙玉洁校长曾研读过魏书生、王崧舟、孙双金、薛法根等名家的著作，还系统地研究过他们教学的“道”

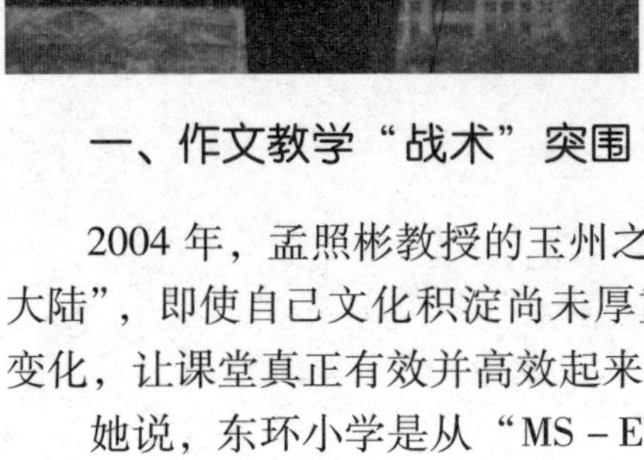

“术”之妙，对于如何上好一节语文课，已形成了自己的模式与风格。在采访她的时候，她非常谦虚，她说：“语文名家的功底极其深厚，我们尽管一直在努力学习，可还是很难与他们比肩。”如何在教学上实现突围，就成了她的又一个奋斗目标。

一、作文教学“战术”突围

2004年，孟照彬教授的玉州之行，让龙玉洁校长恍若发现了一片“新大陆”，即使自己文化积淀尚未厚重，也照样可以让课堂教学发生巨大的变化，让课堂真正有效并高效起来。

她说，东环小学是从“MS－EEPO有效教育”要素组合开始教学改革实践的。刚开始的时候，学生根本不知道如何合作，只是聚在一起，要么不讲，要么乱讲那些与教学主题几乎毫无关系的内容。

她心中郁闷不已：难道这种教学方式到了自己的学校就失灵了吗?

恰在此时，教研室在其他学校也发现了类似问题。于是，在教研员的指导下，龙玉洁校长带领教师从改变学生的学习方式入手，以作文教学作为突破口进行了探索。

在传统作文教学指导下，学生写出来的作文千篇一律，没有个性。采取要素组合方式与哲学方式进行作文指导后则完全不同了。教师将作文审题、构思以至批改权等都交给学生，让他们各自将构思写下来，然后拿到小组中一一呈现，再听取同学的建议。各自完成作文后，再以团队作业的形式进行一次班级的交互批改。

龙玉洁校长说，以前是教师一一批改学生的作文，劳力劳心又少见成效。作文教学改革后，景况大变。自始至终，学生的思维都处于兴奋状态。不再是教师要学生想、要学生说、要学生写，而是他们自己要想、要说、要写。

一直困扰语文教师的作文教学，呈现出“红杏枝头春意闹”的喜人景象。

作文教学改革不到半年，教师与学生就都感到作文已经不是什么难以攻破的堡垒了。教师们甚至觉得：“不管在哪里，只要让我们上作文课，百分之百成功!”

在南宁举办的作文特色课大赛中，虽然他们的学生刚开始进行有效教育训练，但仍获得了二等奖第一名的好成绩。

二、团队作战，百战不殆

团队作战在作文教学上大获成功之后，他们又将其辐射到学校教育的其他领域。

由学生组建成的14个团队，围绕不同的主题，结合生活实际进行了探究，并进行了展示，全都“百战不殆”。这让学生充满了自信，精神面貌焕然一新。

2013年夏天的一个下午，玉林市纪委到东环小学了解学校开展“廉政教育进校园”活动的情况，对于这种突然“袭击”，从校长到教师再到学生，都能从容面对，一点儿也不紧张。在团队课上，学生把“为什么要进行‘廉政教育进校园’活动”“怎样才能使廉政教育更好地进校园”“学生在这个活动中应担当什么责任与义务”等，都讲得头头是道。来考察的纪委领导对学生大加赞赏，说："学生可以教育大人了！"

这给了龙玉洁校长启示：学生团队在"廉政教育进校园"活动中有如此良好的表现，若能在全校全方位地组建更多团队，不就可以无往而不胜了吗？

于是，龙玉洁校长基于"MS－EEPO有效教育"创建了行政领导团队、教师团队、年级主任团队、备课组团队、班级教师团队以及各种各样的学生团队。于是，团队管理应运而生。

每个团队都有相应的管理任务，科学考量其业绩也就成为学校要面对的问题。对于团队的评价，更多的不是考察某个人，而是考察团队，即采取捆绑式评价。龙玉洁校长发现，当人人都参与进来的时候，人人也就有了积极性；当人人都有积极性的时候，任何困难都可以迎刃而解。

通过孟照彬教授的培训，龙玉洁校长知道了如何用表格制订相关措施，并进行项目管理。

以前的培训，从来没有培养出过专家。可是，参加了孟照彬教授的培训后，教师们不但能说会道了，而且能够实际操作了，于是，学校有了自己的培训专家，且形成了一个团队。在对全校教师的培训中，他们当仁不让地成了培训专家。

教师们在培训中懂得了，教学前一定要备课。不但要备知识，备思路，更要形成执行方案，其中必须呈现出学生的活动情况，实现从备教到备学，从关注知识到关注人的发展的转变。

专家团队要参加与点评教师运用"MS－EEPO有效教育"操作流程开展的赛课，其中的优质课要在全校展示，最后要大张旗鼓地进行表彰。

原以为只有专家才会说的理论语系与操作流程，现在骨干教师也可以说得清楚。更重要的是，从不会做到会做，从做起来不太熟练到做起来运用自如，教师们在做的过程中感受到了自己的成长，都有了一种大获丰收的感觉。

2014年玉州区评选"四个十佳"（十佳教师、十佳校长、十佳班主任、十佳农村教师），东环小学竟然有三位教师入围；玉林市评选"十佳教师"，他们也都榜上有名。

龙玉洁校长说，有这个结果当在情理之中，我们为此深感骄傲。而更让她骄傲的是，学校的各个团队都形成了凝聚力，都有了蓬勃向上的发展需求。

凌军霞：每天都有创新与意义

2014年7月，凌军霞由玉州区第一实验小学副校长升任万秀小学校长。8年来，这位小学语文特级教师对“MS－EEPO有效教育”的研究与实践一直兴趣不减。

开始的时候，凌军霞也遇到了不少大大小小的困难，可是，她有一种不服输的精神，困难越大，她越要攻克，并享受那份攻克困难时的心灵愉悦。

在第一实验小学担任副校长期间，为了研究如何上好一节有效教育的课，她与教师们完全进入了忘我的境界。有时夜幕降临，他们还在废寝忘食地讨论着。一次，学校停电了，却没有一个人愿意离开。于是，大家就用手机照明继续研究，直到把难题解决了，才释然地往家走。

有人说：“凌军霞，你们这样干太苦了！”可她笑笑说：“苦吗？我可没感觉到啊！”

不是大话，也不是空话，而是真话。凌军霞说，她一研究起“MS－EEPO有效教育”来就像着了魔似的。从来没人看到过她疲倦，每次见到她，总感觉她生机勃发，充满激情。

一分耕耘，一分收获。

凌军霞说，正是在这种磨砺中，她从一名普通的小学语文教师，成为特级教师、广西基础教育名师培养对象。当人们称赞她“努力换来收获”的时候，她说，作为一名校长，家长把孩子交给了学校，我们就应该尽自己的最大努力为其负责。而一个人，在有限的生命时空里，不应当庸庸碌碌一生，而应当奋力拼搏，收获幸福的人生。

凌军霞的幸福感不光来自忘我的钻研业务，还来自课堂。

在广西壮族自治区举办的课堂教学研讨会上，凌军霞用要素组合方式上了《山寨》一课后，对幸福也有了更深的认识。

课上得相当成功。

在评课环节，有的教师给予了高度评价，有的教师则提出了尖锐的批评。她有成功的喜悦，也有被指责的痛苦。她说：“所有的表扬，我都接收，并将它作为一种鼓励；所有的批评，我也都接受，并作为一种鞭策，这将是我继续前行的动力！”

也正是这份执着，这份坦然、坚持、创新，让她在有效教育实践的路上越走越踏实。她以个性化处理教材为突破口，结合 MS－EEPO 的学习方式和课型方式（要素组合方式、平台互动方式、哲学方式、三元方式等）的教学操作技术，以激活学生思维张力为教学主线，形成了因“会学”而“悟学”，因“悟学”而“乐学”的“悟乐”教学风格。执教的国家级、省级、市级观摩研讨课均获得极高的评价。

2014 年 7 月，她被任命为万秀小学校长，这是一所新建的学校，这意味着她要从零开始。但她不惧怕，以永不服输、坚持与创新的精神，带领教师们一起致力于“MS－EEPO 有效教育”的管理和教学。

她以学习方式为抓手对师生开展训练。

面对一半以上没有接触过“MS—EEPO 有效教育”的教师开展教研训一体活动，以个人带动团队，以团队影响个人，全员参与。学校教师人人既是培训者，又是受训者，自上而下和自下而上的循环研究，很快便形成了“团队研究、自学互训、互学互训”的校本培训特色，教师对有效教育的把握水平有了很大的提升。

与她一起干，教师们累并快乐着。短短一个多学期，师生乐思、乐学、乐做、乐教，改革已初见成效，在社会上赢得了好评。

她说，在研究“MS－EEPO 有效教育”的过程中，她并没有将其视作一个科研项目，而是将其当成未来理想教育的常态。每天会遇到一两个问题，然后想方设法解决它。所以，每天都有创新，每天都有意义。

朱红梅：在“身心发展水平”方面寻找突破点

2014 年 11 月 20 日，大北小学校长朱红梅以玉林市中小学心理健康教育赛课第一名的成绩，代表玉林市参加广西壮族自治区中小学心理健康教育优质课评比暨观摩研讨会，取得了一等奖的好成绩，与会专家给予了她很高的评价。后来，区教研室又安排朱红梅在“玉州名师课堂大展示”活动中进行教学展示，再次引起强烈反响。

可是，谁能想到，这是她离开教学一线整整 8 年后的第一次登台上课。起初，她也曾犹豫、退缩，自己仅仅就任校长 3 个月的时间，万一讲课失败，会不会在大北小学失去尊严与威信？

可是，作为“MS－EEPO有效教育”省级专家培养对象，在全校推进这项实验的时候，自己临阵退却，那还有多大的说服力？更不要说去激励教师投身这次变革之中了！

朱红梅是一名优秀教师，课堂是她展示精彩的“战场”。近几年学习了“MS－EEPO有效教育”理论并在培训现场进行了一系列的实践之后，她认为自己有必要再上讲台，用一种全新的教学方式，去诠释心理健康教育的丰富内涵。在做好充分准备后，她满怀自信地走上赛场，结果一举成功。

这给了她极大的自信！学了“MS－EEPO有效教育”理论，掌握了其操作流程之后，不要说心理健康课，其他课她也能够上出个性与精彩。

朱红梅校长通过这一节心理健康教育课，引导教师在适应学生“身心发展水平”的教育方面找到了一个可执行、可操作、可量化而又有效的突破点，那就是着重从“情绪行为调控”入手，要求教师上好每周一节的心理健康教育课，及时对学生进行正确的心理、情绪、行为疏导，教会学生进行积极的自我暗示和自我激励，使学生学会排解情绪，约束行为。

可喜的景象出现了，教师少了怨天尤人，多了知足常乐；少了成人之恶，多了成人之美；少了消极应付，多了积极进取；少了阴暗情绪，多了阳光灿烂。教师们的这种精神状态，又直接影响到学生。于是，学生也有了积极的心态、快乐的童年。学生当下的快乐，还会为其生命积蓄下优质的情绪，让未来也拥有幸福。

要想让教师拥有积极的心态，就要让他们持续不断地发展，并让他们感受到发展所带来的成果。所以，朱红梅校长在大赛中取得成功之后，又带头参加了“玉州名师——语文学科带头人”评比活动。在她的带动与鼓励下，大北小学20多位教师参加了“玉州名师”的系列评比活动。朱红梅校长被评为语文学科带头人，其他20多位教师全部被评为玉州区学科新秀。

其收获还不止这些。在这个过程中，朱红梅校长与教师们的心理距离拉近了。彼此之间有了更多的话语，有了更多的交流，也有了更多的感情融合。这让她找到了管理的路径，那就是心灵管理。校长不只是要管教师，更多的是要与他们心灵相通。心灵一通，其他方面就都通了。

初战告捷，朱红梅校长趁热打铁，要求教务处在全校举行不分学科、不分学段、不分年龄的全员“MS－EEPO有效教育”教研活动，意在通过“做中学”促进教师的专业成长，提高教师的教育教学水平。

令朱红梅校长兴奋的是，教师对此给予了积极回应，即使年龄大的教师，也热情洋溢地投入其中。对于评课，他们准备充分、点评精到，远远超出了朱红梅校长的想象。

这给了她更大的信心！她说，不是教师不能做，也不是教师做不好；只要校长带头去做，做出成效，教师就不可能不紧随而行。这正如孔子所说："君子之德风，小人之德草。草上之风，必偃。"

唐秀年：让学生享受在校学习与生活的快乐

玉州区第一实验小学校长唐秀年是一位特级教师，也是广西壮族自治区的"十佳校长"。她认为，"MS－EEPO 有效教育"的核心理念是让学生"活"起来，去享受在校学习与生活的快乐。为此，她提出了"做学生喜欢的教师，上学生喜欢的课，建学生喜欢的校园"的办学理念。

一、做学生喜欢的教师

唐秀年校长认为，教师要想让学生喜欢自己，就要以真挚的爱感染学生、宽容学生和赞美学生，蹲下来和学生说话，走下讲台给学生上课，主动融入学生的生活中，做他们依赖、乐交的大朋友，在处理各种事情时要严宽有度，特别注意要对事不对人，保护学生的自尊心和隐私。同时，还要懂得如何让学生感受到这种爱。因为爱是需要智慧的。此外，教师还要研究学生的生理、心理特点，比如"MS－EEPO 有效教育"中的动静转换，就是基于学生的生理特点来设置的。课堂上有了动静转换，不但可以提高教学效率，还可以让学生学得更轻松。再比如，学生有一个突出的心理特点，那就是特别看重教师的评价，所以及时而又以鼓励为主的有效评价，会让学生感受到来自教师的关注。当学生真正喜欢教师的时候，就会"亲其师"而"信其道"了；而学生"信其道"，便会更"亲其师"。

二、上学生喜欢的课

唐秀年校长认为，学生喜欢的课堂就是充满生命力的课堂。作为一名教师，不论教的是哪一学科、哪一年级，都希望学生喜欢自己的课堂。

要想上出学生喜欢的课，重点不是教师讲得如何精彩，而是要激发学生的学习热情，让他们学得不亦乐乎。"MS－EEPO 有效教育"要求教师将学习主动权交给学生，让学生在讨论与交锋、合作与互助中感受到获取知识与开放思维的愉悦。一句话，就是用整个过程来丈量生命的厚度。

上学生喜欢的课，不是上学优生喜欢的课，是上所有学生都喜欢的课，教师要特别关注学困生的学习情况，要让他们也喜欢上课堂。为此，教师要对这些学生“高看一眼”，给予他们更多的鼓励与支持。同时，还要让其他学生帮助与关心他们，让他们感到生活在一个和谐友善的团队中、一个可以不断成长的环境中。

三、建学生喜欢的校园

唐秀年校长说，学校只有成为充满成长气息的校园、学生喜欢的乐园，学生才能成为学校的真正主人。为了让每个学生都有成长的机会，学校积极为学生搭建公平竞争的平台，每一项活动都让全体学生参与，共同成长。如在世界读书日那天，学校开展师生读书系列活动，引领师生享受读书乐趣，并以此为契机，组织开展了“诵读美文经典，享受阅读快乐”读书节活动。开展炫动5月艺术节系列活动，有个人或小组才艺表演，绘画、手工制作、水果拼盘比赛，硬笔、软笔书法展，低碳环保时装表演，跳蚤市场置换、义卖等，每个学生至少要参与一项活动。

值得一提的是“秀我厨艺，置换至爱，助我成长”的义卖活动。活动现场充满了学生的叫卖声、吆喝声，瞧，当简单的食材和学生们灵巧的双手相遇时，一道道美食便诞生了。在置换图书、玩具活动中，部分学生还将自己的图书、玩具进行义卖，所得钱款全部捐给有困难的学生家庭和山区学校。11月的科技节，学生动手制作的一件件作品展示在校园里。12月，迎来了竞争激烈的运动会，校园沸腾起来，操场上欢呼声、呐喊声不绝于耳，运动员们发扬刻苦拼搏的精神，尽情展示各种本领。运动会不但让学生们明白了体育锻炼的重要性，也增强了班级凝聚力，丰富了学生的校园生活。各项活动的开展，为学生提供了一个展示才艺、激扬个性的舞台。

玉州区第一实验小学的校园里有八个开放性的书吧，任何学生任何时候都可以从中各取所需。学生静静地坐在书吧前的凳子上看书，成为校园里一道独特的风景。有人担心如果有学生将书拿走了怎么办。唐秀年校长说：“那只能说明他太喜欢这本书了。”不过，开放书吧开放一年多来，一本书也没有丢失过，而看书的人数却一直呈上升趋势。

有了成绩喜欢展示，这是人的本性。玉州区第一实验小学的学生有了作品，不是束之高阁，而是放在教学楼通道里进行展示。展示者看到自己的作品会有一种自豪感；而尚未有作品展示的学生，则会跃跃欲试，准备一展才思。如教学楼走廊外墙上，展示的是每个班学生小组合作学习的成果，学生的硬笔书法、美术、数学比赛作品，学生之间互动评价的便签留言。艺术作品展示长廊展示着学生用酒瓶、饮料瓶、旧帽子、旧簸箕等制作的参赛作品，这些富有童趣的低碳环保艺术作品，让学校的每块墙壁都"活"了。每一个走进这里的人都会为这里富有创意、童真、书香的校园文化所陶醉。学校力求每个主题文化板块，都会对师生良好行为习惯的形成起到潜移默化的作用。机会面前人人平等，学生都有展示的机会，这让每一个学生都体验到了成功的喜悦。学习成绩好的学生有展示的平台，不好者也有自己的"拿手好戏"，他们的展示往往有独出心裁之妙。

唐秀年校长说，小学时期应当是人生最快乐的时期，校园应当成为他们终生铭记的美好之地。学生感到幸福了，校长与教师的幸福也就贮藏心中了。玉州区第一实验小学不就在"MS－EEPO 有效教育"的土地上，播种下了幸福的种子吗？

继往开来，幸福人生

——顾泳校长及石梅小学的文化品格

第一次采访顾泳校长，是在2008年的9月20日上午，在江苏省常熟市曾园的一片树荫下，我与她相对而坐，放一支录音笔，即兴而谈，当晚整理成文字，就有了一篇长达万字且很有意蕴的对话文章，并全文发表于2008年10月6日的《现代教育导报》上。两年多过去了，顾泳校长和石梅小学依然时时浮现在我的眼前，很多上次没有采写到的文化亮点，一次又一次地激起我再次采访的欲望。于是，2010年11月中旬，笔者再次前往常熟，对顾泳校长及部分教师进行了采访。

编写校志：书写精神的文本

伫立于石梅小学院内两百多年的银杏树下，听其诉说这里的教育传奇，才知道它们并非这里的开创者。早在雍正三年（1725年），粮储道杨本植便捐钱创办了游文书院，这块背靠虞山、传说中有一处梅花形巨石的灵秀之地就开启了专职“教书育人”的旅程。现今的石梅小学和两百多年前的游文书院，有着千丝万缕的文化联系。

这所古老的学校，在2007年迎来了一位年仅36岁的年轻校长。她，就是顾泳。

有时，她会独自一人，与那古老的银杏树对话，去翻阅那陈迹斑斑而又闪烁着人文精神的历史记载。每逢这个时候，她都有一种难以言表的敬畏感，一种特别神圣的责任感。自己如此年轻，何以与这近三百年的历史对接，怎样让历史的辉煌再现，不辜负社会的期盼？

对接与超越都不能否定历史，没有历史，何以有今天？没有继承，哪有创新？

一、深厚的文化积淀

“书不尽言，言不尽意。”然则前人之意，“岂不可见乎”？近三百年的历史，留下了有文字记载的前人之言，以及透过纸背呈示出来的前人之意。它不仅属于石梅小学的历史语系，也影响着今天的石梅精神。

这里曾经是人才辈出的教育圣地，银杏树下，曾留下两代帝师翁同龢的琅琅读书之声，原北京大学校长吴树青、原中国语文教育学会会长苏灵扬、著名女翻译家宋清如等，也都受过这方文化沃土的滋养。这些校友勤奋好学的精神，成了今天石梅小学师生的宝贵财富。而《常昭合志稿》《古缘萃录》《松陵文牍》《虞山画志续编》等著作的问世，又奠定了石梅人高品位的学术地位。那些诲人不倦而又默默无闻的教师，留下的一本又一本的教案；那些学而不厌而又多已不知去向的学子，留下的一本又一本整整齐齐的作业本，都成了见证石梅精神的历史文本。掀开早已发黄的纸页，显见的是高度的责任心与严谨的治学态度。同时，无数口耳相传的故事，也演绎着石梅精神的精彩。

二、编写校志的苦与乐

如何将这些珍贵的精神财富贮存起来，成为激励今人、感动来者的记载，就成了顾泳校长一直思考的问题。

她和老校长一合计，决定编写校志，从中寻找石梅小学历经百年风雨而历久弥新的精神根髓，让这些可贵的精神发扬光大。

于是找寻关于石梅小学历史的文字资料，采集关于石梅小学的故事，成了全体石梅人的神圣使命，而五位已经退休的老前辈毅然担当起搜集历史素材的重任。

石梅小学的五位老教师在博物馆、图书馆、县志等大凡有常熟历史记载的文本资料中，搜索与石梅小学有关的内容。即使是几行文字，都会让他们欣喜若狂。听说哪个地方哪个人有这方面的文字资料，他们便会立马前往。

青年教师采访团则手捧鲜花去拜访健在的老石梅人，聆听、记录后，呈现的不仅仅是一篇篇采访稿，更是经历石梅故事洗礼的澄澈精神！

校志编写组的教师们非常感慨地对笔者说，他们为此付出了很多，有的时候，很累，也很苦，可是，心里却有着无限的喜乐，因为他们整理了石梅小学的历史，并让其变成学校永远的精神资本。用了整整四年时间校志的编写才大功告成，当翻阅着五十万字的书，听到地方志办公室领导

“《石梅小学志》开了江苏省小学志之先河”的赞誉时，全校教师、石梅校友有了一份压抑不住的激动。一以贯之的文脉、生生不息的学校精神，因了这批优秀的教师，有了永远的文本收藏。

文化精神的传递，非但没有中断，还在延伸。校志中，还会记载石梅新人的新事新风。它厚重而不轻飘，静雅而不喧嚣。

三、当代师生的文化传承

近年来落成的明德楼等馆舍粉墙黛瓦、典雅古朴，有学生“大学之道，在明明德，在亲民，在止于至善……”的琅琅书声；翰墨春秋廊、妙笔丹青廊、古韵今声廊、虞山名人廊等，不仅有先辈名人的深情凝视与殷切期盼，也有当代教师新的文化足迹。

古老的银杏树虽然无语，却在轻风抚慰下，默默地点首——是满意，是欣慰，是自豪。

报刊台历：学校文化的名片

近三百年的历史为石梅小学积淀了厚重的文化，可是，如果现代石梅人不在这片文化沃土上“施肥浇水”，这株参天大树便不再继续生长，甚至有可能枝叶枯败。当历史得以传承的时候，我们的当下，也会成为未来的历史。为了让它具备“生生不息”的生命力，在顾泳校长的策划下，校刊《石梅苑》、校报《同心桥》和自制台历应运而生。

一、校刊《石梅苑》成为教师的精神栖息地

关于当代教师生命历程的文字记载，可以成为教师自己及后来者的历史文本，也会成为石梅小学的一笔精神资产。为了有效地存留这种文化，且让其具有永恒的意义，校刊《石梅苑》在精心策划下出版了。

顾泳校长翻阅了几十本其他学校的校刊，发现其主体内容都是以教师论文为主。她认为，石梅小学的校刊应当具有自己的特色，应当更有文化品位与生命灵性。同时，封面与版面设计也要与内容相得益彰，典雅而不失时尚，形成独特的艺术风格。她的意见得到了教师们的响应，于是，以教师精神生活，包括私人生活为主色调的高品位创刊号刚一问世，就有了一大批不忍释卷的阅读者。有教师称，《石梅苑》已经成了他们的精神栖息地，成了他们闲时阅读的最爱。

不知从哪一天开始，《石梅苑》从石梅小学“流”向了其他学校，

“流”向了社会，于是，就有了源源不断且越来越多的索要者。渐渐地，《石梅苑》成了社会了解石梅小学的一个文化窗口，“因为了解，所以喜欢”，学校的美誉度也随之提高。

首次参加常熟市校刊评比，《石梅苑》获得一等奖。随后，在全国校刊进行了联展，得到了专家与同行的普遍好评。为此，《福建论坛》记者专门对顾泳校长进行采访，并对《石梅苑》做了专题介绍。

二、《同心桥》为家校同心搭桥

名校有名校的难处：社会关注度高，人们的期待值高，任何失误或误会都会给学校带来不良影响，而最受伤害的，还是教师与学生。为此，顾泳校长决定办一份《同心桥》校报，让它为家校同心搭桥，从而让社会全方位地、真实地了解石梅小学。

校报的报名并非校长“钦定”，也非教师意见，而是面向全校征集的。最终，是学生所起的报名榜上有名，于是，《同心桥》诞生了。

报纸一年四期，人手一份。学生的活动、想法、文章，很多都可以见诸报端。同时，学校的做法、家长的理念，也有机地和谐为一，以生动有趣的文字呈现在报纸上。于是，《同心桥》刚一出版，就成了学生与家长爱不释手的读物。

家长通过这份报纸，看到了学校许多有意义的活动，感受到孩子的成长，心里特别高兴。有的家长还将报纸拿到自己的单位，很自豪地向同事们推荐。

一位家长感慨地说：“《同心桥》让我们与学校同心了，也让我们放心了，因为孩子在这里受到了优质的教育，得到了更好的发展。”

三、台历富有诗情画意

在生活中我们有过不止一本台历，尽管各有各的风格，但由于它的公众性，有的则显得没有了个性。石梅小学的台历则是他们自己的作品集，烙印着其文化印迹。

笔者就有一本石梅小学的台历，而且成了珍爱的收藏品。从这本台历中，笔者感受到了石梅小学教师无限的创造力，以及高品位的审美追求。文字是学校教师自己写的诗，含蓄隽永，耐人寻味；照片是教师自己拍的，颇有诗情画意。

在采访美术老师陆均的时候，他说学校已经连续三年自己出版台历了，一年比一年出得好。今年的台历虽然已经三易其稿，可是，大家还是力图“更上一层楼”。他说，由于有着自己的心血与创造，教师们对自己的台历爱之有加，而且大都将台历作为礼品赠送给朋友。

石梅小学的台历之美，不知不觉间向外扩散，社会上一些人也慕名而来，想要一本，甚至想要数本作为送人的礼物。如东县教育局领导带着校长班成员来石梅小学参观时，无意间看到了石梅小学的台历，眼睛一下子就亮了起来；如东县双甸小学的丁校长带全校干部来石梅小学学习时，提出能否送他们每人一本台历的要求，得到满足后，他们欣喜莫名。因为他们认为，这不单是一本台历，还有着石梅小学的文化与教育，有着石梅小学无限的创意。创意是有生命的，是可以流动的。他们也希望自己的教师能拥有更多的创意，制作出富有学校特色的台历。

当石梅小学的台历被更多人索要的时候，也给了教师莫大的精神鼓舞。他们有了一种神圣感，一种责任感，因为每个画面、每首诗，都成了石梅小学的文化象征，都有了他们的美好期待。

成长册：铭记生命的节点

一些重要的生命成长节点之于师生，不但当下重要，还会成为其永远的生命回响。这些生命节点被点燃之后，还可以形成巨大的助推力。

顾泳校长就让全校师生看到了那点燃了的美丽火花，并使之永远地留存在师生的记忆中。

一、让生命成长节点永远留在孩子的记忆里

儿童成长的生命节点很多，而最有亮色的是与德育有关的活动。

“石梅之星”的评比活动很有意义且别出心裁，即从《弟子规》中节取与学生行为习惯养成有关的经典语句，让学生熟读成诵，进而“学而时习之”。而对于学生的知与行究竟有何影响，是要进行公正、公平、公开评选的。不但有学生互评，还有家长评价。颁奖仪式举办得隆重而别致，欢快的音乐声中，获奖学生踏在鲜艳的红地毯上等待学校领导给他们颁奖。他们那晶莹剔透的眼睛里，洋溢着自豪与幸福；获奖学生的家长热泪盈眶，无比地感动与欣慰。从某种意义上说，“石梅之星”颁奖活动，不但让他们记忆终生，也成了其道德生命成长的一个重要节点。

十岁是学生生命成长的重要时段，如何利用好这一教育时段？顾泳校长与德育处、三年级的全体教师商量开了，你一言，我一语，很快便形成了一个成长仪式庆典方案。4 月 30 日，初夏的石梅小学校园充满了生机，

更因为家长的热情参与而充满了温情。活动以“感恩、理想”为关键词，学生的唱、演、讲、跳让家长们欣慰。而学生则因为父母的一封信而落下了感动的泪水。顾泳校长认为，活动背后的意义不仅仅是学生当场的感动，更是理解了自己应有的责任，是父母与孩子心与心的沟通。

六年的学校生活就要结束的时候，无论是教师还是学生，都有一种难以诉说的留恋。所以顾泳校长认为，小学毕业典礼不应当仅仅是让学生领取一张毕业证，还应让学生的理想起航、懂得感恩，一个隆重的毕业典礼或许会成为学生一生难忘的理想激励时刻。于是，毕业前几天，学校电子屏幕上就循环闪烁着与学生告别的祝福话语，学生穿毕业服、拨穗子，一切都依照学士、硕士和博士毕业时的环节进行。毕业典礼在大礼堂举行，无论是校长的期望还是教师的嘱托，无论是学生的感怀还是家长的感谢，都因了这一特殊时刻、特殊场合而显得热烈而庄严。

于是，毕业典礼的照片，连同平时一些很有意义的留念，包括学校的历史、校训、校歌等，汇集成了一本非常精美的册子。

二、石梅小学因教师成长而不同

教师也有成长册，因为不但学生应当看到自己成长的过程，教师亦然。当一个人不断地看到自己的成长足迹时，特别是那些异常精彩的节点时，就会生成一种特别的愉悦之情。同时，形成一种自我成长的动力，不断地前行。这种生命状态，正是石梅小学具有生命活力的本源之一。

所以，教师的成长册上有这样一句话：“石梅小学因您而精彩！”它将教师与学校紧紧地连在一起，而且形成一种激励。就如何使用这本成长册，学校还召开了一次隆重的使用手册会议。

自己做了一件非常得意的事，写了一篇特别满意的随笔，发表了一篇文章，等等，都收录在成长册中。于是，它就成了教师的私人成长册，也成了历史的见证，成了促使自己成长的见证者。当教师不断从成长册上看到自己的成长足迹时，会非常兴奋，会生成一种前进的动力。当大家都在为自己的成长而努力时，就会形成一种不令而行的内在需求。

2009年春天，小顾老师动了手术，就在这时，市语文教研员告诉顾泳校长，小顾老师在之前的预赛中成绩出色，通知她参加常熟市的比赛。顾泳校长毫不犹豫地谢绝了这次机会。因为在她看来，为校争光固然重要，但教师的健康更为重要。

几天后，学校分管语文教学的教导主任去医院看望小顾老师，说及此事。没想到小顾老师坚持去比赛。因为手术后下床还不方便，她立即让家人帮她在手提电脑上安装了无线网卡，用 QQ 与市语文教研员联系，准备赛前的教学设计。分管语文教学的教导主任劝说她先顾好自己的身体，为校争光以后有的是机会，QQ 的那头安静了许久后发来四个字“只为石梅”……寥寥四个字，却是石梅人一心为教育的真实写照。而“只为石梅”，从此就成了每一个石梅人耳熟能详的言行纲领。

在采访顾惠芳老师的时候，她对笔者说，其实，教师的工作还是比较紧张的，可是，这种紧张因有了成长的声响而有了意义。于是，累就变成了动力。人的潜力是巨大的，这种动力支撑的持续性促进了教师持续不断的成长。

顾泳校长认为，当全体教职工都享受到成长的快乐时，学校的精神才是饱满的，师生的幸福才是真实的。

读书写作：提升教师的品位

顾泳校长对书有着一种特殊的感觉，她说，捧读一本好书，可以让她不由自主地走进宁静的心灵港湾，浮躁之气遁去，愉悦之情渐生。有了这种美妙的感觉，人生会更有诗意。而教师，正是需要这份诗意的陶冶。于是，她带领全校教师同步好书的殿堂，去领略那片精神圣地的风景。

一、“心灵之约”读书会

“心灵之约”读书会拉开帷幕，是在 2008 年的春天。

顾泳校长亲自拟定读书纲领，将“以书会友，坐而论道；开阔视野，荡涤心灵”作为宗旨，并张贴了海报。同时，她还准备了茶点，约请了一位音乐教师。当自愿读书者陆续走进学校多功能室后，顿时被那书香氛围感染了——柔和的灯光、轻柔的钢琴曲、香浓的咖啡。

主持人顾泳校长的发言简短而有意蕴，让大家一开始就感受到了“以文会友”的温馨与雅致。

大家的交流异常热烈，原定 19 点结束，延迟了半个小时后 60 多位教师才依依不舍地离去。

读书会的人气越来越旺，读的书越来越好，对问题的探讨越来越深入，而结束的时间也常常拖到 20 点。读书会，成了教师们精神会聚的圣地。

从 2009 年起，教科室主任成了专门主持人，对读书会活动的设计也特别用心。对于讲得好的教师，不但口头表扬，有时还奖励一束鲜花。奖品不重，获奖者却如获至宝，欣喜至极。

2010年，读书会的场所由室内搬到了桂花树下。为此，学校专门买了一些桌椅，每月最后一个周五的下午，教师们便不约而同地走到桂花树下，围桌而坐。阳光透过树叶洒在每个人的脸上，有一种别样的情调。

不好的书读的再多，也不会升华成人格与智慧；只有读好书，才能真正提升人的境界与品格。顾泳校长与教师们就是在读好书中，有了不断的超越与提升。

正所谓“功夫在诗外”，随着书读的越来越多，教师的智慧也在增长，教学的时候，就有了更多属于自己的语言，生动有趣而又不失其品位。智慧又如一把利剑，悄然斩断了烦恼与杂念，使教师们拥有平静的心境与高贵的心灵。

教师的这种状态，影响到学生，于是学生也少了心灵的喧嚣，多了读书的宁静，以至课堂上有更多学生发言，有更多学生呈现精彩。

学校是文化圣地，因了读书会，石梅小学更像学校，教师更像教师，也更有文化。

从读书中尝到甜头的教师们，已经不满足于每月一次的读书会了，更多教师开始自发地购书和读书。同时，形式更趋丰富，有经典诵读会、读书叙事会、专业交流会等。《学记》有言：“独学而无友，则孤陋而寡闻。”这么多文友相聚，就有了更加开阔的思路，也有了更多的收获。

二、教师写作成为文化景点

能读会写当是教师的基本功，可是，当下很多教师提起写作就有一种“欲说还羞”的感觉，写起来更是言不及义。但是，一个不会写作的教师，不但指导不好学生，就自己而言也是一种缺憾。因为写作不但可以写人叙事，还是个人的精神收藏。所以，一个会写作，特别是写得好的教师，其生命质量一般也比较高。

顾泳校长，就是一个喜欢写作的人。她的文章，不少虽系率性而为，可总透射出一种灵性，一种思想与见地，让人感到那是一个很有生活品位的人的文化记载。她曾写过这样一段话：“有人说，剑道的最高境界在于‘剑人合一’，那么相应的，文字的最高境界就是‘文由心生’，一切情语皆心意，当文章与心音、心行融为一体时，也就造就了石梅教育人记录行动与思考的最终目的。”且不说这段文字的灵动与秀气，就文学评论的功底，也可以见出端倪。其中的“文由心生”与刘勰《文心雕龙》中的“缀文者，情动而辞发”，王国维《人间词话》中的“一切景语皆情语也”

等，有异曲同工之妙。

我想，顾泳校长的写作不但是“情动而辞发”的，写的时候也会有一种审美的快乐。有了真情，有了生活，如果再有语言功底，写起来就会易如反掌。而她，已经兼而有之了。

而不少教师，就是缺少这种语言功底。除了读书可以积累语言素养之外，经常练写当是一种很好的方法，熟能生巧是不变的真理。庖丁为什么在宰牛的时候能“恢恢乎其于游刃必有余地矣”，就是因为他宰了十九年牛，已经接近“道”了。

在顾泳校长看来，石梅小学的每一位教师出书，都是令人高兴的事。而她自己，现在也已经出版了几本书，如《好学校，从关注每个学生开始——石梅小学优质教育多元感悟》等。她认为，这是她学校管理生涯的另一个收获。

令人欣喜的是，现在石梅小学教师的写作热已经悄然兴起，教师写的文章越来越多、越来越好。如果留意一下学校网站上的教师文章，就会为这些教师的写作收获而感动。为了进一步燃烧教师们的写作激情，哪位教师写的文章达到了结集出书的水平，即使不能正式出版，学校也会出资，安排专业教师为其设计，为其免费印刷，由学校出版。顾泳校长高兴地告诉笔者，她现在正在编辑一本关于教师的书。她说，这些书尽管还没有书号，可是，并不等于它还没有达到出版的水平，只不过需要机遇，需要出版社的支持罢了。顾泳校长认为，不久的将来，学校里一定会有更多教师的书问世，并会成为石梅小学的一个文化景点。

写作热情的高涨，进一步增强了教师读书的内在需求。读书的逐步升温，又对教师们的写作水平有了更大的促进。顾泳校长欣慰地对笔者说，过不了几年，石梅小学就会有几位、十几位，甚至几十位教师的新书出版。而与这相生相成的是教师文化品位的不断提高，教育教学水平走向更高境界。

经营心态：安顿教师的心灵

大凡见过顾泳校长的人，都会被她的笑感染，所有的烦恼很快便会在这笑中悄然淡去。有人说，她是一位优秀的校长，同时，她也是一个高雅之士。她工作起来很有热情，也很有智慧与情调。有时她会买一些小艺术品，布置在家里，让每个角落都有了情趣与韵味。有时，为了家里的一只猫的不幸遭遇，她也会哭，也会跳。她就是这样一个女人，一个生活得很有韵味的女人。

她不想独享这份幸福，想让全校教师共享幸福的美好。她知道心灵之于人的生命的意义，所以，她认为经营好心态，当是教师的幸福之本。而教师的幸福指数，恰恰是学校文化品格形成的核心要素。

一、道法自然为宜

顾泳校长认为工作的最佳状态是道法自然，水到渠成，如若苦苦追索，强行为之，即使得到，也会因生命少了愉悦而失去了它本然的价值。作为教师，最大的成功与幸福是什么呢？是融入学生之中，是学生成长了，自己也成长了，学生快乐了，自己也幸福了。其他成败得失，都属于外在的东西；而向内求索，才是寻到了人生幸福的本源。她的阳光心态影响着教师们，为他们营造了一个心灵适然的环境。她提出教师要有情趣地生活，要诗意地工作。情趣生活是为了更好地工作，诗意工作是为了更幸福地生活。这种互为因果又互相影响的关系，让石梅小学的教师有了愉悦幸福的生命状态。

二、张弛相间为美

顾泳校长认为，教师的工作有时特别紧张，但生命的持久与活力在于刚柔相济，张弛相间，所以，教师的闲暇文化之“柔”之“弛”同样重要。学校离影院较近，有了好的电影，她就和大家一起走进影院，享受这一特殊的文艺载体所带来的美感。她让教师们看《孔子》，一方面让他们感受孔子人格的伟大，另一方面则让大家从孔子“乐而忘忧”的乐感文化中，体味其虽难犹乐的品质。这种乐感文化会给教师以正向能量，从而让他们拥有快乐的心境。教师绝大多数时间是与学生在一起的，教师的情绪对学生有着直接的影响。教师阳光，学生就会特别灿烂；相反，教师阴云一片，学生也会愁眉苦脸。而学生心态的优劣不但对其学习状态产生影响，也左右着他们的心灵状态。学生心灵状态的优劣，不但影响他们当下的幸福，也指向其未来的发展。

学校组织看完《唐山大地震》后，一位教师悲泣至极。她由电影中的那句“人没了的时候，才知道什么是没了”，想到了自己年事已高的父母，于是，她懂得了最不能等的是孝敬，自此更加孝敬父母。推己及人，她又想到学生。学生只有一个小学时代，如果在这个时段得不到最好的教育，得不到教师的关爱，就永远没了美好童年的记忆。从而，她也更加爱学生。爱是相互的，她爱学生，学生也更加爱她。她说，她在享受师生共有的幸福，在享受一个为师者的美好。

谈到顾泳校长，曹丽秋老师感慨不已。她说，她见到的校长多让人产生一种压力感，顾泳校长却不是那样，她沉稳、优雅、宽容，活力四射而且充满生活情趣。正所谓一个人心里有什么就会向外散发什么，顾泳校长的这种状态，对教师们来说，是一种无声的影响。

三、相互尊重为贵

石梅小学的教师很受社会特别是家长的尊重。顾泳校长认为，尊重是相互的。如果教师视家长的尊重为理所当然，而不尊重家长，就会失去家长的尊重。如何让教师体会这种尊重他人的感觉呢？她想到了高级服务之中的那种尊重品质。于是，她带领教师到高档场所去喝咖啡。之前，教师们认为高档场所的服务员一定特别高傲，去了才发现他们彬彬有礼，未语先笑，言必低声，有求必应。身处其中，很有被尊重的感觉。于是，教师们再回到学校时，就开始关注教室文化环境的营造，也更加尊重家长了。他们发现，受到尊重的家长，也从心里更尊重自己。而这种相互尊重形成的尊重场，让教师感受到了尊重可贵的品质。

石梅小学已经成为常熟教育中的一个品牌，而校长与教师的内在品质，正是锻造这一品牌的生命张力。

让更多的师生从平凡走向卓越

——王崧舟“新成功教育”扫描与解读

毋庸置疑，王崧舟的“诗意语文”已经响彻中国小学语文界，无数小学语文教师都对他有一种崇拜感。可是，很多人并不知道，王崧舟诗意的悠远境界还远不止小学语文这一层面，它早已向管理等诸多领域延伸，且悄然优化着人的生命状态。

走近王崧舟的人都清楚，他的诗意，已经从语文学科迈向了全方位的教育视野。

而“新成功教育”，无疑是王崧舟诗意教育中的又一个奇迹。

初入拱宸桥小学的尴尬

2001年前，王崧舟还在浙江上虞一所小学任教，当时他没有现在的名气，那里是他的蛰伏之地。1990年到1995年期间，他静心教书、读书，锻炼自己，修养自己，以待天时。他一点儿也不急，相信天生我材必有用，相信有付出就有收获。他从来不相信名师可以速成，他深信孔子所言：“勿欲速，勿见小利；欲速则不达，见小利则大事不成。”1996年，“王崧舟语文教学艺术展示周”和1998年《万里长城》观摩课，王崧舟为众人所知。从此，人气指数一路攀升，引来粉丝无数。可是，他没有沾沾自喜，他认为这是生命中一个小小的果实，要想到成功的辉煌殿堂里遨游，还要有文化的积蓄。

2001年，杭州市拱墅区面向全国引进教育人才，在众多的应聘者中，王崧舟过关斩将，脱颖而出，成为该区引进的第一个教育人才。

有人说，这次王崧舟榜上有名，没有任何悬念。因为在知其根底的人看来，他待势而发，发必有中。

王崧舟怀着巨大的期待来到这个京杭大运河南端的古老而又年轻的都市。

他走马上任的拱宸桥小学是一所百年老校，可是它的薄弱与无名，令这个远道而来的新校长惊诧不已。百年历史，没有留下任何文化斑点；在当地人的心里，它更是黯淡得了无光彩。如果说默默无闻还可以接受的话，影响学校发展的关键问题让王崧舟倒吸了一口冷气。

一是师资差：三十多位教师，只有一个教坛新秀，而且正准备调走。人心不定，缺乏自信，何以保学生？何以谋发展？想由薄弱变优质，无疑是“蜀道之难难于上青天”。

二是生源差：经了解，学校的生源由三部分组成，各占三分之一。一部分是下岗工人的子女，家庭经济困难者占了很大比例；一部分是外来务工者子女，父母多是“来也匆匆，去也匆匆”；一部分是普通的职工子女与城乡接合处的农民子女。拱宸桥小学的生源结构被人戏称为“三驾马车”。有人甚至断言，这么一所边缘化的老校，除了苟延残喘、等待自灭外，任何人都没有回天之力。

这位四海讲学、大名远播的教育名人，能够从容面对各种困境且多能游刃有余于破解难题的王崧舟，无疑步入了一个尴尬的境地。

这是不是不重视引进的人才？这会不会将王崧舟击倒？

不是！不会！

区委、区政府旨在通过王崧舟这一特殊人才，让拱宸桥小学起死回生，进而成为品牌学校。可以说，对王崧舟有着特殊的信任与期待。

“雄关漫道真如铁，而今迈步从头越。”怀着悲壮的情结，王崧舟踏上了突围的征程。

“它山之石”与“为我所用”

王崧舟是一个可以创造奇迹的人，他自己的生命经历就是一个奇迹。而创造奇迹的关键，是矢志不移的决心，以及拥有解决主要矛盾的智慧与谋略。

拱宸桥小学经历了太多的沧桑，再也负载不起任何的风浪与波折。所以，王崧舟必须寻找一条风险最小的突围之路。他一贯反对教育上的立竿见影，可是，对于拱宸桥小学的师生来说，必须要让他们尽快看到成功的希望。

不是说“它山之石，可以攻玉”吗？有没有可供借鉴的“它山之石”呢？王崧舟想到了成功教育的发源地——上海市闸北第八中学。这个现在已经很有名气的学校，当年与拱宸桥小学有着惊人的相似之处。一样的老工业区，一样的城乡接合处，一样的“三架马车”拉来的生源，一样的失败阴影在校园中挥之不去。闸北第八中学能够从薄弱学校变成优质学校，拱宸桥小学当然也能跃进品牌学校的行列！这本身就是一种成功心态，这种心态从王崧舟来到这所学校的时候就已悄悄在全校师生心里蔓延。

理念决定行动，行动必须迅速。王崧舟立即组织教师到闸北第八中学考察，虚心向校长请教、诚心向教师学习、深入学生之中，详细了解他们走向成功的内在原因。令王崧舟惊喜不已的是，洋溢在闸北第八中学的自信，正是拱宸桥小学走向成功的希望所在。

王崧舟带领教师们满载而归后，马上消化吸收，拟定学校整体改革方案，确定办学信念：实施“新成功教育”，为每个学生的成功人生奠基。

渐渐地，教师们的脸上露出了自信的笑容，“新成功教育”的“幽灵”开始在每一个教师的脑际游走。

成功从举手开始

当时的“新成功教育”，尽管还没有多少学理方面的归纳与梳理，也没有现在这般清晰的目标，可是，将“新成功教育”的口号喊出来，则可以让沉睡在失败温床上的教师们眼前一亮，心头一振，从而看到成功的曙光。王崧舟说，要先“扯起一面大旗，认准一个方向，锁定一个目标”。随之，便矢志不移地在“新成功教育”的大道上阔步前行！

扛大旗的人，当然就是王崧舟本人。在他信心百倍、一往无前行进的时候，越来越多的师生开始自觉地向这面大旗聚拢，跟随着他，也信心百倍地一往无前。

要想成功，必须有成功的心态。但是，很少尝到成功喜悦的师生，当然不可能拥有这种心态。

“新成功教育”的要义之一就是要培植学生的成功心态，让学生拥有自信的生命状态。为此，王崧舟提出一个响亮的口号“坚信自己、积极进取、追求卓越、实现自我”，并通过各种手段将这种理念内化到师生心里。

王崧舟听课后发现，当教师提问一个并不特别难的问题时，全班只有几个学生举手。王崧舟感到奇怪：刚才学生们对这个问题已经进行了讨论，而且大都可以正确回答，教师提问时为什么没几个人回答呢？当王崧舟问旁边一个学生为什么不举手的时候，那个学生紧张起来，支支吾吾地说：“一回答问题我就害怕。”此事对王崧舟触动很大，为此，他组织了一次无记名问卷调查，探究不举手的“结”究竟在哪儿。调查结果显示，不敢举手的学生竟然高达九成。原因五花八门，根本原因还是缺乏自信。于是，他提出一个口号“成功从举手开始”。为了营造这种“举手文化”，学校首先改变了教室的环境布置——正面墙上，中间是一幅宣传画，画面是一双双高举如林的小手，小手上方是一句温馨的提示语“今天你举手了吗”，画的两边分别是“相信自己”“一定成功”八个大字。同时，告诉学生成功并不神秘，拥有自信，人人都可以成功。与“举手文化”相呼应的，是紧随其后的“鼓掌文化”。学生回答问题，全班为之热烈鼓掌。慢慢地，举手的学生越来越多，掌声越来越响。学生被这种“鼓掌文化”激发起了自信，而自信又给予他们主动学习的动力，从而相信自己能够成功。就这样，举手，举起了一片成功的蓝天。

学校不只有“举手文化”，激发学生自信的“新成功教育”的标志几乎无处不在。一进校门，“让每一个学生走向成功”“每天成功一点点”“做最好的自己”等标语赫然醒目。时间一长，师生对这些格言式的话语不但熟读成诵，而且将其定格在心里，外化为走向成功的坚实行动。

在每个楼梯的拐角处，学校还专门开辟出一块“成功足迹展示墙”，哪个学生作业写得好、书法练得好、画画得好、表现好，就能“光荣上墙”。课间，师生在这里驻足观赏。墙上有名的学生，在大家的赞叹声中，心里不由地升腾起自信；名字未能上墙的学生，也开始心向往之，力争自己墙上有名。

“新成功教育”的物态文化载体还有大型宣传橱窗、十二月成功雕塑群、运河文化长廊等。

每周的国旗下的讲话，也变成了展示“成功之星”的舞台。第一步：宣布“成功之星”；第二步：“成功之星”上台接受表彰；第三步：其中一位“成功之星”在教师的推介下展示自己的成功；第四步：同班 3～5 名同学上台从不同角度介绍“成功之星”；第五步：“成功之星”带领全校师生在国旗下庄严宣誓。

仪式热烈而庄重，不仅激荡起“成功之星”的喜悦和自信，也撞击着每个学生的心灵。学习“成功之星”，渴望成功，成了全校学生的共同心声和美好愿景。

为每位学生的成功人生奠基

“为每位学生的成功人生奠基”是王崧舟于 2005 年归结并升华办学经验而形成的办学宗旨。它的诞生并非一时的心血来潮，其核心思想在王崧舟心里已经盘旋了很久，由于没有找到表述其要义的恰如其分的语意系统，才没有让它过早地浮出水面。多年来，王崧舟寻寻觅觅，终于有一天，蓦然回首，有了“那人却在灯火阑珊处”的教育顿悟——为每位学生的成功人生奠基。有人说这是灵感闪现，其实，没有多年的深层思考与不懈探索，不可能邂逅这一特殊的“巅峰时刻”。要“为每位学生的成功人生奠基”就要做到“一心”“三最”。

一心：核心是涵养成功心态。

所谓成功心态，就是永远相信自己能够成功，即使一时失败，也当作成功之前的热身。有这种心态的人深信：失败者，成功之母也。面对失败，没有灰心丧气，没有裹足不前，而是满面春风地继续前行，去迎接成功女神的光临。在这种人看来，没有什么困难可以阻挡自己前进的脚步，也没有什么困难不能克服。这种心态一旦形成，就会在心里积淀成一种积极的能量，百折不挠，勇往直前。王崧舟认为，涵养学生的成功心态，就是为他们走向成功锻造高贵的精神品质。

“三最”：最近发展区、最佳发展区、最好的自己。

一是走进学生的最近发展区。根据维果茨基的理论，特别是教学实践研究，王崧舟发现，只有课程与教学走进学生的最近发展区，才能抵达高效学习的理想境界，让学生尽享成功的喜悦。为此，王崧舟要求教师的教学要有起点分析，然后再确定发展目标。这样，因材施教才能在教师那里落地生根，学必有获才能在学生那里成为现实。

二是培植学生的最佳发展区。每个人都有优势智能，这便是他的最佳发展区。这就要求学校教育，首先不是取长补短，而是扬长避短。当学生之长得到充分发挥并得到肯定的时候，心里就会升腾起一种特别的自信。“自信是成功的第一秘诀。”这自信，就是学生撬起更大、更多成功的支点。

三是做最好的自己。受李开复《做最好的自己》一书的启发，王崧舟提出“最大的成功就是成为最好的自己”。一个人能否成功，关键是看他能否做最好的自己。人各有异，所谓的最好也是因人而异的。就目标而言，有底线要求，即六年学会课程目标规定的内容，这是共性目标；但也有上线要求，即通过努力可以抵达自己认为“最好”的那个目标。为此，他提出了十类目标。这样，要想做最好的自己，就要满怀信心地朝着自己既定的目标行进。

教师成功是校长最大的成功

与学生一样，教师也渴望成功。在王崧舟看来，成全教师是做校长最大的成功。实施“新成功教育”的第二个年头，学校就开设了“新成功教育讲堂”，一直坚持到现在。讲堂每次一个主题，每周五集中两个多小时，由一位教师开讲，全校教师听讲。这一讲，令王崧舟惊喜不已。原来认为未必能讲出特色的教师，竟然滔滔不绝，让听者感到欣喜莫名。特别是那份自信，那种收获成功之后的快乐心境，让所有听讲的教师都为之振奋。于是，争相走上讲堂、意欲再现精彩的教师多了起来。讲堂上，教师的创造性思维与创新行动纷涌迭出。讲堂后，教师们又将这种心态带进课堂，影响和感染更多的学生走向成功。

每到期末，王崧舟还会向教师们颁一次“大奖”——“拱小奥斯卡”。王崧舟认为，教师们努力工作了一个学期，绝大多数应当受到奖励。可是，传统的奖项太过单薄，获奖人数也是寥寥无几。为此，学校设立了10多个不同奖项，由教师自主选择、自主申报，如“学科教学质量优胜奖”“成功班主任奖”“教育科研标兵奖”“教坛新人奖”“优秀辅导奖”等；另外，还专门设立了一个开放的奖项鼓励教师自由申报。一位班主任在开放奖项中填了个“家长口碑奖”。他说：“本学期我收到四封家长的表扬信。”经学校核实，言实相符，就向他颁发了“家长口碑奖”。从此，这个奖项就成了常规奖项。

王崧舟认为，让更多的教师从不同层面获奖，可以激发更多教师的工作积极性，可以让他们感到成功的喜悦，在当下，也在未来。

学期结束，大部分学校都要教师写工作总结。王崧舟发现，这种流于形式的总结意义不大，甚至会产生负面影响。于是，取而代之的是人手一份、天天相随的《教师自主成功修炼手册》。内容包括目标规划、步骤安排、自我修炼、清晨四问、静夜四省、心灵暗示、自我评估等。该手册借鉴企业的人力资源管理手段，帮助教师自我分析专业成长方面的优劣势，确立各自的发展目标，通过影响力黄金表、每月反思记录、自我激励等方式，帮助教师成功自主发展。这样，教师就会自主地规划自己的人生发展目标。其实，每个人都有发展的潜力，只不过有时因为目标不明或目标错位而使得潜能在无谓的事务中消解了。有了明确目标，则可以朝着目标前行，并在抵达目标的时候，感受成功的喜悦，再向另一个高远的目标前进。这种良性循环，会在教师的心里生成一种正能量，会使他们感到生命的意义与价值，会对学生及学校的发展起到推动作用。

小学教师的职称一般分三级：小学一级教师、小学高级教师和中学高级教师。但是这个职称系列存在不足：阶梯太少、周期太短，有一部分教师三十五六岁就能拿到中学高级教师的职称，职称对他们也就失去了激励作用，但他们离退休还有二十几年。于是，王崧舟就在学校搞了一个内部的“教师职级”：在小学一级教师到小学高级教师之间加一个职级，叫“新锐教师”；在小学高级教师到中学高级教师之间加一个职级，叫“先锋教师”；在中学高级教师上面再加一个职级——“首席教师”。教师职级有评审标准、有福利待遇，这对教师的专业发展无疑起了更持续、更科学的激励作用。这个独创的“职级教师评审制”实施之后，激发了更多教师向上求索的自信心。于是，学校的发展开始驶上“快车道”。

2005 年，拱宸桥小学被评为浙江省首批校本教研示范学校。同年，拱宸桥小学培养了一位省优秀教师、四位杭州市教坛新秀、一批区骨干教师。更重要的是，没有被评上教坛新秀和骨干教师者，已经待势而发，朝着他们选定的目标快速而行了。况且，当教师感受到成长，体验到成功后，名誉、地位便已退居“二线”，失之也不遗憾。这种淡泊名利的心境，这种追求卓越的心态，比一时一地的成功更具意义。

2009 年初，杭州市拱墅区教育局首次面向全区中小学、幼儿园公开评选学校文化品牌建设示范校，王崧舟带着拱宸桥小学的“新成功教育”参加评选，在 40 多所学校中脱颖而出、一举夺冠。人们认为，这是出人意料又是情理之中的。拱宸桥小学的文化品格，是长期积淀的必然结果。王崧舟对儒、释、道三家文化都有研究，对于《周易》也得其要道。同时，他又是一个对现代文化情有独钟者。这种文化视野使他成为一个地道的文化学者。而学校文化建设的第一责任人，就是校长。有文化品位的校长，当然会对学校文化建设有独到的见地。在他的引领下，全校教师也因文化的力量而有了巨大的变化。因为文化的核心就是以文化人，当经典文化濡染着教师的心灵，教师就有了特殊的文化品格。与此同时，教师也因文化的不断升值而优化了自己的生命，有了不同于一般教书匠的文化意识和关怀。他们对王崧舟的追随，因了文化的相连而成为一道文化风景。所以，他们学校的文化建设有物质形态上的，有制度层面上的，更有精神意蕴上的；有有形的，有无形的。这些几乎看不见、摸不着的文化，是学校发展的魂兮所系，是师生生命成长的根本。

有努力就有收获，有奋斗就有成功。如今，拱宸桥小学已经陆续获得多项荣誉，如浙江省首批校本教研示范学校、浙江省依法治校示范学校、浙江省“绿色学校”、浙江省红旗大队、浙江省现代教育技术实验学校、浙江省中小学心理辅导一级站、浙江省文明单位、浙江省教育科研百强学校等，并勇往直前地向全国进军，成为中央教科所家庭教育实验基地、全国中华诗文诵读实验龙头学校、全国学科“四结合”教学改革试验学校。

“新成功教育”“新”在哪里

“新成功教育”的成功有目共睹。那么，它是否是对成功教育的克隆呢？答案是否定的。学习他人经验，如果全然拿来，不但没有自己的东西，也会失去生命应有的创造力。用王崧舟自己的话来说，之所以在成功教育之前冠以“新”字，即在提醒、引导和激励全校师生要善于吸纳、巧于超越、重在本色、贵在创新。

那么，“新成功教育”究竟“新”在什么地方呢？

王崧舟认为，“新”是与“变”维系在一起的。包括拱宸桥小学在内的整个拱墅区正在发生变化——原本在南面的拱墅区政治文化中心正逐步向拱宸桥地区转移，区领导希望在这里培育出自己的品牌学校，与新中心相称。而拱宸桥小学，可谓天时、地利、人和俱在。20 世纪 90 年代末大面积旧城改造，拱宸桥小学从拱宸桥边迁移到拱北小区，按照城市规划异地新造，硬件设施得到了很大提高。这种变化，给学校师生、家长、周边居民，都带来了希望。

“新”是与“诗意”联系在一起的。大凡小学语文教师，提起“诗意语文”，几乎都会顿生敬仰之情，而且会说出王崧舟教学上的很多经典之作。可是，对于诗意的要义，大家未必知晓。王崧舟认为，课堂教学如果只停留在求知层面，便只是低级的学习；如果有了科学的引领，再有了道德的诉求，就会更上一层楼。可是，这还不是教育教学的至高境界。如果将学习，特别是整个人生，当成一种审美之旅的话，整个生命状态将妙不可言。学生学习求知，形成智慧与道德，不应当是一场心力交瘁的苦役，而应当成为走向未来的幸福之旅。人生也是如此，尽管会遇到各种各样的不如意，甚至是坎坷与灾难，可是，它阻挡不住人们向审美境界迈进的脚步，而且，乌云过后会是晴空，灾难过后也会迎来生命的曙光，正所谓“你的伤痕会帮助你”。诗意人生，早已成了王崧舟的生命潜流，它撞击着你的心扉，让你在行进路上感受到生命的诡奇与多彩，让你领略到，生命时空虽然有限，却可以演绎出万千精彩。

“新成功教育”所追求的，绝非一般意义上的学业成功，它以诗意人生的实现作为教育的终极成功，即不但能够走向成功，还能够享受走向成功的生命过程。

诗意之下的生命不但是自由的，还是审美的。这种状态下的人，可以进入自主探索且高效创造的巅峰状态，完成有着巨大超越意义的“裂变”，感受令世人甚至自己都惊诧莫名的突围与腾飞。王崧舟的“新成功教育”，不是一般意义上的循序渐进的教育，有时，还会有一种超越常规的突变，给人以生命的突围。所以，它让人看到生命不但有常态，还有神奇的非常态，还有可以产生魂魄相荡甚至是凤凰涅槃的“再生”奇观。

所以，不能只观其诗意的表层，还要探究其深层的底蕴。仅有学识是远远不够的，王崧舟独特的悲悯情怀与生命经历，以及由此形成的生命感悟，是他超越常人的内在密码。这种感悟几乎是看不见、摸不着的，可是，它几乎无时不在起着作用。这让他能够透过纷繁的外象去感受人生的真味，去体悟当下的幸福，去追求永远的精神彼岸。

《周易》有言：“日新之谓盛德。”“新成功教育”就是在“日日新，苟日新”的变动中，走向成功的。用王崧舟的话说，“新成功教育”不是一潭池水，而是一汪流变不居的活水，它永远在流淌、永远在洗涤、永远在交汇、永远在澄明中超越自身。

王崧舟的“新成功教育”虽然也有拿来的成分，从本质上说却有着超越的意义。人非生而知之，却可以学而知之，教而善之，困而突围之。从平凡走向成功，当是生命的本然，他自己就是这样一个从平凡走向卓越的人。可惜，很多人都缺乏这种生命的自觉。于是，人生在世，就有了平庸与浑噩，就有了终生挥之不去的遗憾。王崧舟认为助人成功，就是一件善美之事。那么，帮助整所学校的教师甚至更大范围的人成功，就是一件功德无量的善美之事。看来，王崧舟追求的还不仅仅是自己的成功，他还一直在践行孔子“己欲立而立人，己欲达而达人”的“忠道”精神。所以，当全国慕名而来的校长与教师走近王崧舟的时候，不但可以从他那里学到管理与教学上的方法，还可以登临智慧与品质的殿堂，去领略其“无为而治”的玄妙与真实。

令人可喜的是，教育主管部门已拨出专门经费，在拱宸桥小学成立了“王崧舟工作室”。许多教师以听过他一节课为荣，每年千里迢迢找他拜师、指点迷津的小学校长、教师络绎不绝。王崧舟成了名人，跑了100多个城市，开了800多节观摩课，进行了200多场讲座。

然而，王崧舟依然守持着一份特有的宁静、特别的觉醒。在管理与教学上，他有着举重若轻的从容与淡定，正所谓“大智闲闲、小智间间”。这种巨大的生命能量，几乎无时无刻不在滋养和润化着学校师生的精神生命。他的“新成功教育”理念与精神，已经融入每个教师的心里，使得他们“不令而行”，在成功的路上勇猛精进。

东风浩荡鲲鹏起

——山东省济南市济阳县济北小学飞速发展纪实

笔者第一次到济北小学，就为其现代化的建筑所吸引。

2004 年 4 月，苗荣华开始筹建济北小学，4 月 16 日奠基动工，8 月底，一所现代化的学校建成，成为济阳县一道独特的风景。

有的人说，这是“超深圳速度”！

这个速度的领跑人，就是苗荣华校长！

学校建设刚一完工，苗荣华校长就迫不及待地提出了第二个“超深圳速度”——当年创建全县一流学校，第二年创建全市一流学校，第三年创建省级规范化学校。

苗荣华校长的坚韧与决心，令人有了美丽的期待。

“第三年创建省级规范化学校”，苗荣华校长盯着这个目标不遗余力地做了起来。两年之后，苗荣华校长感觉学校已经具备了成为省级规范化学校的条件，就在两年半的时候，提出了书面申请，可申报省级规范化学校的基本条件是三年。他说：“我们不抱希望，但希望评审组的领导到学校进行指导工作。”

评审组真的来了，而且一一进行了审查。随后，评审组做出了一个出人意料的决定：破例批准济北小学为省级规范化学校。

这令苗荣华校长与教师们大为振奋！同时，也使其“野心”进一步扩张——

2006 年 10 月，学校通过了省级教学工作示范学校验收。

2006 年 11 月，又通过了省级少先队工作示范学校验收。

一年通过三个省级验收！

“大鹏一日同风起，扶摇直上九万里。”可以想见，学校迅速腾飞的背后，一定有很多支撑其发展的动力。由于篇幅受限，笔者选其几个侧面，进行了采访。

构建先进的学校文化

一所年轻的学校，如何在强手之争中立足并创出自己的品牌？苗荣华校长和济北人将目光锁定在学校文化建设上。建校以来，学校始终遵循“让每一位学生成人，为每一位学生走向成功搭建桥梁”的教育理念，以构建学校文化为载体，促进学校的全面、协调、可持续发展。

一、以人文化的环境文化营造良好氛围

走进济北小学就能感受到浓郁的人文气息。学校五栋大楼分别被命名为明德楼、明慧楼、明礼楼、明信楼、明哲楼，足可以看出学校在激发学生成就美德、培养智慧、讲究礼仪、诚信为本、学会包容方面的殷切希望。学校设置了济阳人文地理、中华传统美德、生活中的科学、法制、安全、礼仪等楼道文化。这样一来，校园便如同一本大书，使师生在不经意间受到了思想的洗涤、心灵的净化。

二、以积极向上的精神文化凝聚人心

在济北小学，科学与民主已成为学校管理的灵魂。学校营造了民主、和谐的人际氛围，以情感人，以事业凝聚人，以公平竞争机制吸引人。学校逐步形成了严而有度、情理相济的科学管理思想、管理机制和行动机制，建立起了完善的规章制度及执行、落实的组织机构。同时构建起充满人文关怀的运行机制，让教师真切地感受到从教的幸福，让学生真切地感受到学习的快乐。

三、以先进的理念文化引领学校发展

先进的教育理念是实现学校可持续发展的基础，在实践过程中，学校形成并落实了“教育就是服务，价值在于奉献”的工作理念，“师生平等，共同成长”的教育理念和“每位学生都能成人，每位学生都能成功”的教学理念；结合学校自身实际提出了“民主、和谐、吸取、创新”的校训，形成了“活泼、进取、关爱、合作”的校风和“严谨、优质、灵活、创新”的教风及“善思、乐学、持恒、探索”的学风；确立了学校的办学目标，即创办省级示范性、规范化、具有一定社会声誉的名校，打造一支师德高尚、业务精湛、敬业进取的学习型、科研型教师团队，培养品行良好、身心健康、基础扎实且具有创新激情和创新能力的学生群体；形成相

互理解、尊重、宽容、合作、激励的良好氛围，使师生的个人发展目标与学校的办学目标融为一个整体。

启动提升教师素养工程

济北小学迅速跻身省级名校的关键，不单在现代化的建筑，也不单在获得众多的荣誉上，而在于有一批教师脱颖而出，成为地地道道的名师。名师需要高素质，苗荣华校长着眼于提升教师素养，从而锻造了一批名副其实的名师。

一、名师请进来

苗荣华校长提出打造名师工程后，不少教师认为这只是一个幻想，他们从来没有做过这样的美梦，甚至连名师都未曾见过。苗荣华校长却说得斩钉截铁，不容置疑。

既然没有见过名师，那就将名师请到学校，让大家一睹他们的风采，让他们为大家做培训。学校先后邀请全国30余位名师到校授课并做理论报告，让教师们与名师零距离交流，掌握课改最新动态。于永正、窦桂梅、吴正宪等名师还亲自为学校带徒，大大促进了教师的快速成长。

当只在报刊上看过的名师出现在教师们面前时，大家心存好奇与敬仰，听起课来全神贯注，甚至将名师的每一句话都当作“圣旨”，颇有唯命是从的况味。一时间，崇尚名师，学习名师，成了济北小学教师的一种时尚。

名师的引领，不但开阔了教师的视野，而且使他们有了成为名师的梦想。特别是名师陆续来到学校，与教师们面对面地交流之后，教师的胆子大了起来，开始与名师面对面交流，有的还“胆大包天”地对名师的看法提出不同意见。

从2004年开始，连续4年暑假每次半个月的培训，就成了教师最幸福的时段。因为那是名师来校最多的时段，也是他们如饥似渴地汲取精神营养，向着成为名师的目标快步行进的幸福时段。

二、教师走出去

苗荣华校长认为，全员培训固然可以使教师都能得到提高，但教师对外面世界的精彩，所知甚少。而一个缺失眼光与视野的教师，是不可能直接从井底之蛙跃进碧波荡漾的湖泊之中的。

只要收到教育教学研讨会的邀请函，苗荣华校长就会与有关人员进行商讨，一旦认为确有价值，就安排相关人员参加会议。

于是，济北小学的教师们从济阳县起步，先后有800余人次走出学校，走遍大江南北，欣喜地领略各家各派的教育教学风格。他们的胸襟和视野开阔了，对不同流派的教学名家，有时还可以“指点江山”地评论一番。苗荣华校长认为，“读万卷书，行万里路”是成就大师的一种规则，也是名师必须经历的一个过程。如果说读书是向未曾谋面的大师聆听教诲的话，“走路”则是开阔教师的胸襟与视野。这可以使教师们的精神世界不断丰富起来。而这些，又可以不经意间提升教师们的思想与文化品位。

2008年，在首届“海峡两岸暨香港、澳门同文异教”小学语文教学研讨会上，笔者曾与济北小学的卜令花、郑勇等老师进行交流，感觉他们身上有一种融入都市的大气，同时，又不失质朴。大城市的教师和他们在一起的时候，不但从他们身上感受到了齐鲁教育文化的品位，也感受到了他们彰显的齐鲁文化传承者的风采。郑勇老师在同文异教中，受到了与会人员的高度评价。当他容光焕发地手捧一等奖证书站在领奖台上时，流溢出的是自豪与幸福。

除了组织教师外出参加各种业务活动外，济北小学每学期还派中层以上干部到北京、上海等城市的名校挂职培训。2008年，董作泉、卢士民副校长分别到上海金苹果学校、上海宝山红星小学进行了为期一个月的挂职培训；2008年9月，徐希红到北京市清华大学附属小学跟窦桂梅老师学习了一个学期；2009年2月，王秋莹到宁波市广济中心小学进行了为期半年的挂职学习。如此大的培训力度，不是每所学校都能做到的。济北小学做到了，所以，它才以“超深圳速度”前进着。

三、拜名家为师

要想成为名师，就要经常接受名师的指点与熏染。苗荣华校长不但让教师到外地名校挂职，还鼓励教师们主动拜名家为师。现在，学校已经有36位教师成了名师的徒弟，通过和名师交流，他们有了更大的动力，于是我们听到了这些教师源自内心的渴求成长的声音，也看到了他们自主行进在专业成长的路上取得了不俗的成绩。

著名特级教师于永正是济北小学的常客，据教务处主任卜令花讲，不管多么繁忙，他每月至少有两天在济北小学。对于他的学生，手把手地教、面对面地指导；对于很多教师的课，他既听又评，还示范。有时，于老师让教师将自己的思路说出来，他帮助其重新设计，甚至对于某个段落的朗读、某个教师的体态语言，他都一一指导。有时，于老师会中间叫停，指出问题所在，有时还会亲自出马当“演员”。卜令花主任对笔者说：“其实，我们每个教师都成了于永正老师的徒弟，因为他把我们全体教师都当成了徒弟，我们也在他的指导下有了较快的提升。”

四、开放性课堂

苗荣华校长认为，课堂教学的生命力在于开放，要让其他教师，甚至家长走进课堂，“指手画脚”地进行评论。让更多的人听课和评论，可以吸纳多方面的意见、建议，也可以培植教师的胸襟。为此，学校启动了课堂开放工程。

任何教师，只要认为自己具备了开放课堂的条件，就可以进行申请，通过专家与家长的评定认可，就可以启动这一工程。

五、承办业务活动

2008 年 5 月，全国第 23 届“创新杯”教学艺术大赛在济北小学举行。在这个高层次的平台上，来自全国各地的优秀教师通过讲课、说课、才艺展示等活动，展现了全国先进的新课改理论和实践的最新成果。济北小学作为承办单位，享有优先参赛的资格，全体教师有了一次难得的学习机会，能从中领略到全国教育前沿课堂教学艺术专家和教师的风采，把握教学艺术发展的脉搏，真正体味到“创新教学艺术”的特殊魅力。同年 6 月，全国首届“文本细读”暨名师课堂教学观摩研讨会在济北小学拉开了帷幕。在这次研讨会上，著名小学语文教育专家、较早开展“文本细读”研究的沈大安围绕“文本细读”的理论及方法做了精彩报告，全国著名特级教师于永正、支玉恒、贾志敏、窦桂梅、薛法根、谢立清演绎了基于“文本细读”的精彩课堂教学。这无疑又为济北小学的教师们提供了一次拓展视野的机会。苗荣华校长经常说：“教师素质的提高是学校发展的根本。优质的培训是送给教师的最好福利！”

是的，学校从没给过教师多少物质激励，但从教师灿烂的笑容和幸福的神情中分明感到他们对学校生活的满足，因为学校已将教师最需要的福利植入他们的内心。

六、规范的教研工作

苏霍姆林斯基曾经说过：“如果你想让教师的劳动能够给教师带来乐趣，使天天上课不至于变成一种单调乏味的义务，那你就应当引导每一位教师走上从事研究这条幸福的道路。”在校本教研制度上，以教学研究带动教学改革，以爱心促进新课改。为了突出这个主旋律，学校把主要精力置于全员启动上：加强教研组的教学研究工作，在周六的大教研之外，每天安排适当时间组织小教研。在校本研究中，注重小课题研究，并逐步形成了“反思形成课题—研究制订方案—实践予以检验—总结深化提升—成果推广应用”的课题研究思路。每一节新授课前，教研组全体成员需提前2~3课时进行研究，共同商定教学的大路子，然后选出代表执教“样板课”，大家共同听课评课。每一节新授课后都要写出教学反思。定期开展“一堂好课的标准”大讨论，确立其基本标准：教学理念正确，认知构建过程科学，能艺术性、创造性地处理教材，教学手段新颖，学生学习的方法活。树立无常规即无改革的意识，在规定的时空做好规定的事：作业批改及时、认真，及时与家长沟通，共同指导好每一位学生的学习。在学生自主学习习惯的培养上，注重结合学科特点，在课前预习、课堂听课、积极思考、举手发言、巩固练习、课后复习等方面，提出学生自主学习的具体要求，强化训练，引导学生自主学习。通过家长会、学生自主交流会及学习方法指导等，学生逐步养成体现“自我导向、自我激励”特点的自主学习方式。

济北小学的每一位教师都有自己的发展规划。据董作泉副校长讲，学校引导教师制订多种目标，为教师设计多层阶梯，如优秀教师、骨干教师、合格教师、名教师等，并针对各类目标制订了相应的标准，定期评价，同时将教师个人的发展目标同学校的发展目标有机融为一体。学校激励教师主动参加教坛新秀、教学能手、学术交流、课堂开放等活动，充分发挥骨干教师的带动作用，通过以老带新、骨干示范、青年教师素质展示等，促进教师向更高层次发展，使教师实现自我造就、自我发展，有力地推动学校整体工作的提升，带动学生综合素质的发展。

学校工会主席刘兆祯非常欣喜地告诉笔者：“济北小学在教学研究领域走出了自己的特色，已经涌现出一大批勤于探索、敢于挑战的中青年教师，他们大胆创新，与时俱进，成果显著。如刘祖文老师执教的“小数乘整数”在全国第三届小学优质课大奖赛中获一等奖，艾倩倩老师执教的“认识钟表”获市优质课一等奖，王宝文老师执教的“培养探索能力，提高学生素质”获国家级一等奖，王全云老师对小学数学“位置”的教材分析与建议刊登在《山东教育》上，郑勇老师执教的《一夜的工作》、王秋莹老师执教的作文课“母爱”分别获市级一、二等奖。在2007年华东六省一市小学数学课堂教学观摩活动中，学校推出的四节课有三节获得一等奖，一节获得二等奖；李成林老师远赴澳门参加教学大赛获得一等奖；张学盟、李先英、徐希红、刘华、卫静、李芳珺、李崇海、王凤霞、王桂兰、徐智勇、杨堃等先后有十几名教师在全国23届、24届“创新杯”教学艺术大赛中获奖，同时张学盟老师获得“十佳教学魅力奖”；2009年4月，王娟老师在第二届“海峡两岸暨香港、澳门同文异教”小学语文教学研讨会中也获得了一等奖。

经验由反思而升华

有人说，思维着的精神是地球上最美的花朵。波斯纳提出一个教师成长公式：教师成长 = 经验 + 反思。每一位教师都有或多或少的教学经验，但是，有的教师善于对既有的经验进行反思，有的则省减这个过程。结果前者大多有了快速的发展，而后者多在教书匠的层面滑移。这说明一个问题：教学反思不但是对个体经验的思考与升华，还是其生命成长不可或缺的必然链条。

一、李成林在成功之外找问题

2008年，李成林老师在全国第五届中小学“主体分层探索创新”教育教学研讨会上，教学“长方形和正方形的周长和面积”的复习课后，赢得了与会人员的一致好评。可是，他并没有沉浸于称赞之中，而是结合自己在教学细节方面的失误与欠缺，对照其他讲课教师的亮点，进行了冷静的思考。

他发现，这次讲课的一些教师，内容并无特别之处，可是，由于用了“头脑风暴”“思维奥运”“龟兔赛跑”等新奇的方法，从而给课堂增添了一份神秘，给学生带来了一份新奇，也让教学设计更加完善。于是，他在想，如果将自己讲课的题目改为“地先生和篱笆先生的故事”，不就可以拨动学生那根好奇的琴弦，教学伊始便燃起学生求知的欲望了吗？

有教师在点评中说，在课堂的前半段，李成林老师的语言幽默而不失严谨，语调舒缓有致，令学生充分感受到了语言艺术的魅力。不过，这种语言风格并没有贯穿到底，特别是没有达到整体上的优化状态。李成林老师由此想到，如果讲课前在发音方面没有语文教师刘翠屏的帮助、指点，前半段的突出表现也会大打折扣。于是他有了这样的思考：数学教师不能只顾教学内容，还要在语言锤炼上下功夫，向语文等学科的教师学习，让语言艺术走进小学数学课堂。

二、卫静在审美之中寻不足

在全国第23届“创新杯”教学艺术大赛现场，卫静老师执教的《金孔雀轻轻跳》达到了美轮美奂的境界。当她与学生一起全身心地陶醉于傣族风情的余韵、孔雀舞的优美舞姿、音乐的美妙旋律中时，听课的教师们也如醉如痴地感受到了这特殊的美。但当一些小的环节没有达到预设的时候，她有点慌乱，从而给活泼优雅的课堂氛围增添了一点不和谐的音符。卫静老师在反思时，有对自我的肯定，也有对遗憾的坦承。肯定可以增强自信，遗憾显见真实。一个自信的人，才能不断地去攀登一个又一个高峰；一个真实的人，才不至于躺在功劳簿上忘乎所以。她的课引起了一定的轰动，课后，学生意犹未尽，甚至要拜卫静老师为师学吹葫芦丝，希望能像傣族小朋友一样成为吹葫芦丝的能手。卫静老师通过反思真切地感到，孔雀之美是全方位的，不但有旋律之美、舞姿之美，也应当有节奏之美。教师在授课时，还应注意展示语言之美。教无止境。她认为自己应当继续努力，不然，就不可能真正抵达“更上一层楼”的境界。

三、尹海霞在文本细读中生感悟

2008年6月，全国首届“文本细读”暨名师课堂教学观摩研讨会在济北小学举办。会上，尹海霞老师和教师们一起聆听了沈大安等知名专家的报告，欣赏了于永正等名师的教学艺术。在激动、兴奋、感慨的同时，尹海霞老师也在思考一个问题：教学成功的关键是什么？是全力研究教案、教参吗？不是，应是研讨文本。以前，讲课前她总是先阅读教参和优秀教案，然后再解读文本。这种本末倒置的教学陪伴了她很多年，今天才如梦方醒！

阅读教参或优秀教案，不能说全无作用，“它山之石，可以攻玉”嘛！可是，如果没有自己对文本的理解与感悟，一味地拿来，就少了自己的思想，少了自己的语言，非但形不成自己的教学个性，甚至还会滋生依赖教参、教案的思维惯性，从而失去对文本意蕴的研读与审美感悟，没有了属于自己的语言张力。

尹海霞老师还反思了另一个问题：教学的表面热闹，并不是真正意义上的思维活跃，如果没有对文本的深入把握，这种“热闹”就会成为一种杂耍，变得华而不实。她发现，沈大安等名家不管是对文本的读，还是对文本的悟，都是与文本的思想、情境及生命内涵紧密联系在一起的。所以，一旦诵读起来，总是声情并茂，让学生顷刻进入文本的意境之中。而悟呢？正是在与文中作者的思想感情、审美走向等契合的那一刹那升华成的一种具有生命启迪意义的感悟。

笔者在翻阅刘华、田淑芳等教师的反思笔记时发现，他们反思的触角不但在课堂上，也在学生那里；不但有对自己教学的反思，也有对其他教师教学的反思；对于名家的课堂教学不但反思出了意义，还“吹毛求疵”地寻出了的瑕疵。

苗荣华校长对笔者说，济北小学教师反思的面在不断扩展，甚至有了一定的厚度。反思不但使教师们在课堂教学上“渐入佳境”，还有了生命成长深层次上的飞跃。

感恩教育让孩子学会了感恩

感恩系中国传统美德，直到今天，仍是道德教育的主要内容之一。可是，当下越来越多的独生子女不知道感恩，对父母、对教师、对社会、对自然、对朋友等，可以受之于恩，却往往视之自然，更是不思回报。为此，济北小学开展了感恩教育。

据负责学生管理的郑勇老师讲，在感恩教育的启动仪式上，学校专门请来有关专家，为学生讲了三个感恩父母的生动故事，从而拉开了感恩教育的序幕。看来，感恩教育伊始，学校就关注了情趣性与可接受性。

为了开展好感恩教育，学校进行了问卷调查，由父母与孩子分别填写。结果发现，父母写孩子的那一部分十分详细，而孩子写父母的内容则相对简略。于是，学校就抓住这一点，深入进行感恩教育，让学生们知道，父母对他们的付出之多。随后，让学生写出感受，有很多学生写得真实感人。随后开展的感恩父母的系列活动，就有了水到渠成之势。

感恩教育不但需要说与做，还需要长期的文化渗透。为此，每个班都选出了感恩标语，作为感恩名言，张贴在教室的墙壁上。对于出现的典型，则及时宣传。国旗下的演讲也有关于感恩教育的内容，学校会选其优者在校刊上发表。同时，设计感恩长廊，让学生在举手投足之间，接受感恩教育。

苗荣华校长认为，感恩教育要想真正走进学生心里，就需走进课程之中。为此，学校专门开设了感恩教育校本课程，一个单元一个感恩主题。笔者翻阅了一些校本课程内容，感觉具体生动，特别适合学生阅读。

副校长卢士民向笔者介绍了学校的“爱心体验家庭作业”：学生通过切身体会来感受父母之爱，或为父母煮一次饭、炒一次菜，或为父母梳头、洗脚等。不是讲讲而已，而是以“作业”的形式布置给学生，不但要求学生亲自做，还要去体会。

刘华老师对笔者说，六年级（1）班王元林的父母是快餐店的老板，王元林在快餐店体验一天后，感慨不已：“我爸开这家饭店可真不容易，虽然是老板，但整天忙里忙外，与服务生没什么两样，一天下来累得腰酸背痛。以前我不了解，这次体验之后，我认识到父母的不易，自己平时还不知道节俭，真对不起他们。我要好好学习，报答父母，多做些家务，减轻父母的负担。”

苗荣华校长告诉笔者，学校在校刊《萌芽》中开辟了“感恩”专版，其中有“感恩大家谈”“说说心里话”“感恩的心”“我体验，我能行”“换角色”等栏目。在“感恩大家谈”栏目里，刊载的是家长对感恩教育的看法和建议。一年级（2）班张涵的家长写道：“感恩教育好似春风吹进我们的心间，打开了我们的一扇心门，让我们听见了孩子感恩的心声，增添了对感恩的思索，同时也获得了许多美好的情感和回忆……我由衷地感谢学校，感谢老师。作为家长，我们将积极配合学校，呵护孩子的成长。”三年级（6）班刘稀琛的家长写道：“以各种活动为载体，使孩子们从感受身边人、身边事开始，学会感谢父母，感谢父母给予生命，感谢父母的养育之恩，然后是感谢老师，继而是感谢学校、社会、自然。这样，由浅入深，由感性到理性，孩子们的思想境界、道德素质就会在潜移默化中得到提升。让孩子知道自己的快乐生活是别人的付出换来的。在感谢他人时，第一反应是自己也应该这样做，这就给了孩子一种暗示，让他们懂得爱别人、帮助别人，从而提高自己的道德水平。”

2007年，《人民教育》第23期刊登了苗荣华校长的《学会做人 学会感恩》一文，在全国引起强烈反响。不少学校和教育组织纷纷邀请苗荣华校长到校去介绍感恩教育经验。

少先队活动生动活泼

少先队活动是学校工作的一个重要方面，如何将这一活动开展得生动活泼而又富有意义，是济北小学领导与少先队辅导员一直思考的问题。

一、升旗仪式

王秋莹老师认为，对学生而言，升旗台犹如圣台，有着巨大的吸引力，每次的升旗仪式都能产生良好的效果。特别是每学期开学的第一次升旗仪式，更要精心设计。

六年级（7）班的王蕴之回忆起当护旗手的情景时，激动不已："刚入学时，每当星期一升旗，我总会羡慕地望着升旗的大哥哥、大姐姐，盼望自己快快长大，也能亲手将那面象征着祖国的鲜艳的五星红旗冉冉升起。"她说，"当国歌响起，迎着朝阳，我有节奏地庄严地将国旗缓缓升起时，感觉到了神圣与荣耀。"

五年级（4）班的董逸群说，他的班级承担升旗任务时，他虽然不是旗手和护旗手，却感受到了一种庄严和郑重。国歌响起、红旗飘扬的那一瞬间，他向国旗敬队礼，感觉自己很了不起——因为自己是一名光荣的礼仪队员……

据高均青、路燕、张玉华等老师讲，济北小学的升旗仪式已经成为济阳县的一道风景。每逢升旗，行人都会驻足凝神而观——为这个特别的时刻，也为这些孩子的庄严肃穆。

2006年的第一次升旗仪式，要求学生将对老师、学校、家庭的美丽期待写在一张纸条上，系到学校专门准备的气球上。全校3000多名学生，3000多张纸条，在升旗时冉冉升空。全体学生仰望天空，似乎每个人的希望与期待，也同时飞上了蓝天。那份心灵的期待，那份持久的热情，将升旗仪式演绎得美丽而绚烂。

在2007年的新学期升旗仪式上，苗荣华校长宣读了新学期寄语，少先队员为老师献词，最后，由100名学生代表同时放飞100只鸽子。象征着和平的鸽子展翅飞向天空，学生们欢呼雀跃。至此，升旗仪式达到高潮。总务主任姚汝友对笔者说，这会为学生留下美丽的记忆。2009年，少先队大队辅导员王秋莹老师远赴宁波挂职培训，李芳珺老师在组织好每周升旗仪式的基础上，又进一步创新思路，使升旗仪式成了每个学生心中美好的向往和神圣的期待。

二、社团文化建设

济北小学的每一位教师都认为，素质教育的核心是让学生全面发展。而只有打造丰富多彩的课余生活，学生的兴趣爱好才能获得全面发展，个性特长才能充分发挥。为此，学校实施了"萌芽工程"，成立了书画社、舞蹈团、武术队、乒乓球队、葫芦丝乐团、雏鹰乐队、科技社、快乐英语俱乐部、小记者团等30余个社团，寓教于乐，丰富了学生的兴趣爱好，陶冶了学生的情操，提高了学生的审美情趣与综合能力。学校先后有9名学生被评为"济阳小名士"，7名学生被评为"济南小名士"，7名学生入选

"七彩少年军"并得到市少工委的好评。学校体育队连续五年在县中小学运动会上获得总分第一的好成绩。两年来先后有30余人次打破县运动会记录，学校篮球队在济南市的各级各类比赛中成绩骄人；学校乒乓球队获济南市小学生乒乓球比赛男子第二名，济阳县男子团体总分第一名；摔跤队荣获济南市第四届青少年运动会古典式摔跤比赛团体总分第一名；雏鹰乐队在济南市鼓号操大赛中获银号奖；葫芦丝乐团的《阿瓦人民唱新歌》获第22届全国"创新杯"教学艺术大赛文艺项目金奖，受邀参加在香港举行的同庆奥运"亚洲杯"艺苑童星会演。在各级各类比赛中集体项目获奖60余项，学生获奖600余人次，辅导教师获奖200余人次，文艺队参加大型演出20余次。社团建设有力地促进了学校素质教育的实施，培养了一大批具有特长的小明星、小健将。

家长们由衷地说："能在济北小学度过童年生活是孩子一生的幸福！因为学校没有只让读书和识字充塞孩子的时光，而是充分发挥每一个孩子的潜能，让每一个孩子都向着最好的自己发展……"

三、传统节日和重大事件

传统节日或重大事件，是济北小学对少先队员进行教育的有效载体。他们不重热闹，而重体验、感受。

植树节，开展热爱大自然活动，捡一片废纸，植一株小树；三八妇女节，布置爱心作业，让学生做一些力所能及的家务，体验父母的辛劳；中秋节，晚上赏月，全家团圆，其乐无穷。

2008年汶川大地震发生后，济北小学特意安排了一场少先队活动——新少先队员入队仪式，主要是为灾区小朋友献爱心卡。学生们不但捐了款，还送去了祝福。学生将自己对受灾地区小朋友的祝福写在小卡片上，然后贴到爱心树上。

教科研——学校可持续发展的动力

"人们解决世上所有的问题，是用大脑、能力和智慧，而不是照搬书本。"爱因斯坦这一闪烁着智慧光芒的论断，启发着济北小学的每一位教师：教育的过程不是照搬书本，也不是照搬自己或他人的经验，只有凝结着智慧的教育才是成功的教育。苗荣华校长经常讲："任何人都是造就自我幸福的工匠。"教师只有通过教育科研寻找到教育的真正艺术，才能成为造就自我幸福的工匠。于是，教师都参与到课题研究中来，用研究的足迹串起了成长的岁月，学校也因此形成了“教研提升素养，科研助推发展”的教科研格局。学校确立了“学校文化建设中师生与学校同步发展的研究”主课题，下设九个子课题，内容涵盖管理文化、校园文化、课堂文化、教研文化、班级文化、社团文化等多个层面。济北小学的教师们在不断的研究中克服了强大的“教育惯性”，在改变“习以为常”的过程中创造着令人心悦诚服的教育力量。

2009 年 4 月 21 日，学校举行了“享受阅读 享受童年”课题阶段性展示。一、二年级部分家长也兴致勃勃地来到学校，和自己的孩子一起在课堂中享受阅读的快乐，感受阅读的幸福。一年级的张召波老师执教了绘本课《猜猜我有多爱你》，在交流和互动中，大家体验到阅读绘本竟是如此美妙。二年级的孙霞老师执教了绘本课《我爸爸》，不仅使每位家长感受到绘本带来的柔软的润泽，而且被孩子那声“我爱爸爸”深深地感动了。卜令花主任、张玉华老师、程灵燕老师分别为家长做了精彩的报告，不仅对课外阅读的意义做了细致明确的阐述，还分析了阅读现状、阅读的几个误区，并对亲子共读提出了科学的、可操作性强的建议。家长们纷纷激动地留言：感谢老师们从孩子的一生出发，为孩子的一生着想，更感动于老师们认真的工作态度和科学的研究精神……

2009 年 4 月 22 日，济南市语文学科“单元整合、比较阅读、拓展训练”课题成果展示会在济北小学举行。学校三年级组全体教师历经两年多的研究，不仅向全县语文教师展示了全新的阅读教学模式，还展示了课题研究的意义和研究者的幸福。

教育科研是一个富有生气的舞台，这里有一群忠于自己角色的演员——学生，还有一群尽责的导演——教师。因为有了这个舞台，才使我们的教育如同一部充满时代气息的戏剧，在这部戏剧中思维的碰撞是它的高潮，而学生与教师的共同成长一定是它的结局。

一分耕耘，一分收获。建校以来，济北小学创造了一年内接连通过三个省级验收的奇迹，又被评为山东省绿色学校、山东省教育科研先进单位、“中国少年儿童平安行动”示范学校、全国校园文化创新先进单位。苗荣华校长也被评为济南市专业技术拔尖人才。

从新建到成为一道独特的风景，济北人一步步坚实地走来；从人们对济北小学“扶摇直上”的美丽期待到充分认可，济北人一步步幸福地走来。相信济北小学有了这样的动力支撑，一定会走得更快，飞得更高！

走出课堂教学的峡谷

——山东省乐陵市实验小学大语文教学改革掠影

在应试教育愈演愈烈时，一些教育的先行者，开始从提升学生素质方面进行卓有成效的探索，特别是有人已经从课堂教学入手，撤掉了讲台，改变了课堂结构，使学生成为课堂的主人，其热闹场面与教学效果，给了传统课堂一个巨大的打击。乐陵市实验小学立足于大语文的教学改革，既汲取了先行者的经验，又在理论构建与教学实践方面进行了大胆的创新。

从周目标引领，到前置性学习；从小组互助，到课堂展示，乐陵市实验小学的语文教育改革力度之大、范围之广都是罕见的。

周目标：为“未来”设计

所谓周日标引领，就是依据新课程标准，将学期教学的主体内容科学分解到周，让学生在教师的引领下积极主动学习的一种教学形式。周目标一旦确立，一周内的教学内容和要求便可以具体化：识字、写字，成语、名言警句、古诗词积累、现代文阅读，各种习惯、能力、方法的培养，都通过周目标来体现和完成。这样，既能使师生的教与学有的放矢、目标明确，又能形成一定的知识链接，从而为师生构建一种比较完整的教学系统。

李升勇校长认为，以前，很多教学目标都没有进入课堂，甚至没有进入教师的教学视野，教学目标仅限于教材和教参，无法构建明晰的知识、能力、智能体系，点点相连，只能构成一条单线，无法使学生获得全面发展。周目标就是要变线为面，一个周目标就是一个小方块，最后块块相加，就拼接成新课程标准中的全面要求。

一、自主学习水到渠成

传统教学局限于教材和课堂有限的空间和时间，限制了学生的自主性。周目标确立后，学习成了学生自己的事，不再是教师领着、扶着、盯着、管着才去学，而是必须自主独立地去面对一切。这便为学生提供了较大的空间和相对充分的时间，在给定了学习内容和要求后，什么时间学、怎样学、学多少，都由学生自主安排，不再受教材和课堂的限制。相对自由的心灵状态必然给学生带来巨大的生命活力。在这种学习状态下，即使学困生也会在课外提前或用较多的时间进行学习，以便在小组互助与课堂展示时拥有发言权。于是，就有了异彩纷呈、适合各个个体学习的方式与方法，学习效率自然提升。久而久之，学生的自主学习能力就会形成。自主学习不但可以提升当下的学习质量与效率，还会为学生的终生高效学习奠定基础。

二、各取所需激发兴趣

在传统教学中，教师的教学一般是指向中等生的。这样虽然关注了学生中的大多数，但学优生会因内容简单而失去兴趣，学困生会因内容较难而不知所云。于是，这部分人的学习兴趣就会日趋减退，原有的学优生最终沦为中等生；原有的学困生则每况愈下，差之更差。

在传统的课堂上，不可能人人都能得到检测和反馈，滥竽充数者可以生存。乐陵市实验小学基本解决了这一问题，课堂展示时人人有份，任何人想蒙混过关都无可能。而周目标学习将学习放在了课堂之外，不同个体的学习就会因人而异，虽然各取所需，但由于目标一致，所取内容就有了针对性。所有学生可以根据自己的实际情况自主选择学习的方式、方法和进度。学生将各自所学的知识展示于课堂之上，就会因为这种特殊的“发表”而快乐，从而激发学习兴趣。

三、教师进行科学预设

确立周目标并让学生根据目标自主学习，并不等于教师游离于教学之外，相反，教师的学前指导比传统的课堂教学显得更加重要。因为学习组织的建立必须以组织教材为基础，教师在确立周目标的同时，必须对各项学习目标进行科学预设，根据学习内容提出具体的学习要求，并给学生以学习方法的指导。哪些内容需要学生自主学习，哪些内容用过关方式检测，哪些内容需要在课堂上探究，教师必须了然于心。为了达到预设的目标，教师不仅要研究教材，更要认真地研究学生，特别是研究周目标与小组互助及课堂展示的内在逻辑关系，以及这种预设会对学生一生的发展有何作用等。

李升勇校长认为，周目标在关注学习内容的同时，更关注学生生命的成长与终生的发展，所追求的是教育的效果，

前置性学习：明确、自主、多元

传统的课堂教学是一种后置性教学模式，基本上是"填鸭式"、哺育式的，学习的过程几乎完全被教师所掌控，学生只能被动地接受，缺少自主学习的时间和空间。

乐陵市实验小学探索的是前置性学习。

所谓前置性学习，就是在正式课堂教学之前进行的目标明确的自主预习。那么，前置性学习是否为一般意义上的预习呢？是否只是更换其名而未改其实呢？随着采访的深入，笔者发现，二者虽有相同之处，却有着本质的区别。

一、目标明确

一般性预习虽然可以因人而异，但由于总的目标不明确，学生大多是"摸着石头过河"，迷失方向的情况时有发生，事倍功半也就在所难免了。前置性学习是周目标指导下的自主学习，学生在预习中始终指向既定的目标。方向明确，心中亮堂，学习的重难点一目了然，自主学习的效果也就可想而知了。

李升勇校长对笔者说，现在是后喻学习时代，教师单纯的教已经不行了。总目标一到手，学生就可以提前学习，提前达标。

二、功夫在诗外

一般性的预习内容多为教材中的内容，前置性学习不但包括教材中的内容，还要向与之相关甚至"无关"的学习内容和相关资料延伸。比如一篇课文，学生自学时不仅要朗读全文、寻找重点词句、概括文章大意，还要搜集作者的生平及社会背景，以及文本涉及的背景及相关事件、人物等资料。此外，学生还要解读文本，调动已有的生活经验和知识经验；同时以文本拓展生活，学习积累文中的知识；让文本服务于生活，体会作者的态度与情感等。

功夫在诗外。预习内容的扩展，使学生再反观教学内容时，就有了“横看成岭侧成峰，远近高低各不同”的奇观。在此后的小组互助与班级展示时，对课文相关内容的解说就有了更多的话语权。这反过来又给学生以自信，使他们在以后的前置性学习中更加主动与积极。

李升勇校长对笔者说，他们的前置性学习，是基于现代科学技术背景下知识传播的多元化提出的。内容的多元与扩展，并不等于忽略课文本身，学生预习场是环课文而生成与扩展的。如果学生抛弃课文而只顾扩展，教师就要及时引导，让学生很快步入预习课文内容与扩展学习“二者得兼”的最佳境地。

三、教师主导性凸显

一般性预习虽然实现了变教为学，使学生的学习主体性得到体现，但教师教育的主导性相对弱化。前置性学习要求教师要有一定的知识储备与文化积淀，自己首先要进行拓展阅读，搜集相关资料，对于课文的作者、背景、相关人物、相关事例、相关知识等要充分掌握。同时，还要标画课文字词，准备检测内容；分析文本，梳理多元话题；联系实际，预设教学流程和问题；促进内化，设计作业的形式和内容等。这样，教师就可以整合教学资源，培养学生的自我学习意识和学习内驱力，从而在信息源、方法、途径等方面给学生提供相应的指导。

教师对教材、生活和知识的理解感悟，一般来讲要高于学生，加之充分准备，就会在教学中应付自如。当学生在课堂上有了想法或解题方法时，教师就能言简意赅而又及时地进行筛选和优化，让学生有洞若观火、豁然开朗的感觉，这样才能避免学生交流问题时走错方向。

前置性学习中的重难点学习是对学生自主学习习惯的培养，在学生形成自主学习习惯的过程中，学习氛围很重要，创建学习势能场是对教师水平和能力的一种考验。激发学习兴趣、强化学习习惯、明确学习要求、提供学习范例，丰富学习方法等，则成了体现教师主导作用的重要内容。

小组互助：人人都有展示的机会

当今大班额的教学现实，影响了学生的课堂交流展示。受大班额限制，很多课堂教学，一节课下来，也只有十几个甚至更少学生进行有限的展示。而学生一旦得不到展示，势必成为欲言不能的无奈者，或是消极的看客，其学习的积极性就会受到打击。

李升勇校长认为，真正能触发学生学习动力的课堂需要人人展示，于是，就有了小组互助。学生四人组成一个学习小组，于是，一个个小型的学习组织应运而生。

一、展示呈现多元

学生性格各异，胆大者往往抢先发言，在课堂上多有表现的机会；羞怯者即使胸有成竹也“犹抱琵琶半遮面”。长此以往，积极发言者更加积极，而不敢发言者更加畏缩。

小组互助则有效地解决了这个问题。

在小组互助中，人人都可以在小组内交流展示。由于在前置性学习时，每个人都有了一定的知识储备，所以，在小组交流时都可以发表自己的见解。这反过来又为前置性学习注入了生命张力；而前置性学习的高效，又为小组交流提供了坚实的保障。

小组交流时，人人都要对词语的理解，中心句的确定，段意的概括，作者情感的把握，相关问题的质疑、拓展和延伸等发表意见，也就是人人都要展示。学生在前置性学习中所获取的知识是立体的、多元的，因此，小组交流就成了知识、思想的集散地，每个学生都要把个人的学习成果拿到组内交流展示，这就增加、扩大了课堂教学的信息量。于是，小组互助交流的内容超越教材文本的情况时有发生；教参上的固定答案受到了挑战；学生对某一问题的结论有时与教师也有相左的地方，“弟子不必不如师”的现象应运而生，不由得让教师惊叹。

二、更加关注合作

在小组互助中，学生交流、整理信息的过程，既是训练思维、方法的过程，也是学会倾听、学会表达、学会分享的成长过程。学习角色分工是小组合作的难点，组内交流的严肃性、组员的态度和角色的分工转化，都决定着合作的效率，于是小组互助时人人都会在这些方面努力，从而就会主动地学会合作、学会评价等，这是传统教学无法达到的。

对于一篇课文的学习，应异中求同，汇集小组成员的全部知识和智慧，形成一致的意见，等待全班展示。小组学习交流的过程，也是形成成果的过程。在这一过程中，学生全员参与，懂得了合作。

就背诵而言，传统教学一节课中只有几个学优生有背诵机会，其余学生则没有机会甚至没有资格。而组内背诵，则能使人人都有背诵的机会。之后，各组选出代表进行比赛，这便不是一个人的比赛，而是一个小组的荣誉，小组成员会紧密团结在一起。

此外，对于小组学习过程的评价，不但要关注展示内容，更要关注学生学习的主动性。这样，就会使学生在下一次的小组合作中更加积极主动，并逐渐形成合作精神。

学生在小组内相互学习，相互砥砺，相互促进，形成“学习共同体”，增强了合作意识，培养了成就感，体验到了学习的乐趣，从而获得恒久的学习动力，最终实现终身学习的目的。

三、学生自主管理

小组互助的管理者是小组中的每一个学生，也就是人人都是管理者。大家都要按要求完成任务，彼此之间要相互监督、相互检查、相互激励。由于有着共同的价值取向，即都希望在班内展示中取得佳绩，所以，在管理他人的时候就有了责任感。这样，学生便会逐渐养成自我管理的意识和习惯，真正走上自主学习的道路，发挥小组学习的优势，达到兵教兵的目的。

在传统教学中，课堂管理的重点是解决学生的注意力问题，实行小组合作学习以后，由于人员较少，学习空间变小，学生的注意力有所提高，随之而来的是学生学习态度和秩序管理的问题。一个班同时有 8 个以上的小组在活动，教师的管理必然受到影响和限制。谁来管理？如何管理？这成为合作学习的重点问题，在这样的背景下，学生干部的作用开始突显，所以，学习骨干的培养又成了课堂教学的一项内容，如何约束自己，如何公正客观地评价他人，如何对小组成员进行引领、监督和激励，既是学生干部要面对的问题，也是教师要帮助他们解决的问题。

四、教师适时指导

笔者曾参观过一些学校的小组交流活动，也颇为其热闹的场景而感叹。可是，在热闹的表象下，教师大多成了游离于小组群体之外的局外人。乐陵市实验小学的小组互助则不然，尽管学生在组内自主学习，但教师还是要提前备课，课堂中还要不断地巡视，及时解决小组内出现的问题，对不按要求做的学生还要进行有针对性的指导。

为了夯实基础，小组交流展示后，要有一个知识检测环节。教师把准备好的字、词拿出来，让全班学生认读、听写，然后交给小组长，小组间交换评判，最后汇报各组的认读、听写情况，并在此基础上确定小组第一阶段的得分。

班内展示：热烈而有序

如果说小组互助是学生人人参与的话，班内交流则是组组参与。由一名学生代表小组，将小组交流互助中形成的意见在全班进行展示。这种展示与小组交流相比，有“更上一层楼”的提升。

一、朗读展示：组组展示，逐一评价

语文学习成效的好坏，与学生朗诵水平的高低有着直接的关系。乐陵市实验小学就特别关注学生的朗读展示。朗读展示时，先激发士气，由学生高喊：“我读我入境，流利有感情。”以使学生个个摩拳擦掌，跃跃欲试。大凡被选中的朗读小组要派一名代表来朗读，他们一般会非常自豪地大声朗读。其他学生依据声音洪亮、读准字音、吐字清晰、流利、有感情等朗读标准进行评价。

某一小组朗读展示之后，还要开展擂台攻守。随着“我读你来评，攀登新高峰”的响亮口号，其他组的学生轮流朗读。最后，由教师点评，全班投票选出优胜组。

二、解读文本：分享成果，辩驳是非

文本解读是班内展示的一个亮点。学生高喊“攻防打擂，超越自我”之后，便选出一个展示组，小组全体成员走向讲台，由主体发言人发言。这种展示是以记分打擂的形式开展的。展示组代表在发表观点的时候，还要准备接受其他小组的检查和质询。如果回答不出其他小组的问题，就要被扣除 2 分；如果补充者仍回答不准确，就要被扣除 4 分；如果全组都无法回答就要被扣除 10 分。

对于展示组来说，展示的过程既是一个复习巩固、梳理思路、增强表达能力的过程，也是一个深入思考和学习交流的过程。展示过程表现的好，可以增强学习信心；展示过程表现得不够好，可以通过其他小组的补充与批驳增长见识，完善自己的观点。对未展示的学生来说，在分享发言者的成果时，可以印证自己学习成果的正误，加深对问题的理解。特别是一些重难点知识，往往都是在这种交锋中被大家掌握与破解的。

为了证明自己，学生在班内交流时必须言之有物。而其他小组的学生又会对其见解进行反驳。于是，就有了辩论赛的味道。

胜负乃兵家常事，小组之间的交锋自然也有胜败之分。一场交流之

后，胜者还想保持不败战绩，败者则力求在下一次的交锋中转败为胜。为此，都会竭尽全力在下一次“战争”前积蓄力量。这就为前置性学习和小组互助注入了生生不息的活力。于是，前置性学习与小组互助便始终处于良性互动中，学生争先恐后地学习就成了一种文化景观。

三、教师指导：主持“节目”，当好“导演”

学生展示时多会缺失两样东西：一是不能实现真正意义上的全体之动，二是学生有时会因在细枝末节的问题上纠缠不下而游离了教学的主要方向。这时教师不是混迹于学生之中，放任自流，而要终始引领着学生展示的方向。在学生激情昂扬的时候，教师要保持清醒的头脑，特别是在就不同观点的争论难分难解时，教师不但要做出评价，还要迅速引领学生走向正确的航向。课堂活跃，不可知因素随时都会出现，教师要从中不断提炼出主导性话题，用简洁、优美的语言把文本的几个或多个主话题表述出来。

据李升勇校长介绍，展示之中的加分、扣分权要掌控在教师手中，如果交给全体学生，既不易操作，又容易发生混乱，分散、影响学生的注意力。班内展示结束前的几分钟，教师要做总结发言，对学生尚未明了的问题，指点迷津；对争论的要点，评判正误；对特别重要的内容和教学的难点，要言不烦地进行解说。同时，给予展示者恰当的评价，对于展示得好的学生要鼓励与表扬，增强其自信心；对于展示得不太好的学生，也要给予信心的支持与委婉的提示，以使其在下一次展示中有更好的表现。

儿童毕竟是儿童，这种活泼的形式虽然可以充分调动其参与的积极性，提升课堂教学的质量，但也容易使其走向“歧路”。教师要正确地分解话题，及时地引领方向。

李升勇校长对笔者说，这样的课堂，不再是教师表演的舞台，而变成了师生生命成长的平台；不再是传递知识的主渠道，而变成了知识、思想的集散地；不再是陈旧知识的剪切板，而变成了由文本走向生活的对接舱；不再是应试技能的训练场，而变成了智慧生成的孵化器。

最后是教师布置延伸性作业，一般是让学生选自己感兴趣的话题写感受、体会，也可以根据文本的特点进行改写、续写、仿写、扩写、缩写等。这样，学生在写这些作业的时候，就会兴趣盎然。

教学内容：文本资源和生活资源

当下的教学内容是多了还是少了？是深了还是浅了？也许有人会不假

思索地说："多了，深了。"理由是学生的负担越来越重，减负声浪早已经此起彼伏。其实，人们大多只看其表而未窥其里，只见其形而未观其实。

乐陵市实验小学在丰富教学内容、扩展教学篇目时，学生表现出了乐此不疲的状态。

奇怪吗？本该如此。不解吗？顺理成章。

一、教材 = 文本 + 生活

教材并不是指某一种教科书，而是一种资源，包括文本资源和生活资源。教学材料可以分为两大类：一类是文本教材，另一类是生活教材。文本教材是经过加工、提炼、升华的固化的生活，是前人已有的生活经验和思想精髓，除教科书、教参、教学挂图外，还包括图书、报刊、影视作品、标语等。生活教材则包括自然景观、文物古迹、风俗民情、重大事件、生产活动、经营管理、家庭生活、社会生活等。有些人经常把教科书与文本混为一谈。其实，教科书只是文本的一部分，是国家为了教师教学方便统一编制的教学材料，它既不是教学材料的全部 ，也不是文本的全部。强调教科书的局限性，并不是说它一无是处，它毕竟是经过不少专家、学者精心选编的，是经过多年教学实践检验的，其中不乏优秀文章。只是不应把它当作圣经、当作法律、当作教学内容的唯一，而应把它当作教学的一部分，当作课堂教学的一个重要载体。

李升勇校长对笔者说，正是基于这种认识，乐陵市实验小学的语文课就有了 40 项内容——时政课、科普课、文学课、观察课、民俗课、识字课、历史课、美文课、经典课、成语课、书法课、诗词课、艺术课、礼仪课、网络课、影视课、棋艺课、戏曲课、采访课、环保课、文化课、体能课、规划课、义工课、经商课、家政课、消费课、国防课、生产课、地理课、内修课、安全课、法律课、励志课、特长课、管理课、经营课、朗读课、尚贤课、生命课。

李升勇校长认为，教师的人生经历也是教学材料的重要组成部分。作为人类文明的传承者，教师个人的知识感悟、生活体验也是宝贵的学习材料，可以带给学生更直接的帮助。

二、选材要"取法乎上"

李升勇校长认为，现行教科书重点考虑了基础性、工具性，忽视了发展性和人文性。课文的选择偏向了知识和学生的当前需要，忽视了学生的终身成长。正因如此，才有了语文课堂教学低、慢、差现象的"固化"

状态。

人们往往低估了学生的学习潜能，甚至将教科书内容的少与浅作为减轻学生负担的标志。其实，学生的负担过重，不是教科书内容的多与深导致的，而是由于教师讲授的重复与练习的过滥，特别是没能给予学生自主学习的权利，更没有开发内蕴于学生之中的巨大潜能。学生学习，本应是个体获取知识、提升生命质量的幸福之旅，可现实大多变成了一场心力交瘁的精神苦役。如果将人类经典文化纳入学生学习的视野，让学生感受到其无穷的魅力，并在学习中享受提升生命质量的快乐，学习就可以化难为易，变苦为乐。

对于学校增加的学习内容学生学习起来是不是感到特别困难呢？非也。走进他们的课堂，一、二年级学生背诵《论语》《孟子》《大学》《中庸》等经典的时候，那种精神振奋与心灵愉悦，是我们成人怎么也想不到的。笔者与学生谈起学习，他们一脸的轻松。看来，学生本可以轻松地学到高深的文化知识，而我们却将一些既低又浅的文章讲来讲去，这必然使学生产生“你不讲我还明白，你越讲我越糊涂”的感觉，学习的兴趣也就荡然无存了。人们都知道学习的规律是由浅入深，却不知道还有由深入浅的规律。深的学好了，浅的不学自会。

经典的力量是远远超出人们想象的，孩子的记忆力也是令人拍案称奇的。一个学龄前的孩子，可以游刃有余地背诵几万字的经典，上学之后的学习肯定是得心应手的。对于小孩子的背诵，我们往往视之为死记硬背。其实，新的脑科学研究发现，一定程度的死记硬背可以开发大脑。

这样，我们再看乐陵市实验小学学生能够轻松自如甚至快乐无比地学习那么多、那么深的内容，也就在情理之中了。

三、课堂生活化

有些教师把学生紧紧框在课堂之中，把目光锁定在教科书上，闭门教书，为教书而教书，忽视了学生的社会化，这不但严重阻碍了学生的社会化，而且会使学生离现实生活越来越远。其实，真正的课堂教学，是一个促进学生社会化的过程。生活是课堂教学的起点和终点，课堂教学的最终目的是让学生了解生活、熟悉生活，高质量地享受生活 、创造生活。

乐陵市实验小学的生活课堂有两个特点。一是联系生活。学习文本知识，不是就知识论知识，而是把文字还原为生活，再现文字背后的生活原景，从中体会、感悟生活。二是学习生活。“事事洞明皆学问”，留心观察生活、认真体验生活，从纷繁的人与事中去感悟生活的真谛。

对文本的学习必须要有一个把文本还原于生活的过程。文本是学生与作者沟通的媒介，学习的过程就是学生通过文本与作者沟通的过程。由于作者大多是成年人，更多的是有成就的成年人，其生活阅历非常丰富，而且情感、思想又与人生阅历息息相关，所以要想提高学生对语言、文字的感悟能力，一味地就教科书教教科书是远远不够的，还必须把目光指向辽阔的生活世界。关注学生生活、丰富学生生活，是教学语文知识的前提和基础。离开了生活，语文教学就只能发生在课堂上，不可能进入学生的生命之中。

语文源于生活，服务于生活，对学生语文能力的培养，绝不是课堂上分析研读教科书的结果，要想让语文回归文本，必须先让语文回归生活。只有学生有了一定的人生阅历和生活积淀，才能更好地解读已经固化了的文本生活。乐陵市实验小学的观察课、时政课、地理课、体能课、家政课等，就是引领学生走向生活的新课型。

李升勇校长对笔者说，经过两年的改革，学校基本实现了基于知识、超越知识的教学目标，编写了基于教科书、超越教科书的教学内容，构建了基于课堂、超越课堂的教育时空，形成了基于生活、超越生活的课堂生成，从而实现了课堂教学的八个转变——教学目标由“就教学论教学”转变为“教学为教育服务”，教学材料由单一教科书转变为生活全景，课堂教学方式由封闭型转变为开放型，教学顺序由“教后学”转变为“学后教”，教学活动由“单向灌输”转变为“多向交流”，教学关系由“以教师教为主”转变为“以学生学为主”，课堂生成由平面传递转变为立体涵养，教学过程由重积累知识转变为重体验成长。市教学研究室吴健认为，这是一次对语文教学颠覆性的改革，学生学习的生命状态和学习水平都有了本质性的飞跃。在参加德州市教学能手评选的乐陵市的 16 人中，乐陵市实验小学有 5 人榜上有名；在元旦竞赛、毕业会考中，乐陵市实验小学更是名列全市第一。社会与家长认可、教师主动改革和学生快乐学习的局面已经初步形成。所以，有人说，乐陵市实验小学已经成为全省乃至全国小学语文教学改革中名副其实的品牌。

让更多的孩子接受更好的教育

——奚亚英校长的平民教育情怀

均衡教育不应只是一个美好的理想，更应当是一种实实在在的行动。江苏省常州市武进区湖塘桥中心小学的奚亚英，就是一位在行动层面上不断探索均衡教育的校长。她为了让更多的孩子，特别是乡村的孩子接受更好的教育，弹奏了一曲可歌可叹的壮美乐章。

艺术课的开设“路漫漫”

在关注学校文化建设的今天，人们往往忽略学校文化之中的一个核心——课程。从这方面寻求突破口者，大都追求学校文化建设的特色，从而使学生步入优质教育的境地。

奚亚英校长的课程改革设想始于1999年12月，得到了教师们的响应后，她将开发校本课程的材料上报教育局。2000年1月，教育局批文通过，于是，湖塘桥中心小学的校本课程开发宣告开始。

奚亚英校长的办学理念是“优质教育平民化”，目标是“培养优秀的地球村村民”，旨在将平民百姓的孩子培养成气质高雅、学有所长、个性鲜明、勇于创新的学生。

一、为请名家人憔悴

奚亚英校长将校本课程开发的重点放在了英语课和艺术课上。当时，英语课程是从五年级开始开设的，有些学校只有实验班才开设英语课程。奚亚英校长认为，学校应面向全体学生开设英语课程，否则，所谓的公平教育，只能是一纸空谈。

艺术课是提升学生审美情趣的重要学科，可是，农村小学的学生缺少这方面的教育，一些小学甚至连艺术专业的教师都没有。但审美情趣是要从小培养的，如果打断这个艺术链条，这些孩子的一生就可能在艺术方面就没有发展的机会了。

因此，开设英语课程与艺术课程就成了湖塘桥中心小学学校文化建设中的一个重点。

理想与现实之间往往存在一定的距离，要实现这一理想，还有许多事情要做。教材如何编写？师资怎么解决？课程如何安排？

英语课程的开设相对容易，英语教师可以通过镇里帮忙解决，调来英语教师，买来英语教材，上课便没有太大的问题。但是艺术课程呢？市面上的艺术教材太专业，不适合小学生；组织教师编写教材，能力、资源等都存在问题；即使将教材编写出来，也要先对教师进行培训，等到教师可以上岗了，学生都毕业好几届了。

“为伊消得人憔悴”的奚亚英校长突然闪出一个念头——直接请艺术方面的专家来给教师和学生上课。这样，教师一边学习一边将专家上课的内容记录下来，整理后汇编成册，不就形成自己的校本教材了吗？而学生呢，从小就得到名家指点，不正可以“名师出高徒”吗？

念头毕竟是念头，付诸实施还是困难重重的。究竟有多少名家愿意到一所农村小学教学呢？

奚亚英校长是一个认定了目标就坚定不移往前走的人。为此，她三番五次地到南京歌舞剧团、刘海粟美术学校、武进文化馆等单位聘请专家。当这个小学校长出现在艺术名家面前时，他们感到万分惊诧，甚至觉得有点不可思议。但奚亚英校长的诚心与平民教育思想，还是深深感动了一些专家。有的专家答应了邀请，有的专家犹豫不决、婉言推辞。奚亚英校长一点儿也不气馁，回去请镇里的党委书记、镇长一起一次又一次地登门拜访。奚亚英校长终于感动了大家，三十多位国家级演员、教授答应了她的邀请。

于是，每逢周三、周六，这些专家就不辞辛苦地到湖塘桥中心小学为教师和学生们授课。

为了保证艺术课程的时间，奚亚英校长又改革了课时。她把每节课 40 分钟压缩成 35 分钟，每节课节约 5 分钟，一天正好余出一节课的时间，就用这一节课作为艺术选修课。自此，学校成立了管乐、弦乐、打击乐、民乐、美术、书法、舞蹈 7 个辅导中心，60 个选修班。

学生兴趣各异，不能强求一致。为了让学生各得其所，奚亚英校长打破班级和年龄界限，让他们自由选择自己喜欢的艺术科目，从而把“走班制教学法”引入学校。于是，艺术课程的开设有了保障。

二、家长的认可难上难

可是，开设艺术课程需要器材，购买器材就需要投入。农村家庭哪里舍得拿出那么多钱来买小提琴、钢琴、画板、颜料。

镇领导得知这个消息后，从有限的办公经费里挤出10万元钱送到学校。这简直是雪中送炭，奚亚英校长激动得热泪盈眶，逢人就说："我们真是遇上好领导了！"

奚亚英校长万万没有想到的是，当她兴冲冲地把器材买回来后，家长们的意见又来了："学校不抓学业，却来抓这些乱七八糟的东西，影响学生的成绩怎么办？"有的家长甚至不让自己的孩子来上学了。

为此，奚亚英校长将全校学生的家长一个不落地请到镇影剧院，开了一个特殊的家长会。原来，她不动声色地请来艺术方面的专家，在她讲完艺术教育的重要性之后，就让专家现身说法，展示才能。一些原来犹疑不决的家长被说动了，40%的家长为孩子报了名。

有人问奚亚英校长："做了这么多工作，还有60%的家长仍在观望之中，你不灰心吗？"她说："我一点儿都不灰心，毕竟有了这40%。就算只有一个学生选课，我们也要把课开起来！"

三、教师的怨气在蔓延

尽管请了专家上课，但专家不可能天天来他们小学上课。当时学校只有两个美术教师、一个音乐教师，而且这个音乐教师后来又走了。为了尽快解决师资问题，奚亚英校长在对教师进行艺术培训的同时，还要求他们参与艺术课程的教学，在专家面前做学生，在学生面前当教师。

早在学校争创省实验小学时，奚亚英校长就要求每位教师必须参加琴棋书画培训，那时有的教师很不满，他们说："我是数学老师，把数学教好就可以了，为什么要去学琴棋书画？"现在，奚亚英校长不但让他们学艺术，还让他们教艺术，这不是强人所难吗？这不是增加工作量吗？一个人的不满情绪会自觉不自觉地传染给更多的人。很快，校园里怨声载道，奚亚英校长成了众矢之的。民意测评的时候，很多教师把她画为不合格，甚至说她没人性。有的教师实在无法忍受这样的改革，索性辞职另择新校。眼睁睁地看着好不容易培养起来的教师一个接一个地离去，奚亚英校长心痛万分，她要挽留他们，因为学校需要他们。他们却说："奚校长，我们在你身上看到的只有失败，我们真不明白你到底想做什么！"这种怨气，从学校弥漫到社会，人们也议论纷纷，说什么"不务正业""乱弹琴”……有时，奚亚英校长刚一走过，就有人在她的背后说三道四，有的甚至还指桑骂槐。

四、校长的信念在升腾

那个时候，奚亚英校长的心情坏到了极点，感觉整个世界都要离她而去，自己犹如站在冰天雪地里的一只孤雁，困惑而悲苦。这时，她想到了三起三落的邓小平，这位世纪伟人究竟是如何走过来的？于是，她开始读《邓小平文选》。邓小平说，改革是一定要付出代价的，这就像走路，要在杂草丛中走出一条路来是不容易的。同时，全国著名教育家朱永新教授也给了她很大的精神鼓励，使她越来越感受到自己所从事的事业的美好前景。于是，她的面前渐渐呈现出明媚的阳光，心里升腾起成功的希望。

奚亚英校长想，是的，改革就要付出代价，别人的误解甚至诋毁只是暂时的。如果改革一帆风顺，还要她这个校长干什么？再说，让这么多老百姓的孩子从小学艺术，不只实现了自己的一个梦想，也是为这些孩子的一生负责啊！

困难是无处不在的，奚亚英校长虽然坚强，但也有过退却的念头。可是，一想到学生，这些念头瞬间就烟消云散了。有时候，她还会自己轻轻地哼几句歌，以缓解心中的压力；有时候，她也幻想终有一天，阴云被吹散，学生发展了，家长理解了，社会认可了，天空也就变得空旷而明丽了。

五、幻想的“春天”终来到

奚亚英校长幻想的这一天终于来了。尽管来得那么迟，可是它还是来了。

那是2002年的春天。

江苏省八家新闻媒体来到湖塘桥中心小学采访。记者们兴趣盎然地观看着，他们感叹道：“学校实施艺术教育的条件之好，目光之长远，决心之大，措施之得力，使得我们对素质教育的前景充满信心。”有的记者则感慨地说：“多少学校苦苦追求而不可得的特色，武进区湖塘桥中心小学在不经意间得到了！”

奚亚英校长走在街头，迎接她的虽然仍然是指指点点，但那后面的话语不再是指责，而是发自肺腑的赞叹。

湖塘桥中心小学一跃成为常州市乃至江苏省的名校，奚亚英校长一时间成了公众人物。

一些优秀的大学毕业生纷纷要求来校任教，湖塘桥中心小学成了人们向往的一所学校。学校通过“一天的历练滋养自己的底气”“互动的交流挥洒自己的灵气”“全国的舞台打造自己的名气”的培养工程造就了一批名师。先后有60名教师到全国各地参加课堂教学比赛或交流活动，应邀到天津、吉林、武汉、深圳等地讲课，展示了他们的风采。

现在的湖塘桥中心小学艺术特色班已发展到81个，90%以上的学生都选择了自己感兴趣的艺术科目学习，每一个学生都掌握了一门艺术技能。“佳佳百人管弦乐团”频频亮相省、市舞台，学校先后在常州市刘海粟美术馆举行了5届学生书画展，多幅书画作品在全国、省、市各级各类活动中获奖，乡村娃的书画作品被送到天津、香港等地展出，每年在各级各类艺术比赛中获奖的学生达到上千人。

为了提升教师的整体艺术水平，学校还积极选派教师到艺术院校学习进修，要求教师在教书的同时，人人学会一种乐器，个个有特长。学校先后组建了教师管弦乐队、“女子十二乐坊”、教师合唱队等。

校本课程的开设使学校的特色凸显出来，不少城区的家长都慕名而来，想方设法把自己的孩子送进湖塘桥中心小学。在校生从8年前的700多人发展到今天的3200多人。

在优异的成绩面前，奚亚英校长并没有得意忘形，反而在思考一个问题：那些乡村的孩子也应当接受更好的教育，也应当有自己的艺术追求。于是，她在全区免费招收艺术特长生，又寻求乡村对口学校，让艺术之花在农村孩子心里绚丽开放。

优质教育进乡村是长期工程

有人或许要问，奚亚英校长上的哪所大学？何以有如此的气魄？

其实，奚亚英校长只是高中毕业。她不是成绩不优秀，而是当时就读高中还是在哥哥的资助下完成的，毕业后就参加了劳动，大学，只能永远定格在她的梦境之中。

因此，奚亚英校长想让更多的孩子实现上大学的梦。正是因为有这样的情结，她才特别关注农村孩子的发展。由于一些农村孩子接受的教育质量低下，美丽的梦想也只能埋在记忆里。奚亚英校长，就是要让更多的农村孩子去圆那个美丽的梦。于是，她开始了让更多的农村孩子接受更好的教育的探索。

这不是一时之举，不然，那只能是心血来潮之后的昙花一现。奚亚英校长的支教、走教、带教、点教四部曲，就是一个实现平民教育的长期工程。

一、支教

支教，就是学校的四个学部分别和乡村四个校区结对签约，用“团队契约式支教”的方式向农村学校输送教育理念、管理模式、教学方法和师资，为各个校区培养名师。

2007 年 4 月，成立教育集团之后，奚亚英校长就在思考一个问题：究竟如何让乡村的学生接受优质教育？当初，有两种方案：一是“牛奶稀释”，把骨干教师分散到各个校区；二是“团队进驻”，采取整体教师发展培养模式。奚亚英校长与学校领导班子反复商量后认为，如果将有限的教师资源分到那么多的乡村小学之中，不可能起到很大的作用，甚至还会将既有的骨干教师同化。于是，她采取了“团队进驻”的办法。

首先要举行签约仪式。学校某个学部组成一个具有三十来名教师的团队，每周到固定的校区为乡村教师上课，也让乡村教师到学校听课。这种近乎全方位的带动，犹如为乡村教师送来一场教育风暴，为学生送来一阵清风。乡村教师在感到耳目一新的同时，开始审视另一个教育世界的精彩。为了校区的发展，支教教师根据当地学校的情况，为乡村教师确定课题、确立特色发展项目。在课题的带动下，乡村教师也快速成长起来，学生的学习也达到一个全新的境界。

奚亚英校长不但关注本地乡村学校的教育，还把教育均衡化的希望之火在西部的高原点燃。她带着团队先后奔赴陕西安康、新疆奎屯、西藏拉萨、贵州凤岗进行义务支教活动。在支教的日子里，虽然教师们几乎每天都在凌晨一二点才合眼，备课、做 PPT、上观摩课、组织教师沙龙等，但他们苦中取乐，累中有甜，因为他们看到了乡村孩子的快乐、乡村教师的欢欣。

二、走教

走教，也叫“柔性流动”，即由名优教师、专职教师到各校区兼职讲学、带徒，实行跨校区上课、走校区上课。通过走教，变“学生家长跑、校区学生跑”为“集团本部主动送优质教育资源下校区”。

乡村校区规模较小，缺少专业教师，特别是缺少艺术教师。一个校区每天的艺术课时大多只有一两节，如果专门配一个专业教师，一来浪费人才，二来没有这么多的师资。为此，奚亚英校长想到了走教。一个教师在一天之内，可以到几个校区开设艺术课。

这样一来，教师们是特别辛苦的，开始的时候甚至有些不习惯。可是，为了乡村的孩子他们觉得再辛苦都是值得的。当他们看到那些对艺术几乎一无所知的学生经过一段时间的学习后有了一定的艺术感知，甚至有了一定的艺术水平时，便收获了别样的幸福。

三、带教

所谓带教，就是优秀教师到乡村校区带课。不同学科的优秀教师要到乡村校区去带教。既是固定的，也是流动的。他们固定于几个校区，固定于某一学科。但是，他们并没有固定于一个校区，会在几个校区间流动。

优秀教师带教，就会有当地教师听课。乡村教师在听课的过程中领略了优秀教师的风采，学到了先进的教学理念。而带教的教师，在带教过程中，也从乡村学生那里体味到了可爱和需要，感受到了带教的意义与价值。那些乡村教师，即使是最普通的教师，也有值得学习的地方。所以，带教是教，也是学。带教教师真切地感受到了孔子所说的“三人行，必有我师”的深刻内涵。

四、点教

点教，简而言之就是点谁谁到。优秀教师先将自己认为最好的课申报上来，经过审定后，再放到学校资源库中，供各校区任意选取。哪一个校区点到谁，谁就去讲课。在各校区讲课，与在本部一样，计算教学课时，纳入考评之中。

这样，所有校区的教师、学生都可以享用学校本部的优质教育资源。而且这些优秀教师不只是上课，还要回答校区教师咨询的问题。从某种意义上说，这也是一种研究课。

在点教过程中，涌现出了孟亦萍、吴伟峰、吴静、黄屹慧、龚秋玉、庞星慧、壮亚芬、张萍萍、林洁等优秀点教教师，点教也促进了曹斌、邵旭良、张丽丽、邵佳冬等年轻教师的成长，促进了各个校区的发展。湖塘桥中心小学在全区教育系统和湖塘镇广大人民群众心中树立了良好的形象和声誉。

据课程中心主任王岚讲，奚亚英校长还要求参加工作三年以内的教师申请当青年义工，组织他们参加“我在薄弱学校的一天”历练活动，送教到边远学校和外来工子弟学校。这些年轻教师到薄弱学校上研讨课，与那里的学生、教师同吃同住，指导那里的教师开展研究。这不仅是教师通过准备课堂教学、学习相关内容、准备沙龙与引领话题促进自己成长的过程，更是站在了其他讲台上，从别人的眼中看到自己的成长，从而产生向上的动力。

有人说，奚亚英校长太伟大了，但她说自己太平凡了，因为她是从农村走出来的，曾经在一个很不起眼的小学教过书。她深知优质教育资源对于农村学生的珍贵，她要完成一项久存心里的使命，那就是优质教育平民化，尽可能多地为社会培养有用人才。

全校都是读书人

湖塘桥中心小学的“书苑”由图书馆和阅览室组成，共300平方米，里面整齐有序地摆放着数十万册藏书，从幼儿读本到少儿读物，从教育名典到案例分析，从科研书籍到休闲文学，从古典名著到现代文学，从健康手册到父母必读，从延年养生到美容保健，等等，可谓琳琅满目。图书供师生自由选择，自主阅读。毫不夸张地说，这里为全校师生提供了丰富优质的阅读资源。

一、走廊建起开放书吧

2001年春天，奚亚英校长将一个大胆的提案公之于众：准备在每一层楼的走廊里建立一个开放式书吧，由学校出资添置设备和图书，让学生自由地选择自己喜欢的图书，甚至可以拿回家阅读。

自由是美好的，自由的阅读更加美好。可是，有的教师担心如此“自由”，如果一些不自觉的学生把书拿走据为己有怎么办？

奚亚英校长对教师们说：“首先，我们应该充分信任学生。其次，如果书丢了，说明这本书学生爱看，这样看来，即使丢书，也并非一件坏事！”

书吧建起来了。

不久后，教师们担心的情况还是出现了——学校书吧里的书大量丢失。但是，经过调查，发现是附近外来工子弟学校的孩子悄悄拿走的。奚亚英校长得知这个消息后，立即给这些孩子送去了许多好书，并组织了“好书漂流”活动。之后，几乎没有出现过丢书的现象。有人说，可能是教师对学生进行了教育。但奚亚英校长更愿意相信：通过读书，学生提升了思想品位与文化品位，他们不但乐此不疲地走进了阅读的世界，而且成了义不容辞的护书使者。

笔者问及一个小男孩为什么爱惜这些书时，他说："我和书吧有着深厚的感情。书吧就是我的好朋友，我们从来不会'吵架'。看书时，我总是轻轻地拿起，轻轻地翻阅，看完后又总是轻轻地把它们放回原处。"

学生简芷君是一位被同学公认的"小书迷"，她已经把书吧当成了一方乐园。她说："走到里面，捧读自己喜欢的书时，快乐无比。我甚至忘记了上课时间，每当上课铃响起，才猛然从书中'醒来'，冲向教室。"

开放式书吧的故事自然传播到了家长那里，一些爱好读书的家长也想参与其中。于是，每天傍晚，一些家长也会像他们的孩子一样走进书吧，选上一本感兴趣的书，潜心阅读，全然忘了接孩子的焦急。一位家长对笔者说："小时候条件可没现在这么好，想看书既没钱买，又没时间。现在有这样一个自由书吧，我们可以随时阅读自己喜欢的书籍，真是一种精神享受，这也是对童年缺憾的一种补偿吧。"一位叫诸红丹的家长说："一个家庭的阅读量决定着这一家人未来的生活品质。"

二、举班都是读书人

在湖塘桥中心小学，几乎无处不是书。笔者在走廊里欣赏了开放式书吧后，又被一个小朋友领进了他们的教室。原来，每个班级都有自己的书架，书架上的书都是学生主动从家中带来的，而且都是他们读过之后感觉特别好的书。笔者大概计算了一下，每个书架上都有 100 多本书。

每个教室中还开辟了"书墙"，有学生的新书推荐，有学生自发建起的"好书交换站"，有反映学生多彩生活的"童眼看世界"，有内容丰富、形式多样的"阅读宣言""书香树"……

教师呢，则成了班级阅读的导读者——

1. 刘红英老师与"七彩留言板"

刘红英老师在教室后面的板报上开辟了"七彩留言板"栏目，以"我想对你说"为题，让学生与书中的主人公对话。笔者发现，学生笔下流淌出的读书感悟丰富多彩——同情丑小鸭被人嘲笑的处境、感受白雪公主的善良、赞叹孙悟空的七十二变、感动奥斯特洛夫斯基的坚忍不拔、劝告皮诺曹别再撒谎、学习匡衡凿壁借光的刻苦……刘老师将这些内容制作成各种形状的小卡片，在"七彩留言板"中一一展出。此后，刘老师又在班上开展了专题读书活动，让学生读《智慧背囊》，感受那一个个哲理小故事所蕴含的深刻道理；读震动全中国的演讲稿《天下兴亡，我的责任》，让学生从小树立"天下兴亡，匹夫有责"的责任意识；读《有一种亲情叫依依不舍》，让学生感受母爱的伟大。于是，"七彩留言板"成了读书留言板，成了记录学生心路成长历程的一方文化乐土。

2. 祁兴芬老师和“好书点击”展板

为激发学生阅读的兴趣，祁兴芬老师把学生证的塑料透明外壳贴在展板上，每个外壳上贴上学生的名字，然后再用各种颜色的画纸做成读书卡。卡上只有三栏：日期、书名和时间，规定这三栏必须由家长填写。每天放学前由学生自己取下，第二天早晨自己插上。这样，全班学生的读书情况便一览无余了。祁老师还为之起了一个儒雅的名字——“好书点击”展板。

展板一经展出，立即成为学生关注的焦点。学生既看到了别人读了什么书，也看到了自己排在什么名次。名列前茅者试图“更上一层楼”，排在后面者急于“后来者居上”，即使那些平时不读书的学生，也担心卡上总是空白而被同学嘲笑。这时，适值学校“佳佳美德银行”开张，每星期坚持读书的学生还可以存入一枚“博览币”。

在两周一次的“好书推荐”课上，面对大家公认的好书，祁老师又一次来了灵感。她在展板上设计了一个“好书推荐”栏目，上面有“书名、推荐者和点击率”。所谓点击率，就是别人推荐的好书自己读完后签上大名。这样做的目的就是让学生看看好书的人气有多旺；再看看，有多少学生善于向同学学习，充分利用身边的信息资源。每出现一本好书，一场不动声色的竞争就拉开了序幕。

由于“举班皆是读书人”，学生的写作水平也渐渐提高了，甚至连行为习惯也越来越好。

3. 薛小英老师和“读书名片”

“读书名片”是薛小英老师的一个创造，它由“读书篇目”“古诗篇目”和“自创栏”三个板块组成，每个学生每月制作一张名片。月初，薛老师根据学生的“提案”，制订出适合学生阅读、背诵的材料，学生从中选择自己喜爱的篇目写进读书名片，作为自己本月的阅读、背诵目标。一般要求“读书篇目”5篇（长短篇兼有）、“古诗篇目”5篇，“自创栏”则由学生自由发挥，可以写上自我勉励的读书名言，也可以写本月的具体读书措施等。

笔者发现，在薛老师班级教室的后墙南侧整齐地罗列着学生的读书名片。据薛老师讲，张贴名片后，学生阅读、背诵的热情明显高涨了。

为了使这股“书香热”更具生命力，薛老师又煞费苦心地制订了一系列鼓励措施，如实行积分晋级制、授予“读书星”的称号等，定期开展赛诗会、故事大王擂台赛等活动。

三、活动激发读书热情

通过开展活动，让学生走进书的世界，是湖塘桥中心小学激发学生阅读的又一策略。在丰富多彩的活动中，学生可以感受到阅读带来的另一番景象，产生另一种激动。

1. 三分钟演讲

所谓三分钟演讲活动，就是在每天的语文课、英语课上课伊始，用三分钟时间，让学生轮流在班上当众演讲。这样，一学年中，平均每个学生都可以演讲三次。演讲的内容有时事评说、心迹表露、生活见闻、新闻点评、调查报告、读书笔记等。演讲活动不仅提升了学生读书的热情，还提高了他们的即兴演讲水平。

2. 小读者与大作家对话

每学期邀请作家来校，举行小读者与大作家对话活动。作家所讲，大都具有较强的人文色彩与文学品位，能令学生视野开阔，感受到课堂之外的文化风景。有的作家还会与学生现场对话、合影留念。学生为此兴奋不已，不少学生还将这种对话活动记录了下来。

3. 举办“好书飘香”读书节

学校每年都会组织“好书飘香”读书节活动，有古诗文诵读比赛、主题美文朗诵会、“我的佳作”诵读赛、童话创作比赛、读书心得比赛、读书手抄报比赛、中英文对照阅读活动等。为了参加这些活动，学生大都做了充分准备。读书节不仅使学生展示了自己的风采，还激发了学生的读书热情。

如今的湖塘桥中心小学在平民教育的发展道路上越走越宽。2006 年，奚亚英校长编著的《一所好学校是这样炼成的——常州市湖塘桥中心小学品牌建设之道》由人民教育出版社出版发行。2007 年，学校还被教育部、人事部联合授予“全国教育系统先进集体”荣誉称号。怀揣着“实现一个跨世纪的教育梦想”的奚亚英校长又走在了新的教育起点，她还要让学校成为促进师生成长的“超市学校”，成为心灵世界的“超市”、书海智慧的“超市”、多元发展的“超市”、幸福家园的“超市”，让从这里走出去的人都是幸福的人。

用读书改变生命状态的人

——聂明智校长的读书思考与行动

采访山西省运城新教育集团（包括运城市人民路学校、运城市新教育实验学校、运城市新港实验学校）聂明智校长已经很长时间了，之所以拖至今天才动笔，虽然与忙有一定的关系，但最重要的原因就是他太过丰富了，笔者很难在有限的篇幅内，囊括这位校长的丰厚思想与实践探索。即使现在写就的这篇文章，也只是选其关于读书方面的内容，写其某些片段而已。然而，就是如此，也足以令我们对他敬仰有加了。

父子因读书而心灵高贵

聂明智校长不但读教育方面的书，还读诗歌、小说等文学作品，以及宗教、哲学、文艺理论等方面的书。教育只是文化的一个分支，如果只读教育方面的书，就会“不识庐山真面目，只缘身在此山中”。读一些教育之外的书，就有了更加广阔的文化视野，就有了“横看成岭侧成峰，远近高低各不同”的多元眼光。同时，聂明智校长还喜欢读高层次的书，认为如果用大部分时间去读低层次的书，就等于经常与低层次的作者进行低层次的对话。“近墨者黑”，时间一长，也只能在低层次徘徊。而读高层次的书，就等于在聆听大师讲课，甚至是与其进行心灵的对话，久而久之，就会一步步向大师靠近，就有了超越常人的生命飞跃。

聂明智校长的读书习惯也影响了他的儿子。他儿子不但广博多览，而且特别喜欢读高品位的书。尽管孩子没有考上中国的名牌大学，但聂明智校长认为，不能以考上的大学是不是名牌来衡量孩子水平的高下。他儿子到北京参加国资委下属的一个公司的竞聘，竞争对手有一般大学的研究生，也有北京大学、人民大学等名校的研究生，而且他们的个人简历都写得特别精彩。可他儿子的简历写得相对简单，只是简单的介绍而已。可是，他的笔试成绩相当不错，特别是面试的时候，负责面试的人在问他读了哪些书时，他重点谈了黑格尔、康德、尼采、叔本华等人哲学方面的书。负责面试的人又让他谈谈西方哲学史等似乎与招聘无关的高深知识，他如探囊取物般侃侃而谈。这令负责面试的人很佩服。结果，他被录用了。

聂明智校长认为，家长要关注孩子读书这件事，特别是要让孩子读高层次的书。家长不能只将目光盯在孩子考什么学校上，更要关注孩子一生的发展。聂明智校长很为自己儿子因读书获得不断成长而自豪，他让笔者看儿子给他发的短信。这一看，还真是为之惊叹。其中一条是这样的："旁观者对当局者的指导意义微乎其微，事非亲历难从其中获得主动性、创造力、行动力和执行力。何况经验本不足为戒。"如果没有一定的文化品位，绝对写不出如此有思想、有文化的短信来。

笔者在采访聂明智校长及运城市人民路学校的时候，感触特别深的就是他们学校的文化——以读书为核心的校园文化。其实，校长的文化品格必然直接影响学校的文化建设。从某种意义上说，一个人与一个人、一所学校与一所学校竞争的关键在文化上。运城市人民路学校之所以发展迅速，显然与校长聂明智的文化追求有着内在的联系。

校园读书文化日益彰显

走进运城市人民路学校，你会立刻感受到校园里散发出的浓郁的文化气息。在人民路学校教学楼的醒目位置，"每月读一本书"六个金色大字闪闪发光。这句朴实的话语，是这所学校最直截了当的办学目标。

当然，校园文化不是停留在外显的标语层面，尽管学校办学条件不是很好，但拥有价值超过50万元的图书。这些书还是不能满足学生的阅读需要。聂明智校长介绍，每年学校还要补充数万元甚至十几万元的图书。

聂明智校长认为营造书香校园一定要解决好四个问题。一是解决读书的时间问题。现在全国不少学校都重视学生的阅读，经常开展营造书香校园的活动，但很少从课程中让出读书的时间。没有时间，读书活动往往成为一句空话。运城市人民路学校学生读书的时间统一安排在中午到校后的20分钟，称之为"午读"。聂明智校长是这样看待他们的"午读"的：学校开展读书活动，最终目标是让学生喜欢阅读，养成阅读的习惯，成为热爱读书的人。要养成习惯，最好的办法就是在固定的时间坚持做同一件事情，如同我们每天早上的洗脸和刷牙一样。二是必须解决书籍问题。他们和别的学校不一样的是学生不用到阅览室借阅，书都放在教室的书柜里和窗台上。聂明智校长认为，要想让学生能够真正开始阅读，必须最大可能地给学生提供方便。三是必须解决读书的品位问题。儿童应该读适合他们年龄的书，比如童话，儿童过了一定年龄就可能读不进去了。而让儿童去读四大名著，可能会让他们产生一种阅读的恐惧感，甚至根本就读不进去。四是改变学校领导、教师的教育观念，坚定不移地推动儿童阅读活动。

我们做每一件事，首先应有务实的态度。聂明智就属于务实派的校长。他“每月读一本书”“六年读书一百本”的目标，是经过仔细计算后提出来的。在学校的楼道里还有“日读十页，六年为成”的文化标语。他是这样计算的：每天中午读 20 分钟，每两分钟读 1 页，每天中午即可读 10 页，每月学生在校 22 天，每个学生每月则可阅读一本约 200 页的图书。放假 3 个月的时间，要求学生读七八本书，这样，6 年就可以读完 100 本书。

因为有这样的目标，因为有这样的务实态度，在学校里，随时可以看到学生读书的身影。课间，有的学生坐在教室里读书；中午休息，学生缠着父母或生活部的老师要求再读一会儿书；下午放学，学生不回家，钻进校门口的书店，或坐在马路边，聚精会神地阅读自己喜欢的图书。聂明智校长说，在学校，他最惬意的是中午那 20 分钟的读书时间，学生都能坐在教室里读书，那种感觉真好。而他则将此称为“静悄悄的革命”。

不遗余力抓阅读

其实，学校的阅读活动看似简单，无需教师备课，无需教师批改，让学生坐在教室里读书即可。但要想真正使全体师生走进阅读、喜欢阅读，并非一件容易的事。

聂明智校长说，检查阅读情况时会发现，有的班级可能有 98% 的学生在阅读时很投入，有的班级则可能为 95%，而有的班级还达不到 90%。其根本原因在于教师的观念和责任感，以及读书方法指导上。

我非常感叹聂明智校长对读书问题的深层次研究。他说，一定要解决教师的认识问题，要天天坚持检查读书情况，要不断加强对阅读方法的指导。阅读活动刚开始实施的时候，不少教师的观念没有转变过来，是学校的检查及时纠正了教师的行为。聂明智校长说："我们开展这项活动已经4年了，4年来，教学检查重点都放在了阅读活动上，没有检查的督促，很难达到今天这个程度。无数次的检查，无数次的会议强调，才使学校的阅读活动基本让人满意。"

阅读必须有人引导。学校要求午读时间教师必须坐在讲台上，和学生一起阅读，不允许处理班级事务、批改作业和日记，不许无所事事。不要求学生做好词好句摘抄、写阅读笔记之类的活动。因为开展阅读活动，首先是为了让学生喜欢上阅读，让学生养成良好的阅读习惯，如果让学生写读书笔记，可能会导致学生不能坚持读完一本书。

并不是每个学生都能一下子喜欢上阅读。从一年级开始，学校首先给学生读绘本故事，半个学期，新港实验学校给学生读过的绘本有80多本，他们计划一年级学生要读100本绘本。在一年级和二年级上半学期，每天的午读由教师读书给学生听，通过这样的方式引导学生喜欢上阅读。每天中午，都能听到教师给学生读书的声音；很多时候，还能听到学生不时发出的笑声，那无疑是学生随同教师走进了书的世界。聂明智校长说，要想营造书香校园，要想使学生都能进入阅读状态，没有这样的功力和定力是不行的。

即便如此，还是有个别学生进入不了阅读状态。这是什么原因呢？聂明智校长说，必须追溯语文教学的问题。当下许多语文教师不重视学生的朗读，在朗读时间总让学生去齐读课文；甚至一些教师不负责任，对学生关注不够，缺少阅读指导，使得学生阅读能力较弱。学生读不好课文，磕磕绊绊，达不到正确流利的程度，也就进入不了阅读状态。聂明智校长极力呼吁语文教学一定要解决朗读的达标问题，不然，可能会出现学生一辈子都不喜欢阅读的情况。

聂明智校长把读书时间以月为单位分成前后两段，前半个月为学生的共读时间，后半个月为学生的自由阅读时间。共读解决学生读书的深度问题，自由阅读关注学生读书的广度问题。在共读时间，学校会安排一节导读课和一节交流课，在自由阅读时间，学校会安排两节汇报课，以检查学生的读书情况。

如果不是采访了聂明智校长，不会想到在推进儿童集体阅读活动中，会有这么多的问题需要研究，需要探索；也不会体验到，你所认为的简单的阅读活动，会渗透校长和教师如此多的心血。

买书送书成为习惯

为了建设学校，聂明智校长欠了很多钱，所以，在花钱上，他总是斤斤计较，甚至有人说他有点抠。可是，一说到买书，他立刻慷慨大方起来。有一次，他在书店发现一本书，觉得对教学很有帮助，于是买了回来。读完后他感到，教师如果读了这本书，一定会很有助益。于是，他给学校每位教师都买了一本，并送给了兄弟学校100多本。他认为，读书可以改变人的命运，好书更是如此。给教师买书、送好书于人、推荐好书让人买，都是功德无量的好事！

一次，聂明智校长在书店买到《哈佛家训》和《美德书》，读后他觉得非常好。他想着，如果能让家长读一读，会在很大程度上改变家长的教育观念与行为。于是，他把这两本书首先推荐给了教师，教师又很快推荐给了家长。

很多家长因为学校的倡导而爱上了读书，从而改变了自己的人生走向。

有的家长到书店，更多的是给孩子买练习题、作文选之类的书。这些书大多不会对孩子的生命成长起决定作用。作为校长，聂明智总有一种使命感，那就是不断发现好书，不断向家长推荐好书。

聂明智校长不但买书，还送书。他是一个对书情有独钟的人，却不把自己心爱的书珍藏起来，认为这么好的书只有他自己阅读有点太可惜了。所以，他经常把读过的一些好书赠送给教师、家长、学生和朋友。学生们得到了签有校长大名的书，高兴得又蹦又跳，而且会非常认真地阅读。聂明智校长便把用书奖励学生作为教育的一个法宝。

聂明智校长每次到其他学校参观考察，都要看看学校的图书馆和阅览室，看看有多少书，书的质量如何，然后提出建议，让他们购置什么样的好书。他认为，不管学校建得多么漂亮，如果没有足够数量的好书，没有师生对阅读的热爱，都称不上真正意义上的好学校。

学校的门面房要出租，聂明智校长提出了一个前提条件，那就是开书店，否则，不管给多少钱，一律免谈。他说，让师生一出校门就看到书店，一看到书店就想买书，买了书就必然要读书，书读得多了，素质教育不就搞好了吗？现在，这家书店开得红红火火，聂明智校长更是这家书店的常客。

最近几年，聂明智校长先后为教师买了很多好书，如《爱的教育》

《给教师的建议》《第五项修炼——学习型组织的艺术与实务》《新教育之梦》《学校是一段旅程——华德福教师手记》《教师人文读本》《孩子们，你们好！》《怎样观课议课》等。为了促进教师的阅读和学习，学校每年为教师订一种教育杂志，为全校教师解决上网问题，每年都为教师购买图书。

通过读书改变教师的生命状态

有些教师认为，只要认真备课，就能够教好学。事实上，这样的教师即使“蜡炬成灰泪始干”也逃不脱教书匠的怪圈。究其原因，关键是他们只在教材和教参上转圈子，缺乏广博的阅读。虽然教学尽心尽力，却总是讲别人的话语，重复他人的思想。他们没有属于自己的思想活水，没有文化的不断生成，只在“鹦鹉学舌”层面行走，不管如何兢兢业业，都不是真正意义上的好教师。要想改变这种生存状态，必须多读书。

聂明智就是一个试图通过读书改变教师生命状态的校长。

参与全国著名教育家朱永新教授的“新教育实验”后，“营造书香校园工程”令聂明智校长有一种顿悟的感觉。他从中获取的不只是经验层面的东西，还有理论的支撑和精神的洗礼。

有些教师很担心，如果因为读书而影响了教学，影响了学生的考试成绩，谁来承担责任？聂明智校长说：“谁也不用担心。”他在全校教师大会上公开宣讲：“如果哪位教师因为读书而影响了学生的考试成绩，不会受到任何批评与惩罚；即使所教班的学生考试成绩全校倒数第一，也不会受到领导的指责。”在他看来，读书是百年大计，为考试而教只是一时的功利行为。不断读书才可以提高个体文化品位，长期坚持下去，才能积淀厚重的文化。即使有的教师因为读书而影响了备课，那也是为了未来更好地教学。所以，他所领导的三所学校的教师，绝大多数都喜欢上了读书。现在，教师们见面之后的第一句话大多是：“你最近读的什么书？”

读书多了之后，教师的教学改革也自动启动了。高丽霞老师只用了两个月的时间就将全册语文教完。此后，她去贵州支教一个月，更多时间是让学生自己读书。学生的考试成绩如何呢？她教的班竟然考了全校第一名！相反，有一位教师天天待在班级，总是让学生做各种各样的练习题，别的教师开展读书活动的时候，他还在班上辅导学生作业。结果怎样呢？考试成绩倒数第一名。在聂明智校长看来，那些不喜欢读书的教师，缺少的不只是知识与智慧，还有教育思想与自信。由于自己没有思想与文化，没有心灵的支撑，只好让学生做那些没有多少价值的练习题，考试成绩越来越差也就不足为怪了。教育部门对学校学生的学习进行抽测，结果他们学校的语文平均分比其他学校高出 10 分之多。

读书不但可以提高教学水平，还可以提升人生境界。一个经常读好书的人，会变得宠辱不惊，会感到生命在不断成长。据聂明智校长讲，获得“学校最爱读书人”称号的姚平均老师虽然大学学的是食品专业，但由于读书多，他的计算机软件开发能力也很强。他读了很多高品位的书，气质高雅，从不计较个人得失。教师除了要有文化品位之外，还需要有高尚的人格。而像姚平均这样的教师，正以精神与思想无声地影响着学生的生命成长。

在办学过程中，聂明智校长最强烈的愿望是让教师多读书，读好书。为了促进教师读书，2006 年，人民路学校组织了 38 场教师读书沙龙。聂明智校长也是读书沙龙的积极分子，他结合自己一年所读的 50 多本书，讲述感受，叙说体会。他经常阅读与回复教师的教育随笔，对于写得好的随笔，他会很高兴地赞扬一番。而他写了随笔，也会发表在校园网上，教师们也会给予评价。

学生读好书比得高分更有价值

在一般人看来，学生的学习成绩是最为重要的。可是，在聂明智校长看来，读书比分数更重要。事实证明了聂明智校长的断言——人民路学校的学生 6 年至少要读 100 本书，学习成绩却一直在全市名列前茅。聂明智校长对笔者说，以前在他们学校上学的李谭同学，由于读了大量的书，不管在什么场合，不管面对什么人，都可以从容而谈，而且语言生动、举止得体。上了初中之后，他继续大量阅读，学习成绩始终名列第一。其实，有好多东西，求之未必得到；而有的东西，不求却可以自得。所以，孔子说：“勿欲速，勿见小利。欲速则不达，见小利则大事不成。”读书，正是能够见大利和成大事的必由之路。

聂明智校长谈到自己的办学理念时说，要全面实施素质教育就要重视学生的心灵成长和精神成长，实施素质教育首先离不开读书。学生的智力发育，离不开语言的发展，要想培养学生的想象力必须从小为他们播下想象的种子。学生书读得多了，不仅可以打开智慧之门，提升思想品格，还可以获得心灵的愉悦，更重要的是能对他们一生发展起到积极作用。其实，有很多学生读书的数量远远超过了学校的规定，因为学生从读书中获得快乐之后，读起书来就会乐此不疲。笔者采访一个二年级的学生时，发现他一学期就读了 32 本书；而一个四年级的学生，一学期竟然读了 70 多本书。他们非但没有因为读书影响学习，成绩反而越来越好。

这是笔者从新港实验学校一位实习教师的教育随笔中发现的一篇题为《走进“502 胶”》的文章：

“人，宛如一片天空，朋友、哥儿们就如满天繁星，不断点燃你孤寂的心灵。我独自孤单地过了很长时间，从没想得到朋友。新港实验学校，是一个‘502 胶’的制造厂……”

这是一个六年级学生写的。对于他我心里总有一种莫名的感觉，是惊奇、赞叹，还是疑惑不解？我不得而知，只是觉得似乎在等待着什么。

今天，终于打开了这个心结，也许我所等待的已经等到了——我见到了这个六年级学生——卜伟哲。

我借了他的日记本，企图从日记中解读这是一个怎样的学生，寻找究竟是什么原因使得新教育旗帜下培养出了这样优秀的学生。

一页页日记翻过，一行行文字看过，虽然早就预料到其文笔不凡，却还是有种意料之外的感觉，几乎是篇篇精彩，篇篇都有亮点。或是一个新颖的词语，或是一句奇妙而又饱含哲理的句子，或是一个发人深思的道理。比如，“教学楼如一个沉思的老者睁开了双眼。”“作业是一间牢房，牢牢地将我们锁在其中。作业的多少就如牢杠的宽窄。宽的，你可以出去玩；窄的，你无论如何也出不去。”“天下的父母都如此，为我们付出了无数的爱，为我们暖过无数次手脚，可当我们被书上的文章感动得热泪盈眶时，却不曾回忆起身边真实的故事。”

他站得高，望得远，一出笔，便有文思泉涌之势，行笔中流淌出一种俯视大众、谈天论地、包容万物的大气。同龄人笔下的文章大都是写与自己生活相近的故事或道理，对于离生活较远的事物，或是因想象力的欠缺而敷衍成文，或是蜻蜓点水般一掠而过。卜伟哲则不同，如“寂寞是一种无形的监狱”一句给人曲高和寡、高处不胜寒之感。大凡有才之人，如李白、鲁迅、毛泽东等都会有一种文人的清高孤傲和不屑世事的品性。想起刚才向他借日记本时他那淡漠的眼神，我想确实如此。

聂明智校长认为，读书多的学生，潜力是巨大的。现在的成绩优秀只是一时的显现，而在未来的发展中将会更加彰显。

聂明智校长不但要求学生读书，还要求学生有自己的读书名言。拥有了一定读书量的学生，其名言也就有了一定的文化品位。笔者随便问了几个学生，他们个个都能脱口而出：“不读书就像一个房子没有窗户。”“一个城市要想有魅力，这个城市的市民必须读书。”“一个校长不读书，这所学校就没有魅力。”“先当哑巴后读书，没有感悟不动笔。”名言承载的不只是语言，还有走进他们心灵深处的道德与思想。从某种意义上说，读书改变了学生的学习与生活。

采访中，笔者发现，读书还改变了孩子在家的生命状态。在与一些家长交流时，他们都谈到了自己孩子的变化。有的说，孩子以前根本就坐不住，不要说读书了，就连写作业也是写一会儿玩一会儿。现在不同了，孩子都成“小书迷”了，有时吃饭都叫不动。有的家长反映，孩子比以前懂事了，品德好了。聂明智校长认为，好书在潜移默化中影响着学生的发展。因为好书不但流淌着智慧的光华，还摇曳着思想的要义。长期阅读，就等于长期接受思想教育，而且这种思想教育是无声的，是有穿透力和长久性的。

有人说，现在的学生负担这么重，再让他们读那么多书，会不会增加他们的负担呢？其实，真正意义上的减负，应当减去的是那些没有价值的、过重的课外作业，没有价值的课堂上的泛泛之讲，特别是那些伤害学生的、无形的心灵惩戒。而读书则让学生在不知不觉中积累起丰富的知识，形成了属于自己的智慧体系，进而提升了快乐指数。你只要看看学生读起书来快乐无比的样子，就知道读书可以让学生的心灵轻松起来了。既然读书可以减轻学生的心理负荷，提升学生的生命质量，作为校长，为什么不一如既往地走下去呢？

聂明智校长不仅在他所带领的三所学校大力推进阅读活动，还经常到其他市、县的学校推动和指导阅读活动。周边省、市的学校也经常到他们学校参观学习。聂明智校长每天总是乐此不疲地向家长、教师、朋友和参观者讲述阅读的重要性。有人说，聂明智校长太累了。可是，笔者觉得他天天都很快乐。他说，能让更多的学生喜欢上读书对他来说就是最快乐的事，而且这种快乐是其他快乐无法比拟的。因为读书能改变学生的心灵，改变未来一代人的命运，改变我们的教育，让我们找到自己的精神家园。能为推动儿童阅读做一点儿贡献，聂明智校长感到一种心灵的愉悦和幸福。

永远走在行知路上

——杨瑞清的心灵境界与实践行动

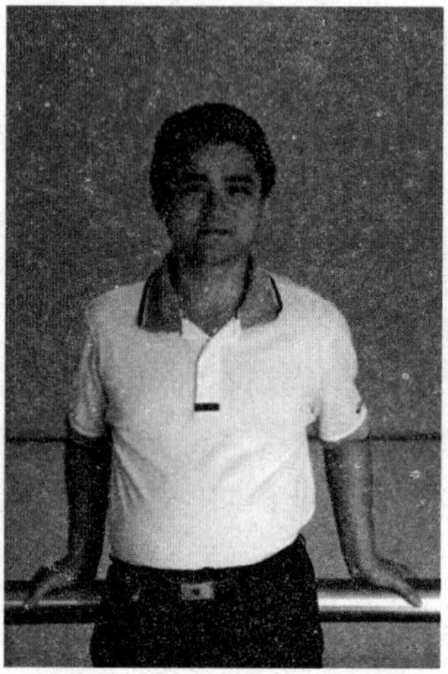

杨瑞清在南京市浦口区行知小学（原江浦县五里小学）已经工作了27年，一些人认为这里条件太过艰苦，他却认为是这个地方让他实现了自己的人生价值。他为自己确定的人生价值公式是：人生价值＝奉献量÷获取量。他认为，用教师的奉献量除以获取量，完全可以获得很大的商数，实现崇高的人生价值，找到人生的平衡点。

行知小学是他永远的牵挂

经济不发达地区的孩子上学，有的就是为了走出困境，希望过上心向往之的城市生活。可是，从农村走出来的杨瑞清似乎是一个“另类”，他是主动要求到偏僻的农村小学去教学的，即使有了进城的机会，他还是心系农村教育。

一、到最偏僻、最艰苦的地方去教学

杨瑞清自幼家贫，父母都是老实巴交的农民。由于爷爷是地主出身，杨瑞清就成了“黑五类”的子女。在那个年代，受人歧视，遭人冷落，就成了一种必然。生活在被孤立、被压抑的环境里，他由此形成了自卑的性格。

1978年，杨瑞清考入陶行知创办的南京晓庄师范学校，这是他命运的一个转折点。在那里，他从知识里获得了自信，从老师和同学那里获得了温暖，尤其是从陶行知那里寻到了人生的坐标。他觉得陶行知有近乎完美的人格，是他心中的偶像、永远的精神导师。于是，从行动到言语，他都会有意无意地模仿陶行知。陶行知的乡村教育思想开始在他的心里扎根。毕业前夕，同学们大多编织着城市就业梦想，他却写出了一封“另类”的

决心书。

1981 年的“五四”青年节，早饭后，杨瑞清与同学李亮一起，郑重地向校长递交了一份决心书：“学陶师陶，到最偏僻、最艰苦的地方去办学教书，让农村的孩子也受到最好的教育！”他说：“我来自农村，看到了农村教育的落后，很多农民的孩子不能上学，不能上好学。我要学习陶行知先生，为乡村教育的发展做出自己的贡献。”

校长很欣赏这两个小伙子的勇气与品格，答应了他们的请求。于是，他和李亮来到了偏僻的江浦县五里小学。当时，这所小学只有 7 名教师、150 多名学生、几间透风漏雨的教室和一些破旧的课桌凳。但杨瑞清认为，这里正是他实现生命价值的地方。

杨瑞清要求从一年级教起，并将所教的班命名为“行知实验班”。开学前，他一一进行了家访，与孩子手拉手地谈话，与孩子的父母闲话家常。家长感到这个新来的教师特别真诚、纯朴，就像自己的孩子一样。他们感到，把自己的孩子交给他，心里特别踏实。

二、辞去团县委副书记职务

杨瑞清的乡村教育工作赢得了人们的普遍赞誉，1983 年 5 月，他被破格提拔为团县委副书记。人们对他的高升表示祝贺，他却一点儿也高兴不起来。他的眼前一直晃动着孩子们的身影，耳边一直回响着乡亲们的话语。很多场景就像电影一样，在他的眼前一幕幕拉开——告别班会上，孩子们一个个哭成了小泪人；在田大伯说“我们舍不得你离开”时，好多家长已经泣不成声——

直到今天回忆起当时的情景，杨瑞清的眼里还噙着泪水。他说，那些天，他做梦都在想着五里小学的学生、教师和家长。于是，他做出了一个令人意想不到的选择：向县领导递交了一份“思想汇报”，请求辞去团县委副书记职务，重新当一名普通的乡村教师。他说：“做共青团工作，不缺我一个；扎根乡村教育，不能再少我一个了！”县委领导被感动了，在团县委工作了四个月后，杨瑞清又回到了他日夜牵挂的五里小学。

杨瑞清回来了，五里小学的师生一下了把他围了个水泄不通，村民们放下手中的农活，也都奔向了学校。此时的杨瑞清一下子找到了久违的感觉，回到了那个真正属于自己的家园。

紧接着，村民们用不多的积蓄自发为学校集资 10 多万元，给回校的杨瑞清送上了一份厚重的礼物。于是，学校的办学条件得到了改善。

三、坚持走在行知路上

杨瑞清被评为全国十杰中小学中青年教师、全国师德标兵后，成了名人，有人劝他趁机会换个岗位，到在一般人看来特别好的地方去，但他的选择仍然是“办行知小学，教农民孩子”。多年来，人们对他有不少夸奖，也有不少非议，有人说他高尚，有人说他勤奋，有人说他聪明，也有人说他虚荣、说他爱出风头。但是，杨瑞清认为，这些说法都不够准确，在他看来，自己还说不上高尚，也并不虚荣，只是坚持而已。他在一所乡村小学一干就是20多年，一直坚持走在行知路上。一心坚持，使杨瑞清在行知路上找到了人生的立足点——生命的根基，有了这个根基，就会获得源源不断的力量、源源不断的滋养，从而生出自信心来。有人对他说：“你真不容易啊，在那个落后的地方干了20多年，多么苦啊！”杨瑞清却说：“人的生命其实是很脆弱的，如果只有一个苦字，20多年谁也支撑不下来。我觉得我感受更多的是做一个乡村教师的快乐。我是人苦心不苦，人累心不累。农民朋友总是心疼地说我‘忙死了’，我总是告诉他们我是‘忙活了’。”

杨瑞清对笔者说，他还有15年就退休了。他还会一如既往地在这所学校工作，因为他的心已经拴在行知小学了。

20字成长准则

杨瑞清有一句“名言”：成长才是道理。成长是对自身的肯定，也是增强自信的动力源。杨瑞清认为，强调自身的成长，对农村教师有着特殊的意义。农村教师可以不进城，可以不被提拔，也可以不发财，但是不可以不自信，不可以不快乐，不可以不成长。校长的重要使命，就是确保教师在农村学校不封闭、不僵化、不落伍。如果因为在农村工作，学校偏僻，信息闭塞，就封闭了、落伍了、不成长了，那么，不管你经历过多少波折，有过多少辉煌，都会在未来的发展中被淘汰。他认为，在农村教学是有点苦，却可以激发自己的斗志；农村学校虽然封闭一点，但受的干扰少，教学改革的环境比较宽松。从成长的角度来讲，农村学校是一个非常好的地方。因此，他要扎根农村，在这方沃土上干出一番事业来。

思想决定行动，于是就有了杨瑞清的20字成长准则：躬于实践，勤于读书，善于交友，精于思考，乐于动笔。

一、躬于实践

走行知之路，首先就是一个“干”字。所以，必须扎扎实实地实践，而且全部是农村教育的实践，包括扫地、擦桌子，包括忍受贫困，承受痛苦。这种经历是一笔精神财富，是走向成功的基石。

杨瑞清认为，他走过的路，就是一条实践的路。没有这 20 多年的实践，就没有今天的成就。他说，任何人坚持20 年，都会有所作为。

二、勤于读书

读书是成长的阶梯。杨瑞清就是伴随着读书成长的。不过，他的读书与众不同，他主要读三本书：一是读行知这本“大书”，百读不厌，凡读都有收获；二是读实践这本“活书”，将根深扎于乡村教育沃土之中，从实践中获取真知；三是读生命这本“天书”，即从与自己打交道的学生、家长、同事、专家、学者那里汲取营养，这是一本蕴藏着生命的“天书”，用心去读，就会感受到生命的成长。

三、善于交友

杨瑞清交友，是“以文会友，以友辅仁”。他通过交友，使自己和教师、学生学到更多的东西。行知小学声名远播之后，不少专家、学者包括国外的朋友纷纷来校考察，杨瑞清就抓住这些机会向他们学习，开阔自己的视野。

2005 年 5 月，新加坡南洋小学 50 名师生来校开展中国文化浸濡活动。此前，杨瑞清给行知小学的学生播放了南洋小学的宣传片，并让学生谈谈感受。有个学生说：“他们在天上，我们在地上。”很显然，行知小学的学生缺乏和国外学生交往的信心。在教师的热情鼓励和精心引导下，学生逐渐能和新加坡的小朋友大方、自如地相处了，他们虚心向英语强、见识广的新加坡小朋友学习，又凭借自己熟悉中国文化和农村生活的优势，以主人翁的姿态主动为新加坡小朋友提供帮助。两个不同国度的孩子们很快成了好朋友。现在，行知小学的学生正在努力学习使用电子邮箱，他们要通过网络和新加坡的小朋友倾诉友情。

现在，新加坡已经有几十所中小学和行知小学取得了联系，纷纷组织学生来行知小学开展中华文化浸濡活动。行知小学每年也会组织部分教师和学生到新加坡进行访问交流。

有人请杨瑞清到上海介绍实践经验，他向对方提出想带教师去学习的想法，而且希望对方在上海帮忙联络几所想去学习的学校。他的要求得到了满足，他和教师们到了上海最好的几个学校学习，还拜访了一些很有声望的专家、学者，学到了很多在学校里学不到的东西。

四、精于思考

思考的关键不仅是将理论内化，还在于形成自己的人生感悟，提升自己的境界，构建自己的思想体系。笔者在与杨瑞清交流时，特别欣赏他超越常人的生命感悟。比如，对于教育效果的看法，他就很有自己的见解。他说，有三个词都可以用来表现教育的效果，一个是“成绩”，一个是“成功”，一个是“成长”。这三个词实际上表达的是三种不同的教育境界：不必太看重“成绩”，成绩并不一定导致成功；不必太看重“成功”，成功并不一定导致幸福；真正应该看重的是“成长”，这是教育的最高境界。人们常说“不让孩子输在起跑线上”，可他更喜欢“不怕孩子输在起跑线上，不让孩子输在终点线上”。教育的目标要指向学生一生的快乐幸福；在教育过程中，要从现在就快乐、就幸福，要让学生拥有快乐幸福的童年。

五、乐于动笔

杨瑞清到行知小学之后，就没有停止过写作。现在，他已经写了150多本笔记，多达六七百万字。在他看来，写作是对自己生命经历的收藏，是一种超越世俗存款的“文化储蓄”。

他送给笔者的个人专著《走在行知路上》迄今还摆在案头，一读再读，感到里面有着太多精神与心灵的东西。杨瑞清是用生命写书的，而由于生命的快乐，他的苦难经历都有了美的韵律。

全心成长，使杨瑞清在行知路上找到了人生的制高点。这个制高点不是一定跟别人相比，主要是对自己的生命而言的。充分地发挥自己的潜能，拓展生命的空间，就找到了自己生命的制高点。而且，这个制高点是没有限制的，因为成长是没有止境的。

2000年，在人民大会堂，面对4000多位听众，杨瑞清从容地讲述了行知小学的昨天与今天，动情地讲述了他和师生们的成长历程，博得了听众一次又一次热烈的掌声。他说，他感到那是一种超越寻常的幸福，那是行知小学和他自己生命的一次巨大飞跃。

让城里孩子走进原汁原味的乡村生活

据杨瑞清介绍，前来行知小学开展交流活动的城里孩子在进行阅读、演讲、陶艺、娱乐等活动时，基本上是“就地取材”，用行知小学现有的教室、活动室和场地；更多的社会实践活动，则利用大自然和农村生产、生活的丰富资源。这些资源无须投资，但由于是原汁原味的乡村生活，引起了这些城里孩子的极大兴趣。

一、“三农”资源变成学生课程

杨瑞清在“三农”即农村、农业、农民上大做文章，组织城里孩子收庄稼、喂牲口、夜半行军、野外生存、放烟花爆竹、到农民家去走访、跟行知小学学生交朋友。他们对采茶叶、刨花生、挖山芋、摘棉花、掰玉米、捡稻穗等农事劳动都非常感兴趣。学校还准备了一块荒地，每有城里孩子来学校交流，都要让他们尝一尝使用大铁锹翻地的滋味。更为可贵的是，杨瑞清并没有随意安排这些活动，而是将它们课程化。

第一类课程叫“学习农村科技”。乡村里处处有科技，如种植、养殖、环保、昆虫、岩石等，都是伸手能摸得到的科技。看的时候，好多城里孩子都会惊叹不已：“真没想到，原来农村处处有科技啊！”学校附近还有一个科技含量高的南京农业大学实验农场，在南京农业大学教授的指导下，孩子们体验了种植或采收过程，特别高兴，感觉这是一个很迷人的劳动过程。

第二类课程叫“了解农村建设”。组织城里的孩子走村串户，了解农民种什么、养什么，农民怎么办工厂，让他们就土地资源、环境保护、农村教育、农民负担、风土人情等问题开展调查，进行研究性学习。农民的淳朴和善良、疾苦和希望，深深地打动了孩子们。

第三类课程叫“体验农村生活”。粗茶淡饭、简单洗浴、夜半行军、野外生存等，都属于地道的农村生活。登山、野炊、篝火晚会，孩子们或在操场中间点燃篝火载歌载舞，或在空旷的田野里燃放烟花爆竹，体验大城市里想过又过不上的狂欢生活。

“三农”资源几乎没有成本，却又独具特色，深受城里孩子们的欢迎，他们感受到了新农村的新生活，并在潜移默化中，受到了热爱农村的思想教育。

二、“艺莲苑”和“浦禾苑”让城里孩子大开眼界

2007年8月9日上午，笔者与杨瑞清到学校东边的“艺莲苑”和南边的“浦禾苑”观看自然美景，感受乡村气息。据杨瑞清介绍，这两个农场的主人和他一样，都荣获过南京好市民的称号，是他专门邀请来的著名的农民企业家。

“艺莲苑”的主人丁跃生是“江苏省十大杰出青年农民”。2002年，他租下了行知小学东边的200亩地，种植了700多种荷花，先后培育出70多个新品种。他出版了3本专著，还被选为中国荷花新品种鉴定委员会的5位专家之一，系南京林业大学研究生的指导老师。丁跃生还专门建了2000米的荷文化长廊，展示与荷花有关的诗词歌赋、书法绘画、食物药物等研究成果。

每有外校学生来，杨瑞清就会带他们到园子里走走，一边劳动一边赏景一边讨论，大家常常把看到的、学到的归纳为5个字：第一个字是“美”，每年从5月份到11月份，无数个品种的无数朵荷花在那里竞相开放，孩子们都不由得惊叹道：“真没想到，种田也能种得这么美！”第二个字是“富”，种田也能种得那么有钱，那么富有，生活过得那么潇洒。第三个字是“高”，科技含量高，丁跃生甚至用伽马射线对种子进行辐射，促使其产生变异，从而培育出新品种来。第四个字是“苦”，创业艰苦，丁跃生可不是突然就富起来的，而是苦过来的。第五个字是“乐”，苦中有乐，丁跃生每天乐呵呵的，总是那么幸福。孩子们说，如果能像丁老师这样，这一辈子也就很成功、很幸福了。

“浦禾苑”的主人马飞是杨瑞清2003年请来的。他能种出80多种枣树，当家品种“霸王枣”像鸡蛋那么大，其品质在全国名列前茅，被评为江苏省十大名果之一。他还出版了有关大枣种植的科普专著，时不时地还会写上几句诗，并把他的“枣园诗篇”拿过来与师生分享，请求大家给予指正。后来，杨瑞清把行知基地租用的土地让马飞帮着种上了桃、李、杏、梅、石榴、枇杷、无花果等，使其成了一个名副其实的“百果园”。从城里来的孩子们常常情不自禁地说：“啊！真是大开眼界！”

杨瑞清说：“我们都非常珍惜我们三家的合作，大家相互尊重、相互勉励、相互支持，内心充满了感激，充满了快乐。在我们心中，果园也是校园，花园也是校园，是做大了的校园，做美了的校园。”

杨瑞清对笔者说，行知小学利用既有资源和这两个园子建起了一个社

会实践基地，投入数百万元盖起了可以容纳700多人的楼房。基地每期可以接待700名中小学生开展社会实践活动。每逢假期，特别是暑假期间，全国各地不少学生便会慕名而来。他们已先后接待了10多万名学生。2005年以来，每年都有1000多个孩子到这里开展夏令营活动。

学校成为农民的精神家园

杨瑞清认为，每个人一生当中都要扮演很多不同的角色，但对他来说，有两种角色不会改变，就是他既是受教育者，又是办教育者。农民也扮演着这两种角色。杨瑞清在深入乡村研究之后发现，农民可以不读书，可以不学知识，但是，他们需要文化，需要精神生活，需要成长。他们除了种田，也希望了解社会上出现的新事物、新风尚，甚至希望了解国家大事、世界大事。而学校是满足他们这些需要的重要场所。在杨瑞清看来，学校不仅仅是适龄儿童学习的场所，还是农民的精神家园，是先进文化的辐射源。他和教师共同努力，为农民开办了扫盲班、实用技术培训班、夜高中、家长学校，先后参加学习的有几千人次。

同时，学生也是文化的传递者，在很大程度上，学生可以满足农民的精神需求。学生对家长的影响是潜移默化的，这比把农民拉到学校里上课、给他们讲道理来得更为有效。于是，行知小学的学生成了“小先生”，几百名“小先生”在教师的引导下，不断向家长传递着法律常识、实用技术，与家长一起谈论环境保护、奥运会等话题，精神文明的新风就这样吹向五里村的家家户户。小学生成了传播文明的小天使，成了农村精神文明建设的生力军。

行知小学校园里有8棵柿子树，每到秋天，果实挂满枝头，把树枝压弯了腰。学生几乎天天在树下活动，却没有一个人摘食。他们都在盼望着金秋十月学校举办的“柿子节”。

在这个特殊的节日里，师生们才会收获这诱人的柿子，2000多个啊！馋得一些小学生直流口水。

杨瑞清对全校师生说，这可不是一般的果实，它有五种美好的含义：一是全校师生浇水施肥的“劳动之果”；二是师生自我约束的“道德之果”；三是写观察日记和做数学题的“智慧之果”；四是美化校园的“艺术之果”；五是城乡学生手拉手交朋友的“友谊之果”。

柿子分到手，并不能立即吃，杨瑞清让学生把这些柿子带回家，于是，红灿灿的柿子跟随学生走进了400多个农家院子，其蕴含的五种美好含义也传遍了全村。村民们都说："我们村被评为南京市农业现代化示范村，也有'小先生'们的一份功劳啊!"

提供精神食粮是杨瑞清为农民、为社区服务的最重要的内容。学校成了农民的精神家园，农民的精神得到了滋养。农民的精神得到滋养后又可以为学校的教育创造更好的环境，提供更好的资源。

生命感悟之后的心灵状态

一个人的心灵状态决定着一个人的生活质量，也决定着一个人的人生境界。在采访杨瑞清的过程中，笔者感受最深的就是他那健康的心灵状态。

一、永远是"太好了"

"太好了"，是杨瑞清对生命感悟之后的一种心灵状态。

有些人遇到一些不如意就会陷入苦恼甚至气愤之中，进而对他人形成一种伤害。循环往复，愈演愈烈。健康、快乐、友情等也就慢慢地失去了。而杨瑞清却一直健康着，快乐着，成长着。因为在他看来，所有的一切都是"太好了"。

不管遇到什么情况，甚至在一般人看来非常糟糕的事情，杨瑞清都以一种"太好了"的心态来面对。因为他认为可以从失败中汲取教训，坚信"失败是成功之母"。不过，他在"太好了"后面还会跟上一句"还能更好"。

大凡副校长可以做的事情，杨瑞清都会放手让他们去做，即使他们犯错误，也是"太好了"。因为虽然他们做错了，却可以从中获得经验、教训，从而更好地走向正确。任何人都会犯错，杨瑞清说自己就犯过不少错。如果把所犯错误作为走向正确的一种警示，那么将来"还能更好"。

杨瑞清对笔者说，新加坡一位教师有一年被邀请来行知小学交流六次。学校为什么这么钟情于这位教师呢？因为她的心灵状态"太好了"。她充满童心，快乐无比，每到一处，那里很快就形成一个快乐的中心。她的快乐不是一时的，而是有一种持久的动力。因为她懂得爱，将爱播撒到了行知小学师生的心里；而师生又将爱回赠给她，从而形成一种良性循环。

一个学生摔伤了，家长来到学校说了一些不好听的话。杨瑞清说，这也是“太好了”！因为这是一个让自己可以接受的代价，而且能让学校接受教训，增强安全意识，预防更加严重的事故发生。

农村条件艰苦，无论是生活所迫还是事业发展需要，教师流动都在所难免。以前，杨瑞清也曾为骨干教师的流失苦恼过，后来他想通了，换一个角度看，这其实是“太好了”。一个教师离开了，表明行知小学又为社会培养了一个人才，做了一份贡献；同时，也为行知小学的发展开辟了一项新资源。所以，要为有教师调出去而自豪，说一声“太好了”。

二、凡事都要感恩

有的人有了成就，往往认为功劳都是自己的。但是，杨瑞清认为，没有身边人的支持，没有这个好的时代，根本就做不好任何事情，甚至可能一事无成。杨瑞清说，学校能走到今天，他充其量只能给自己打1分，99分要给教师、学生、家长等。

爱祖国，就不能不爱占绝大多数国土的农村；爱人民，就不能不爱占绝大多数人口的农民。杨瑞清认为，国家把自己从一个农村苦孩子培养成教师，使自己成为一个有文化的人，自己就应该心怀感恩，感恩的最佳方式，就是干好自己所钟情的乡村教育。

有了这感恩之心，杨瑞清就不会自负，而是有了自知之明。他虽然成了名人，但人们感到，今天的杨瑞清还是昨天那个杨瑞清，谦和、自然、平淡。笔者要求在学校食堂吃饭，他说他也喜欢在那里就餐。午餐的时候，我们俩和老师们一起排队打饭，与一个打扫卫生的工人同桌就餐。他谈笑风生，特别快乐。

三、教育的本质是爱

杨瑞清认为，教育的本质就是爱，被爱、施爱和自爱应当是营造和谐校园、追求幸福人生的核心内容。

所谓被爱，就是要让学生切切实实感受到教师之爱、父母之爱、同学之爱、社会之爱，让每个生命都成为“爱的聚焦”。在理解“爱”的时候，人们大多只注意了“要爱”，使得一些“爱”变成“害”了。仅仅“要爱”还不够，还要“会爱”，也就是按照教育规律去教学生，让学生切切实实感到被爱，感到生命得到了呵护，从而产生前进的动力。一般在学校里，成绩差的学生往往感受不到被爱，留守的学生也感受不到父母的呵护。学校要营造一种让所有人都能感受到被爱的氛围，让每一个生命都感受到被爱的幸福。

爱是相互的，在被爱的同时，要学会施爱，即把爱施予别人。学校要引导学生爱父母、爱教师、爱同学、爱社会，让每个生命都成为“爱的源泉”。

所谓自爱，就是要启发学生充分肯定自己，爱护自己，让每个生命都成为“爱的堡垒”。

人不可能一直被爱着，有时会被忽视，有时会感到孤独。这时，就要会爱自己。杨瑞清认为，有的人稍不顺心就怨天尤人，甚至嫉妒别人，这是不自爱的一种表现。所谓“积善成德”，这个“德”就有自爱之意。过去，我们常常把教师比作红烛，燃烧了自己，照亮了别人。现在，我们在提倡无私奉献的同时，也不否认要爱自己。因为要想更好地为农村学生的成长服务，教师就要好好爱自己，好好关注自己的成长。

孔子的弟子问他什么是君子，孔子回答说：“君子不忧不惧。”就是说，君子不忧愁也不恐惧。弟子又提出疑问：“不忧不惧，斯谓之君子已乎?”孔子回答说：“内省不疚，夫何忧何惧?”孔子告诉他，反省自己，没有一点儿愧疚的地方，还有什么忧愁和恐惧的呢？是的，笔者在采访杨瑞清的时候，就感到他是一个不忧不惧的君子。即使有人对他的高尚情怀不理解，他也毫不在意。他对笔者说：“做得特别好的时候，也会有人骂我。我不生气，因为他骂了我他能舒服一点，我也会舒服的。有些事不必解释，时间可以证明一切。”他称这为自我消化，既不发泄，也不耿耿于怀。因为“内省不疚”，就不必放在心上。他甚至感到，自我消化可以生成一种智慧，进而化作生命的营养，转化为爱。他爱的理由只有一个字——缘。有血缘成了一家人，有因缘成了好朋友。在这个世界上，有缘在一起，就不应该成为敌人，而应该成为朋友。人生的方向可以说是一个“愿”字，带着这个“愿”，不断地表达自己的爱，收获自己的成长。大家都发出真诚的“愿”，珍惜缘分，就会收获快乐的成长。对有人提出的杨瑞清怎么就是对有的人恨不起来的疑惑，他都会“嘿嘿”一笑，算作回答。

杨瑞清认为，建设学校不是盖房子，学校，实际上是一个文化的堡垒。在农村办学校，就是要用文化改变农村人的命运。而文化中一个最为本质的东西，就是爱。

目前，行知小学已经取得了丰硕的成果——荣获了南京市人民政府颁发的“十五”素质教育创新奖，通过了“江苏省实验小学”验收，被评为“江苏省模范小学”“江苏省文明单位”和“全国青少年校外活动示范基地”，2007年被确定为“国家汉语国际推广中小学实习基地”。

2007年，南京市浦口区政府投资1.3亿元，开始建设省南京市未成年人社会实践行知基地，并新建行知中学、行知幼儿园。当时，杨瑞清非常高兴地对笔者说，到2008年底，一个集“科普活动中心”“文体活动中心”“乡村生活中心”“研究性学习中心”为一体的现代化建筑群将拔地而起，一所新型乡村学校将迎来它的跨越式发展。

用经典文化打造“儒雅校园”

——朱闩根校长的经典情结与学校文化建设

当今中国传统经典文化越来越引起人们的关注，安徽省铜陵市人民小学更是将经典融入学校文化建设之中。其校长朱闩根可谓真正意义上的古为今用者，厚重的文化底蕴不但在其身上体现得淋漓尽致，更在学校层面展示了出来。

墙上文化：有的放矢

笔者到一些学校采访时，无一例外地看到了许多以不同形式显现于墙上的文化。人民小学也有墙上文化，但不会让人有似曾相识之感，因为其文化内容全部摘自儒家文化经典，而且有的放矢。师生身处其中，时时受到浸染。

“敏学楼”“敏事楼”“琢玉楼”分别书写于教学楼、办公楼、科研楼的显要位置，让人见之而敏行与努力。

校长室里的“和而不同”，是在告诫学校领导班子要追求和谐，形成具有凝聚力的团队；“见贤思齐”，是要求大家向好的方面学习，如果有缺点错误，也要做到“见不贤而内自省也”。

行政楼楼道里悬挂的是“其身正，不令而行；其身不正，虽令不从”，旨在要求行政领导要一身正气，公正、公平，否则就不可能有“不令而行”的结果。

会议室里悬挂的是“博学之，审问之，慎思之，明辨之，笃行之”等经典名句，希望聚于此者广博学习，有所不明就要追问到底，通过自己的思想活动来仔细考察、分析，辨明是非，最终落实到行动上，做到“知行合一”。

接待室悬挂的是“有朋自远方来，不亦乐乎”的条幅，以孔子之言，诚迎四方宾客，“以文会友”，交流经验。

工会活动室悬挂的是“己所不欲，勿施于人”“行有不得，反求诸己”。要求工会人员以己度人且反求诸己，更好地为教职工服务。

教导处悬挂的是“大事难事看担当，逆境顺境看襟度，临喜临怒看涵养，群行群止看识见”。因为教导处的干部与教师联系最多，产生的摩擦也最多。由此告诉他们大事不能苟且，且敢于承担责任；在任何情况下，都要体现出一位中层干部的胸怀和素养；凡事不能人云亦云，一定要有自己的见识，且由此引导教师的言行。

“生财有大道，生之者众，食之者寡，为之者疾，用之者舒，则财恒足矣。”这是挂于总务处的条幅上的一段话。意在要求总务处创造财富的人要多，消费、消耗财富的人和事要少；创造财富的人要勤奋，使用财富的人要节俭，从而建立一个节约型的总务室。

教学楼楼道里是“一年之计，莫如树谷；十年之计，莫如树木；终身之计，莫如树人”。这段经典语句以递进的方式，说明教师育人的重要性与艰巨性。由此，教师在育人过程中，更加瞩目于未来，注重为学生的一生奠基。

“学然后知不足，教然后知困。知不足，然后能自反也；知困，然后能自强也。故曰：教学相长也。”这段教学名言告诉教师，教与学是互为促进的，学无止境，教亦无止境，以此促进教师提升自己的教学能力与教学水平。

教师办公室里有朱闩根校长亲笔写的“厚德载物”四个大字，强调教师道德构建的重要性，没有好的品德，就不可能承载教育学生的神圣使命。不同学科教师的办公室里，都有针对性很强的墙上文化。比如，体艺组，朱闩根校长为其写的是“自强不息”，因为这一学科在小学里往往被视为“小儿科”，而有了这样的文字提醒，可以提升教师的自信心。

报告厅用的是“独学而无友，则孤陋而寡闻”，鼓励教师要相互学习，相互交流，开阔眼界，孤芳自赏、孤陋寡闻。

以上所写，虽然只是人民小学墙上文化的冰山一角，但足可以看出朱闩根校长的文化底蕴与良苦用心。这些无声的文字穿透墙壁，润泽着教师的教育生命。没有一定的文化积淀，就不可能如此恰当地运用这些经典语句；没有对教育的一腔痴情，就不可能做得如此用心。

《教师手册》：中庸之美

《教师手册》（以下简称“手册”）承载着构建学校文化的特殊担当，

理应拥有自己的文化品格。人民小学的手册，不但有着与时代接轨的先进理念，还弥散着浓浓的书香之气，令人感到思想厚重而又耳目一新。它主要包括以下几部分内容。

一、学校精神

学校文化的内核是学校精神，而学校精神的内核是校魂、校训、教风、学风、教育理念等。尽管大部分学校在发展上有着共同的趋向，但各所学校又有纯然属于自己的东西。由于校长思想价值取向的差异、文化品位的高低，其学校精神的表述也就大异其趣——

校魂：为每个孩子终身发展积蓄力量。

校训：快乐生活，健康成长。

教风：诲人不倦，长善救其失。

学风：学而不厌，学而时习之。

教育理念：学生有差异，学校无差生。尊重差异，正视差异，宽容差异，善待差异。

让每个孩子做最好的自己，为每个孩子终身发展积蓄力量。

对学校精神的表述，所用文字不多，但承载的内涵异常丰富。既有古代经典思想，又有现代生活意识；言短意长，近乎抵达中庸之美的境界。

二、《教师职业道德十条》

师德建设无疑是学校的一项重要工作，于是，学校里就有了关于师德培养的各种条文。其中不乏精彩者，但人云亦云、大而化之者亦不为少。而这些条文如果没有文化内涵，缺失个性与指向性，就会成为远离教师与学生的一纸空文。

人民小学的《教师职业道德十条》全系孔子等儒家大师的经典语句，言简而意丰。

团结：君子周而不比，小人比而不周。
　　　君子和而不同，小人同而不和。

宽容：人不知而不愠，不亦君子乎？
　　　不患人之不知己，患不知人也。
　　　己所不欲，勿施于人。

自强：士不可以不弘毅，任重而道远。

自省：行有不得，反求诸己。
　　　见贤思齐焉，见不贤而内自省也。

助人：君子成人之美，不成人之恶；小人反是。

学习：学而不厌。

学而时习之。

敏而好学，不耻下问。

责任：小人之过也必文。

仪表：君子不重则不威；学则不固。

诚信：为人谋而不忠乎？与朋友交而不信乎？

人而无信，不知其可也。

教学：诲人不倦。

不愤不启，不悱不发。

儒家经典思想越来越彰显光华，但取其精华纳入师德建设之中的学校尚属凤毛麟角。人民小学之所以有这样的师德要求，关键是朱闩根本是一个对儒家思想颇有研究的校长。也许有人会说这是“拿来主义”，可谁又能拿来得如此恰到好处呢？如果没有对儒家文化与现代师德进行过认真思考，绝不会有如此真正意义上的古为今用。从这个层面上讲，朱闩根校长又是一个创造者。

三、《学生权利保障公约》

在朱闩根校长的主持下，人民小学还制订了《学生权利保障公约》，共16条，涉及学生权利保护的方方面面，体现的是法制、民主、以人为本的精神。仅从中选取几条，以飨读者。

第一条：每一位学生均拥有保护自己不可剥夺和不可侵犯的尊严。每一位教师均有责任尊重并保护每一位学生的尊严。不体罚学生，不变相体罚学生，不讽刺、嘲弄、谩骂学生。

第六条：每一位学生均拥有保护自己隐私的权利。每一位教师在未经学生许可的前提下，不得查阅学生的私人日记，不得拆看学生的私人信件。每一位教师都不得将考试成绩排列并公布学生名次。

第八条：每一位学生都拥有按作息时间表休息、娱乐的权利。每一位教师都有责任保证和指导学生过好闲暇生活，不得强占学生的闲暇时间用于补课、安排作业等。

第十四条：每一位学生都拥有对学校或教师给予的处分提出申诉的权利。每一位教师都应正确对待学生的申诉，不得推诿责难，不得敷衍了事，不得借机报复。

第十五条：每一位学生都拥有要求合理的、合适的课业负担的权利。

每一位教师都有责任按教学计划的规定布置合理、合适的课外作业，做到一年级不留书面家庭作业，二、三年级每日课外作业量不超过半小时，四年级不超过45分钟，五、六年级不超过1小时。

第十六条：每一位学生都拥有得到教师辅导学业、指导品行的权利。每一位教师都有责任和义务辅导学生的学业、指导学生的品行，不得收受学生的礼物，不得接受学生的吃请，不得参与有偿家教。

如果不是囿于篇幅，笔者真想将16条公约全部“拿来”。尽管现在有很多关注学生生命权利的言说，但是，真正以公约的形式公诸于众且必须执行者并不太多。这样的公约，不但可以让学生依“法”维护自己的权利，更主要的是，让他们有了一种安全感。而教师在这种“法”的约束下，会逐渐由受制于公约到自觉地遵守公约。有了这一公约，可以化解师生之间的很多矛盾，构建和谐的师生关系。

当今中国掀起了开展素质教育的热潮，但很多学校只是停留于口头的述说，多是空洞的说教。今天看到人民小学的《学生权利保障公约》，有一种洞若观火的感觉。实施素质教育，需要理论的支撑，更需要实实在在的措施。从人民小学的《学生权利保障公约》中，我们看到了公约化之后的素质教育之路。

四、《洪昭光健康箴言》

手册中另一个亮点是《洪昭光健康箴言》，这恐怕是一般学校所没有的。朱闩根校长将洪昭光教授有关健康的箴言纳入手册之中，就是要让教师关注自己的健康。特别是其中关于心理与思想健康方面的箴言——“一个中心”“两个基本点”“三个快乐”“三个正确”，更具意义与价值。

“一个中心”：以健康为中心。健康不得病，个人少受罪，家人少受累，节约医药费，造福全社会。

“两个基本点”：糊涂一点，不计较小事，不心烦，不气急。潇洒一点，度量大一点，站得高，看得远。

“三个快乐”：助人为乐，知足常乐，自得其乐。

“三个正确”：正确对待自己，自知之明；正确对待他人，关爱他人；正确对待社会，感恩社会。

构建文化的关键是内化，内化需要载体。手册在握，教师阅读与学习的过程就是一个内化的过程。一个心灵健康者，对工作、对学生、对同事，都会有一个健康的指向。

五、《礼记·学记》

手册的最后是《礼记·学记》。大家知道，《礼记·学记》是我国最早的教育论著。它以言简意赅的文字，系统而全面地阐明了教育目的、学校制度、教育原则、教学方法、教师的地位和作用、师生关系、同学关系等。为了便于大家理解，手册中不但有《礼记·学记》的原文，还有通俗易懂的注释和译文。

当我们沉迷于学习外国先进的教育理论时，往往忽略了属于中国的非常经典的教育话语。其实，一切有思想内涵的教育理论，不会因时光的流逝而失去价值。如果研究一下《礼记·学记》，就会惊讶地发现，现在一些所谓的外国先进的理论，早在我们古代先贤的文章中存在了。教师在学习《礼记·学记》时，不但体悟到了教育的真谛，还增强了民族自豪感。

课程文化：彰显特色

开发校本课程，已经引起了不少学校的关注。但是，其文化含量如何，是一个值得思考的问题。人民小学开发校本课程，始于2003年春季，经过多年的实践探索，逐渐形成了彰显学校特色的课程文化。

一、“读经典书，做有根人”课程

每天15分钟的“经典时光”，是师生共同诵读经典的美好时段，所用则是《读经典书，做有根人》校本教材。低年级诵读《经典诗词172首》《弟子规》《三字经》，中、高年级诵读《论语》《老子》《经典诗文选读》。笔者在该校采访时，曾到不同年级亲历这一文化景观。特别是低年级的学生，诵读时群情激昂、气冲霄汉。近200首古诗，学生背诵起来，竟然是“小菜一碟”。而背诵诗文的不断增加，又为学生补充了文化生命的元气。到了中、高年级，学生不但背诵得越来越快，而且写起作文来也不再捉襟见肘，有的学生甚至能在很短的时间内作一首好诗或写一篇美文。

二、编写校本教材

学校坚持以诵读为校本特色课程，每周四课时。为了进一步体现地方特色、校本特色，学校还组织部分骨干教师选编了两本校本教材，一本是《经典诗词选读》，一本是《可爱的家乡》（其中一个章节是古今诗人咏铜陵）。每天的诗文诵读与名曲欣赏可谓彼此映衬，相得益彰，形成了“朝听名曲晚读经”的课程特色。

2004 年，教育部课改专家组来校评估，专家组核心成员、华东师范大学课程研究中心的巢宗祺教授对此给予了很高的评价。

三、“我是中国人，写好中国字”汉字书写课程

朱闩根校长利用业余时间一笔一画地写了《弟子规》的全文，并将誊写《弟子规》作为学校书法校本课程的教学内容。以此为书写摹本，让学生临摹书写。这样，学生既学习了书法，又阅读了经典。

朱闩根校长本就是一位书法爱好者，还是铜陵市书法协会的骨干。“近水楼台先得月”，他与铜陵市书法家协会合作，创建了“书法创作与培训基地”，对教师和学生中的书法爱好者进行培训，开展规范汉字书写大赛。

四、开设手球训练课

手球是人民小学的一个传统项目，曾经数次在各级各类比赛中获得奖项。为此，学校从手球队训练扩展为全员培训，每周一节手球课，形成了手球教育普及化、群众化的格局。目前，该校成了安徽省教育厅、体育局确定的少儿手球基地。

书香飘洒，润泽生命

学校是传播文化的场所，教育的内核是提升师生的文化品位。可以说，文化是学校的软实力，也是学校的核心竞争力。朱闩根校长本身就对文化有一定的研究，建设浸润书香的校园文化，成了人民小学文化建设的一个亮点。

一、阅读丰盈教师文化

要想让学校处处透着文化气，教师首先要有书香味。人民小学教师的阅读口号是：“让书香润泽校园，用阅读提升思想。”朱闩根校长认为，教师应当读好三类书：一是温润生命、丰盈精神底蕴的书，这类书系古今中外大师的作品，是为教师打点精神底色必备的精神产品；二是开阔教育视野、引领专业成长的书，这类书不是低层次的一般的教育书，更不是教学辅导书，而是与教师专业发展有着生命维系的、有一定教育品位的书；三是适合儿童阅读的书，旨在让教师通过阅读这类书，更加接近儿童的思维

情趣、阅读兴趣。

朱闩根校长认为，读书还需要交流，通过思维碰撞，实现资源共享。于是，学校有了每周一次的大讲坛。每逢周五，教师们便聚集在一起，畅谈读书体会，分享精神盛宴。这既是对教师一周读书心得的展示，也是对每一位教师读书热情的鼓舞与鞭策。甚至有人说，一次交流，就会掀起一个小小的读书高潮；一次相会，就会多一点文化气。

在一次大讲坛中，陈冉老师读的尼采《查拉斯图拉如是说》中所谈的哲学话语，唐洁老师的感悟体会，芮良敏、张睿、潘巍巍、袁昌、卢晓莉、蒋海等教师的思想碰撞，令市人大副主任惊诧于小学教师竟然也读了这么多书，且读得这么深，交流得这么热烈。

2003 年以来，学校致力于书香校园的建设。在开展师生共读名著诵经典活动中，由最低标准“三个一”（读一本书，写一篇心得，做一次读书汇报）到评选“书香教师”，经历了“强制成习惯，习惯成自然”的过程。如今，“书卷气”已是人民小学教师的自觉追求。在学校新一轮规划中，教师们一致认可把建“儒雅校园”作为学校发展的定位之一。教师们从实践中体会到：腹有诗书气自华。只有读得精彩，才能教得精彩、写得精彩，才有职业的幸福。

二、读书改变学生气质

学校的主体是学生，要建设书香浸润的校园文化，学生读书是关键。为了让学生勤奋读书，学校为每个班级都配了图书柜，除学校提供一定的图书之外，还倡导学生将家中的优秀图书拿到班级，进行图书“漂流”。别人的书，总有一种吸引力，所以学生更爱读，也读得更认真。同时，学生将自己的书贡献出来，得到同学的认可，也会产生一种自豪感。

学校举办读书论坛、读书演讲比赛、读书辩论会、经典诵读擂台赛、读书节等形式多样的活动，推动了书香校园的建设。

在古诗文的濡染下，儒雅的气质在师生身上逐渐有所体现，班风班貌也悄然发生了变化。三零一班提出：与书为友，书中成长，读出韵味，读出书香；一零二班提出：快乐读经典，轻松学英文；四零三班提出：“腹有诗书气自华”，我们共同努力；六零四班提出：与经典同行，与圣贤为友；五零四班提出：读中华经典，做龙的传人。

三、书香连线学生家长

相关活动的开展，还需要家长的认可与支持。新生入学后的第一次家长会，朱闩根校长会逐一到各个班级向家长做阅读动员，倡导亲子共读，建议家长建立家庭藏书柜；订阅适合孩子的书刊，为孩子创造一个温馨的阅读环境；鼓励孩子多读书，读好书，开展家庭读书活动，让书香伴随孩子成长。

人民小学还建立了学校、家长、学生联系制度，编写了《经典诗文伴我行》成长册，全方位记录学生在诗文诵读活动中的成长。通过校报及问卷，引发家长对古诗诵读的关注，进而带动一大批家长参与到对诵读活动的思考与研究上来。

读书节开幕式上，有位家长说："以书香为伴，与文明同行。"读书是用来修身的，学校和家庭密切配合引领孩子读书，孩子成长得很快，文明程度自然也就随之提高了。"

建立机制，诵读经典

经典诵读活动要想持久地开展下去，不仅需要激发师生兴趣，还需要长效的机制保障。

一、活动保障机制

人民小学为开展经典诵读活动建立了六项保障机制。

一是定时间。每周四课时纳入校本课时当中，从时间上予以保障。二是定人员。每节课有专人负责，师生共读，从教学人员上予以保障。三是定内容，以省编读本为主，以自编读本为辅，杜绝诵读内容的随意性，从内容上予以保障。四是提供经费，对付出劳动的教师给予适当的补助，充分肯定教师的劳动价值，对表现好的班级和个人给予适当奖励，保护师生的积极性。五是广泛宣传，争取家长和社会各界的理解与支持，为诵读活动创造一个宽松的外部环境。六是加强活动阵地建设和环境营造，提高诵读活动效果。

二、总结交流机制

交流可以使大家共享读书体会，也给师生提供了展示的机会。优质的展示，可以提升个体的自信心与自豪感。交流可以随时进行，但必须有固定的时间做保障。

1．教研组活动

学校坚持校内交流每学期一次，纳入教研活动计划之中。在第一届校园读书节上，李敏老师代表获奖班级向全校做经验介绍，颇受好评。教师们借助教研活动这一平台，使经典诵读变得更有研究价值。

2. 开展校际交流

学校于2004年、2005年连续两年派教师代表到江苏的张家港、常州、镇江、扬州等地参加全国经典诵读活动交流会。此外，学校还打破行业界限，建立与家长、社会各界的交流机制，先后以家长座谈会、问卷调查、与专家对话等形式听取各方面意见，改进经典文诵读方法。

三、评价激励机制

经典诵读需要不断通过各种形式的激励措施来激活师生的热情，以保持诵读者持久的兴趣。学校坚持灵活多样的评价方式，以“星星擂台”对抗赛的方式激发斗志；以“每周之星”评选的方式推出本周诵读出色的学生，树立典型，引导学生赶学标兵；以“班级星”“年级星”“校级星”评比的目标激励方式，引导学生不断冲击新目标、攀登新高峰；以“书香班级”评选的方式，表彰优秀集体，鞭策落后的班级；以文艺表演、演讲等方式给学生提供展示的舞台。评选结果通过校报、校园网进行宣传。当然，诵读课堂上教师富有智慧的即时评价，即便只是赠送一张笑脸，一个大拇指、一颗小金星，也能唤起学生心中的热情，保证学生经典诵读的热情持续高涨。

对外开放，开阔视野

学校不可能游离于社会之外，特别是学校文化更不能囿于一个狭小的圈子。明代顾宪成告诫读书人：“风声雨声读书声，声声入耳；家事国事天下事，事事关心。”现代的学生不能是两耳不闻窗外事的“书呆子”，而应当对社会万象都有一定的了解。为此，朱闩根校长想方设法将不同行业的精英请到学校，让学生走向社会，体验更加丰富的社会生活。

一、邀请教育外的专家来校做报告

2003年以来，学校先后邀请书法家阮良之来校做了“书法艺术与教师素养”的报告，儿童文学作家谢采筏做了“中国传统文化的现代教育价值”的报告，六国化工股份有限公司黄化锋总经理做了“企业文化建设与教育改革”的报告，鲍克群律师做了“与法面对面”的报告，宋亚光医生做了“健康从牙齿开始”的报告，还邀请铜陵市第三中学的校长、铜陵军分区的中校等做了有关教育、军事、法律等方面的专题报告。

这样的报告，似乎与教育有点远，其实，“功夫在诗外”，这些“异类”声音，也更有感召力，师生听起来也更感兴趣，让师生接触超越教材文本、超越学校教育内容的东西，在某种意义上说，对师生的生命成长更有价值与意义。

二、走到学校之外学习鲜活的生活教材

社会是一个更大的学习舞台，学生广泛接触社会，不仅能丰富知识，还能增长见识、开阔眼界。

教师利用铜陵独特的地理环境、人文资源，把诵读课堂搬到了校外。如开展寻找“五松山”活动，诵读李白的《铜官山醉后绝句》、王安石的《临津》，开展“我为家乡做导游”活动，参观顺安古镇等。

据时分类，诵读古诗文，是人民小学经典诵读的一个特色。如教师带领学生春游芳草地，夏赏绿荷塘，秋看红枫树，冬吟白雪歌。从“竹外桃花三两枝”到“毕竟西湖六月中”；从“霜叶红于二月花”到“忽如一夜春风来”，在轻松愉快的氛围里，学生背过灿烂的春、缤纷的夏、金色的秋、宁静的冬。学生在诵读过程中，欣赏美景，提升审美情趣，增添了爱乡之情。

朱闩根校长认为，现行教材只是一种固化了的文本，社会生活则是一本鲜活的教材。学校教育要有一种开放的心态，让学生在校外这个更广阔的生活天地里学习更加丰富的文化。

朱闩根校长的文化追求与学校的经典浸染，促进了学校的快速发展。自2001年以来，学校先后被评为“安徽省经典导读先进学校”“安徽省青少年思想道德建设示范学校”“安徽省教育技术先进单位”“安徽省艺术教育先进单位”“安徽省语言文字规范示范学校”“铜陵市基础教育课程改革先进单位”，同时被授予“全国现代教育技术实验学校”“全国少儿NIT考试培训机构”“全国红旗大队”等称号。

希望从心里起航

——山东省济南市燕柳小学自信心培植纪实

山东省济南市燕柳小学前身系村办小学，地处济南东部城乡接合部，生源多为工人、农民子女，学校的教学质量长期徘徊不前。1997 年，国家将其改成公办小学之后，方有了较快的发展。特别是近几年，燕柳小学的教学质量有了快速的提升，且于 2004 年跻身山东省规范化学校的行列。

发生转变的原因非止一端，而全方位地培植师生的自信心，当系学校发展的“绝招”之一。

征集自信用语

2001 年，李风梅任职燕柳小学校长之初，总有一种挥之不去的忧愁：学校没有一件像样的教学设备，一些教师的教育观念陈旧、教学水平一般。况且，学校北面与西面坐落着两所颇有名气的小学——甸柳小学与燕山小学。望子成龙的家长都想将孩子送到好学校，燕柳小学就成了一些家长无奈的选择。

燕柳小学没有知名度，没有美誉度，更没有信赖度。就连教师们也感觉自己低人一等。

李风梅校长认为，当务之急是启动师生的自信系统。一个没有自信的群体，是不可能发生质的飞跃的。自信，是可以转败为胜的内在动力。

但自信系统不是一两句话就能够建立起来的，它需要文化载体，而且要有一个内化的过程。

但李风梅校长想到了征集自信用语这一方式。她的构想是，首先在校领导班子里面得到认可，而后再速向教师与学生层面延伸。

师生们从报刊、图书和网络上查阅自信用语的过程，也是一种认同自信、生成自信的过程。文化经由内化，必能彰显出其特有的魅力。两三个月的时间，汇集了数百条自信用语，经由专门人员进一步筛选，最后集结成《自信用语手册》。

学校将《自信用语手册》发给师生。由于每位师生都参与过征集过程，所以对其就有了特殊的亲切感与认同感。毕竟个体所选只是整个手册的冰山一角，急欲了解更多自信内容的师生就有了探知整个《自信用语手册》内容的好奇与热情。李风梅校长紧紧抓住师生的这一心理趋向，让大家阅读，并布置了撰写体会、感想的任务。这时，任务与大家的需求不谋而合，也就不再是负担。当然，自信心也就悄然走进师生的心里，外化出来，师生就有了自信向上的精神风貌。

自信人物上墙

李风梅校长认为，学校文化建设中的另一个重要载体就是墙壁，将自信物化于墙上，可以使学生在耳濡目染中提升自信心。

大厅门口的墙上是醒目的自信标语——“为每一个孩子扬起自信的风帆”；校园橱窗中大队部设置的是“我自信，我成功”的班级积分栏；校园南墙上绘就了一幅长长的人物长廊，勾践、李白、杨利伟、邓亚萍等古今人物赫然在列。教学楼内东楼道上的艺术长廊，是学生用剪纸艺术创意的古今中外与自信有关的人物形象。学校还培养了专门的讲解员，向大家讲解他们的故事。讲解员讲得声情并茂，同学们听得聚精会神。无论是讲者还是听者，都沐浴于自信的文化之中。课余时间，不少学生还会不由自主地走到“自信墙”下，一边观看自信人物，一边思考着如何向他们学习。

家长王立霞对笔者说，她就在女儿的引领下仔细地观看过墙上的自信故事。她说，女儿绘声绘色地给她讲述墙上的人物故事，令她特别激动。以前，女儿特别内向，现在，变化很大，即使面向全校师生登台表演，也能从容自若。她说，真没想到，自信教育具有这么大的力量。

“随风潜入夜，润物细无声。”自信教育就这么点点滴滴地融入学生的心里，外化到超越自己的行动之中。

自信教育进入课堂

在采访教师时，给笔者的突出印象是他们都彬彬有礼、落落大方，自信像一缕阳光展现在他们的脸上，也照耀在他们的心里。无疑，这是一群率真、快乐的精神锻造者，可以想到，他们的教学自然也有灿烂的阳光普照。其实，这种优秀的精神气质与学校开展的自信教育是分不开的。

在采访既阳光又自信的语文教师许双霞时，她说自己以前见人往往是先低头，没有自信。给天真烂漫的学生讲课，有时还会紧张。如果有人前来听课，就会特别紧张。自从学校开展自信教育以来，她也一步步拥有了自信。特别是李风梅校长提出构建自信课堂之后，她便有意识地在课堂上培养学生的自信心。

教导处副主任王丽娜认为，一些学生之所以成绩较差，主要是在课堂上没有扬起自信的风帆，有学生自身的原因，也有教师不信任的因素。所以，学校要求教师要特别关注和鼓励这样的学生，因为这些学生的自信心一旦培养起来，就会快速进步。一些学困生在教师的点化下，自信心不断提升，学习成绩得到了提高。

学生付延伟身体不好，经常生病，导致学习跟不上，作业不能按时完成，慢慢也变得沉默寡言了。在师生心里，他当属学困生之列。许双霞老师不但不批评他，只要他稍有进步，还会"夸大其词"表扬一番。她不止一次地在他的作业本上写道："老师真为你的进步感到自豪和骄傲!"在老师的帮助下，付延伟一天天自信起来，学习成绩也越来越好。现在，他已经是一个特别自信的孩子了。

据历下区教科室主任黄传新讲，每次到燕柳小学听课，都会为学生的自信所感动。对于教师所提的问题，他们既敢于发表自己的意见，又敢于质疑；既敢于认可别人的见解，也敢于面对自己的错误。这种行为的背后，恰恰是自信在起作用。

"温馨小屋"疏导心理问题

绿色沙发、橘黄色茶几、墙壁上活泼的卡通画，使心理辅导室变得特别温馨，学生们亲切地称之为"温馨小屋"。这里不仅环境宜人，还有专门的辅导教师。心理辅导教师会面带微笑，迎接每一个有心理问题的学生。

教导处主任董君告诉笔者，虽然学校从不同层面开展了自信教育，但由于种种原因，仍有个别学生或多或少地存在心理问题。为此，学校设置了这个"温馨小屋"，以解决这些学生的心理问题。"坐诊"的心理辅导教师都对儿童心理有一定的研究，特别是对孩子充满了爱心。她们对每一个前来咨询的学生都能进行有的放矢的心理辅导，为他们建立档案，并做好保密工作。

据学校教科室主任房世雪讲，心理辅导教师的任务一是减轻学生的心理负担，二是让学生树立自信。学生大多是垂头丧气地走进“温馨小屋”，信心百倍地走出“温馨小屋”的。当然，有的时候也会有反复，但心理辅导教师很有耐心，直到帮学生彻底解决心理问题为止。

经典诵读提升自信力

近几年来，经典诵读活动已经在一些学校如火如荼地开展起来，然而，将其与自信教育有机地结合起来，则是燕柳小学的一种创新性探索。

一、开发学生记忆潜能

孩子的记忆潜能是一个丰富的矿藏，挖之不尽，开之愈丰。如果在儿童时段不予以开发，记忆之门将会自行封闭，影响其一生的发展。因此，对孩子的记忆潜能进行有意识的开发是很有必要的。在记忆能力迅速提升的过程中，孩子的自信心也会一步步攀升。

诵读、背诵经典的主体是学生，是苦在其中，还是乐在其中？是越背越快，还是越背越死？是学而无用，还是学而大用？恐怕他们是最有发言权的。为此，笔者在学校采访了一些学生。

学生丁鑫宗说，不知道为什么，在经典诵读中，越背越快，越背越高兴。开始感到那么难背的古文，现在只要看上几遍就能背诵了。自己都感到自己了不起。

学生张明阳讲，在小学五年级的时候，她就背诵了《中庸》，六年级的时候开始背诵《论语》，而且没有什么负担，轻轻松松就背会了。在六年级的时候，她还读了《资治通鉴》。起初父母认为孩子读不懂，可背诵了很多经典的张明阳出人意料地能够基本读懂。张明阳也因为能够背会与读懂这些文言经典而特别自豪与自信。

学生王毅松从小学三年级开始背诵《孟子》，起初感到新鲜，进而试着背诵，越背越快，很有成就感。后来他又背诵了《论语》，而且只是如玩游戏似的背诵，特别快乐。

学生马彦昆在四年级时开始背诵《论语》，而且是英语版的。他每天早晨5点半起床，背诵半小时。他没有看注释，有时突然就明白了其中的意思。这正应了“读书百遍，其义自见”的古训。

学生房莹不但背诵了《大学》和《论语》，还背诵了《孟子》中的四五篇。她说，其中的很多内容她还不明白，不过也了解一些意思。她相信，以后会有大用的。

副校长亓文对笔者说，学校规定学生每天安排15分钟进行经典诵读，但学生的诵读热情特别高，在课外时间，他们也会主动诵读经典。看着他们乐在其中的样子，教师们也不自觉地快乐起来。

据历下区教科室主任黄传新讲，全校六个年级全部诵读经典的学校，燕柳小学在历下区当属第一家。该校学生比其他学校学生多背诵了许多经典，拥有了丰厚的文化资本，更为重要的是，他们的记忆力超越了一般孩子，从而拥有了特别的自信，自信心使他们在“我能行”的心理环境中更容易取得成功。

二、滋养教师心灵

语文教师徐艳说，与学生共同诵读《论语》的感觉特别好。在这一过程中，学生越来越懂事，自己的教学也越来越有特色。

语文教师杨中俊说，一本经典在手，随时翻阅，犹如随时聆听大师的教诲；在背诵的时候，如饮甘醇，如沐春风。有时信手拈来一两句经典，更是妙不可言。

王延彬老师教数学，但是他对诵读经典情有独钟。他从《论语》《孟子》中学到了许多做人的道理，也学到了哲人的思维方式，所以在教育教学中就有了较高的起点。这些好像与教学没有多大关系的学问，原来还可以起到如此大的作用，这让他更自信，也让他有了更加认真学习经典的内在需求。

语文教师法蓓蓓与她的学生都喜欢上了《论语》，她认为，学生将《论语》背诵下来可以受益终身，自己背诵下来才能更有资格被称为人师。所以，她与学生一起背诵。在接受笔者采访时，她显得特别自信，当场背诵了几章《论语》，流利而有韵律。

“腹有诗书气自华。”在采访张汝爽、李静等教师时，笔者感到她们在经典诵读中收获了思想与智慧，从而使其自身的气质特别优雅。当然，自信也写在了她们的脸上，表现在她们的行动中。

三、点燃家长希望

在采访家长时，笔者了解到，他们对经典诵读从不认可到认可，再到舍之不下，全因孩子在诵读中所呈现出来的才华改变。特别是孩子良好行为习惯的养成、思想品格的变化、自信的不断增强，更令他们对经典诵读刮目相看。

二年级（1）班丁鑫宗的母亲李翠玲是一位大学毕业生，且出身书香门第。她说，她上学的时候并没有学到多少经典文化，现在正在与孩子一起背诵。她发现孩子越背越快，行为习惯越来越好，性格也越来越开朗。她说，以前孩子很怕见生人，现在，孩子开朗善言，这让她对孩子充满了希望。

六年级（1）班戴月的母亲李伟对笔者说，儿子在家里说话经常引经据典，令人大吃一惊。比如，他的姥爷说了几次要戒烟，结果总戒不了。于是他就批评姥爷说："始吾于人也，听其言而信其行；今吾于人也，听其言而观其行。"结果，圣人的话令姥爷真的戒了烟。戴月的母亲说，现在，她对自己的儿子充满信心。她断定，随着时间的推移，孩子的潜力还会更大地被挖掘出来。

四年级（1）班程大蹇的母亲王艳对笔者说，程大蹇一年级时就背诵了《弟子规》。在参加经典诵读比赛时，程大蹇不但背诵得好，而且非常从容。现在正背诵《论语》，有时在家吃饭，也会来一句。许多人认为学习是一种负担，可是，看着孩子乐在其中的样子，才知道有时学习也是快乐的。

采访四年级（3）班张雪君的母亲曹卫红、五年级（2）班房莹莹的父亲房增利等家长时，他们都说他们的孩子特别幸运，燕柳小学为孩子们奠定了经典诵读的基础，这对他们以后中学乃至大学的学习打下了良好的基础。

听着一个个家长高兴地述说，笔者也像他们一样感到特别欣慰。是的，家长都希望自己的孩子品学兼优，而经典诵读恰恰是为其成人成才打点了文化底色。作为家长，自然也就对自己的孩子充满了希望。

学生留下童年的美丽

——山东省济宁市霍家街小学创意教育掠影

山东省济宁市霍家街小学在送课下乡的同时，还于2000年将一节思想品德课“互相谦让”送到了上海，成为上海教育出版社思想品德教材编写20周年大庆会议上一个引人关注的亮点。

霍家街小学在20世纪80年代就已名声大噪，近年来他们在思想道德教育和教学创新方面的探索，内容丰富，形式多样，赢得了家长的广泛好评，也获得了社会的赞誉。

笔者于此采撷的，只是散落于霍家街小学教育教学中的几点风景而已。

璞玉经雕琢而璀璨

古人云：“玉不琢，不成器。”这其中至少有两层含义：必须是“玉”，方可雕琢而成“器”；如果是“玉”，只要认真雕琢，就可成“器”。这对我们的教育不无启示意义。这些孩子从“性本善”一路走来，天真烂漫如一张白纸，称之为璞玉，绝无过誉之意。作为教师，面对可塑造、雕琢的一块块璞玉，既不能视其为顽石而扔弃，也不能失去耐心让其终生不能璀璨夺目。

霍家街小学就是将所有学生，包括“问题学生”，都视作可以雕琢成美玉的璞玉进行精雕细刻的。

一、在学生幼小心灵里播下一粒思想的种子

牛志刚老师担任四年级（1）班的班主任，“六一赠言”是他专门为学生所写的人生赠言。“做人失败，任何成功都不算真正的成功；做人成功，任何失败都不算真正的失败。”就是其中一句颇富人生哲理的智慧之语。

牛志刚老师说："这是我在学生幼小的心灵里播下的一粒思想的种子，它究竟何时生根、开花和结果，不得而知，但我相信'播种就有收获'这一真理。所以，总希望"六一赠言"真正根植于学生的心里，并时不时给我一个始料不及的惊喜。"

事实上，牛志刚老师已经收获了惊喜——

石文，不是大家公认的一般意义上的好学生，常常受到同学的欺负和教师的批评。然而，就是这个石文，却做了一件让师生非常感动的事：她课余时间一直在照顾一位双目失明的孤寡老人。当学校领导告诉牛志刚老师这个消息时，他还在怀疑："真的是我们班的那个石文吗？"第二天，牛志刚老师试探着问石文，没想到她眼圈一红，眼泪就下来了，哭腔里带着愤怒："我看到有同学骂他、打他、欺负他，我看不下去，就想帮帮他。"牛志刚老师被深深地震撼了！石文在其他方面可能有这样那样的缺点，但在这一点上她是优秀的。当牛志刚老师将石文的这一高尚行为告诉全班学生的时候，大家不约而同地为她鼓掌，很多学生的眼里闪烁着泪花。

济宁市市中区教育局局长对牛志刚老师的"六一赠言"给予了很高的评价。他说，"赠言"播撒的是向上向善的种子，它会在学生的心里开花结果。从某种意义上说，它是在为学生的"道德人生"奠基。

二、打开"问题学生"的"心锁"

在体育教学生涯中，刘园国老师遇到过各种各样的"问题学生"，而高军则是这些"问题学生"之最。他学习成绩很差，但"打遍全校无敌手"，还经常偷同学们的学具，把班级搞得乱七八糟。任何一个认识他的人，都可以列举出他的多个缺点。他也由此而成为全校"知名度"最高的"坏"学生。

刘老师一接手高军他们班的体育课，便找他进行了谈话。开始他默不作声，说到最后不愿意听了，脖子一拧："我就这样，你说也没用!"随后摔门而出，让刘老师吃了"闭门羹"。

刘老师并没有恼羞成怒，更没有"以其人之道，还治其人之身"。因为他知道，高军已经习惯了别人的责骂，看惯了别人的异样眼神，认为自己无药可救了。他不情愿地用"心锁"牢牢地锁住了自己的心扉。

刘老师认为，解开他的"心锁"，是使其走向阳光的必由之路。但这需要契机。很快，一年一度的春季田径运动会就成了这个契机。

高军是一名运动健儿，他第一个报名参加 100 米短跑和 200 米短跑，并以绝对优势取得两个第一名。这使班级的团体总分排到了全校第一位，高军也因为班级争了光而兴奋不已。

刘老师找他谈话，在祝贺他取得佳绩之后，进一步给他分析了他的优势和前途。高军第一次受到教师如此真诚而热烈的表扬，自信心飞扬起来。随后，刘老师又在全班学生面前对他进行了表扬，使他在全班学生面前有了做人的尊严。

当刘老师再一次找他谈话时，没等开口，他就主动承认了以前的错误，并说一定“改过自新，重新做人”。刘老师在鼓励他的同时，给他再一次描绘了他的美好发展前景。

之后，高军又参加了区、市级的运动会，都是载誉而归。于是，刘老师将他选入学校田径队。经过一年的训练，他的体育成绩突飞猛进，思想表现也是“旧貌换新颜”。小学毕业时，刘老师主动为他联系了一所重点中学，该校以特长生的名义录取了他，还减免了他所有的学费。

几年过去了。一天，刘老师收到一封信。信中写道：“当您收到这封信时一定感到很意外吧，我是您的学生高军，现在在山东师范大学读大一。感谢您在小学时对我的关心与爱护，没有您就没有我的今天，放假后我一定去看您……”

几行热泪在刘老师的脸上滚下，同时，一个拥有阳光心态的大学生的形象也在他的眼前呈现出来。

刘老师在实践孔子“因材施教”思想的同时，也改变了一个“问题学生”的思想与心理状态。在他看来，这种学生不是“朽木不可雕也”，而是一块被埋没的璞玉，经由良匠雕琢之后，便可璀璨夺目、光彩耀人。

三、与结巴女孩的举手约定

冯慧老师班里转来一位有点轻微结巴的学生，课堂上回答问题举手很积极，但不是回答不上来，就是因为结巴无法顺利回答。

冯老师将她叫到办公室。

“在课堂上，对于老师提的问题你是不是没有想好就举手了？”

她沉默着。

“你是不是因为个人的原因，站起来回答问题时感到很紧张？”

还是沉默。

“你是不是认为不举手老师会说你不认真听讲，或者是怕其他同学取笑你？”

她继续沉默。

冯老师渐渐看懂了她的心事：“你不要害怕，老师找你来是想跟你谈心的，不是为了批评你。希望你跟老师说实话，我们一起渡过目前的难关。能不能告诉老师，站起来回答不出老师的问题时，你心里是怎么想的呢？”

“很难过。其实有时候我是知道答案的，可一站起来就紧张，就忘了！”

冯老师微笑着望着她，诚恳地说：“咱俩约定一下好吗？当你对老师提的问题有把握时，你就举左手，老师就会第一个请你发言，让老师和同学们一起来分享你的成功；如果你没想好答案却又想举手，你就举右手，老师就会请别的同学发言，你可以分享一下别人的成功。你看这样可以吗？”

她轻轻地点了点头。

有了这个秘密约定，有了这份真诚的鼓励，在之后的日子里，师生两人“合作”得非常默契。

第二个学期期末考试，她的成绩竟然跃居全班第一，结巴也不治而愈了。

美国心理学家威廉·詹姆斯说：“人性最深刻的原则就是希望别人对自己加以赏识。”冯老师的激励、期待、赏识，激发了这个学生身上的巨大潜能，使其树立了自尊、自信，于是，创造的激情和进取的动力澎湃而出，奇迹也便不期而遇了。

四、三八妇女节感恩父母

很多孩子不懂得孝敬父母，已经成为一个社会关注的话题。究竟是孩子的品德出了问题，还是我们的教育出了问题？霍家街小学的杨复刚校长认为，是家长一味的放纵与娇惯让孩子失去了孝敬的品德，学校的视而不问或问而不实让孝敬游离了学生的心域。学生并非是天生不孝子，只是没有教育到。如何让孩子们拥有良好品德？

三八妇女节便是一个很好的机会，让孩子为妈妈过一个富有意义与情趣的节日，孝敬之心也许就会由此滋生或萌芽。于是，三八妇女节前，学校要求学生为自己的妈妈过一个有意义的节日，班主任还专门召开会议，为学生出谋划策，以给妈妈一个惊喜。

3 月 8 日中午一放学，谢梦同学就急急忙忙跑回家，借爸爸的手机给妈妈发了一条短信：“伟大的是妈妈，平凡的是我；慈祥的是妈妈，调皮的是我；交手机费的是妈妈，发短信的是我。妈妈真好！祝妈妈三八妇女节快乐！”。

晚上放学，谢梦一阵风似的跑回家，又实施了另一个计划。

谢梦在门框上固定了半张卡纸，并用透明胶带把小礼物贴在卡纸上。上面写道："妈妈，愿儿子的这份礼物能驱走您的疲劳！"

妈妈中午收到儿子的短信之后，就一直沉浸在幸福之中。没想到傍晚下班回到家，又收到了儿子的礼物。妈妈小心翼翼地打开盒子，是一把精致的小木梳。

就在这时，谢梦把泡好的一壶安溪观音王，双手捧到妈妈面前。浓浓的茶香和着儿子欢快的笑语，在妈妈的心里荡漾，直甜到她的心底。

袁柯曼同学在三八妇女节前暗暗给自己鼓劲："我一定要为妈妈过个终生难忘的妇女节。"

放学回家后，袁柯曼用毛笔写了12个字——"妈妈是豆荚，我是荚里的豆子"。反复练了几遍后，终于写出了自己最为满意的一份。然后，她又打开钢琴，练了一首曲子——《母亲》。"咚！咚！咚！"的敲门声传来，袁柯曼知道，一定是妈妈回来了。妈妈刚一进门，她便弹起了《母亲》。妈妈听到这优美的旋律，笑得无比灿烂。曲子弹罢，袁柯曼站起来走到妈妈面前，郑重其事地说："妈妈，祝您节日快乐！"随后，打开那张毛笔字。妈妈的眼睛里已有泪珠在闪动，脸上荡漾着欢乐。妈妈抚摸着女儿的脸说道："妈妈过了很多个三八妇女节，这个是最难忘的。女儿长大了，知道给我过节了！"

别开生面的三八妇女节，给妈妈与孩子留下了永久的美好。有孩子感恩于妈妈养育之恩的真诚，也有妈妈感受孩子回报于自己的激动。何言孩子不知感恩？何言当代孩子没有孝心？其实，孩子的心原本都是最为纯净的，关键是我们如何在这张白纸上描绘出美丽的图画，正如孔子所言："绘事后素。"

宽容为犯错学生留住童年的美丽

宽容是中国人的传统美德，但并没有在教育界得到广泛的继承。一些教师总是盯着学生的缺点、错误，一旦发现，便严肃处理，颇有执法如山的况味。岂不知，让学生改正缺点、错误还有更好的方式，更为有效的渠道——宽容。

一、被偷的奖牌回来了

下午第一节是二年级（9）班的数学课，李源源老师刚走进教室，就听到了哭声，紧接着便有学生说起来："郭晨琪数学课上得的奖牌被人偷了！"

李老师心里一惊，马上又镇定下来。她走到郭晨琪面前，一边安慰她，一边询问情况。原来，郭晨琪上午放学时把奖牌放在了铅笔盒里，中午回家吃饭，回来就不见了。

李老师想，这么短的时间，这块奖牌肯定还在"小偷"手里。于是她郑重其事地说道："班里发生了这样的事情，我很难过。为了尊重同学们的人格，我不想当场搜查每个同学。这个同学拿了郭晨琪的奖牌，虽然获取的途径不正当，但从中也可以看出他是个追求上进的孩子。老师想告诉这位同学，经过自己努力换来的奖牌才是有意义的。老师想他现在也一定后悔了，我们给他一个改过的机会好吗？现在我们继续上课。我希望这位同学课后主动把奖牌交给老师，老师一定替你保密。"

第一节课下课后，李老师一直在办公室里等，然而，没有人把奖牌送到办公室。

在第二天的数学课上，李老师故作轻松地说："那位同学没把奖牌交给我，我明白他的意思了，这是他有生以来第一次犯错，他后悔极了，希望在没有人的情况下，把奖牌还给郭晨琪。"

下课后，李老师虽然坐在办公室，可心还在班里。

"老师，奖牌回来了！"随着同学们的一阵欢呼，办公室门口早已成了欢乐的海洋。而人群中，有一双眼睛一直不敢正视李老师。

"李老师，到底是谁偷的呀？"有学生问。

"我也不知道呀！"李老师微微一笑，轻松地答道。

如果李老师对这一"偷盗"行为实施全班大搜查，当场揪出"小偷"，进而严厉惩罚，触及的就不仅是这个"小偷"的灵魂，也是对全班学生的心理伤害。这个"小偷"会长期背负着挥之不去的恶名，同学们会长时间品尝着不被信任、感到被侮辱的苦果。

杨复刚校长认为，李老师的可贵之处在于，她在认定这一"犯罪"事实时用了另一个为师者的视角：不将动因视作品质恶劣，而看作"追求上进"的非常行动。既让这个学生从心理上认识到错误，又没有让其丧失尊严。我们相信，这场心灵风暴冲击的不仅是这个学生的这一错误行为，对其如何做人，也会起到很大的震动作用。

二、考试作弊并未受到"惩罚"

张桂华老师新接的班里有个学生，学习勤奋，成绩优异，且能与同学融洽相处。可在一次考试中，张老师发现她将一张纸条放进笔筒偷偷带进了考场，这令张老师非常生气。难道她以前的成绩都是抄来的？张老师正想狠狠训斥她时，与她那恐慌的目光相遇了。这一下令张老师想起了教育家苏霍姆林斯基在《认识自己，教育自己》一文中所写的柯里亚作弊的故事——

“柯里亚坐到课桌前准备，正当他把两个手指伸到袖筒里要取出答案时，他的目光与老师的目光突然相遇了。老师急忙把目光移开了，他从主考人桌边站起，走向窗前。柯里亚呆住了。等轮到他上前应考时，那位老师离开了教室，直到他答完，老师才又回到教室来。从那以后，柯里亚再也没有作弊了。”

这一故事，虽然只在张老师脑中一闪，却改变了她对这个学生的教育行为。

看着那个学生红着脸，悄悄地低下了头，张老师趁没人注意收了她的纸条，慢慢转过身去，平静地走出教室。

考试结束后，那个学生主动找到张老师，对自己的错误行为做了深刻检讨，并敞开心扉，道出其中缘由：原来她是为了争取第一名，想让生病的父亲高兴一下。张老师在表示“理解”的同时，和她一起分析了作弊行为的严重后果，并说这只是她们两人的秘密，承诺永远不对任何人说。这令学生非常感动，表示今后不仅不会在考场上作弊，在任何情况下都要做一个诚实的人。

这个学生上初中后，给张老师写了一封信。信中写道：“老师，每每想起那次考场上的情景，我心里都会涌起对您的深深歉意。感谢您给我的真诚帮助。要是……说真的，也许我再也抬不起头了。”

作弊是一种不良行为，应当受到惩罚。但惩罚的方式大不相同。张老师对这名学生的作弊行为表面上看有些姑息和纵容，实际上却是让她对自己进行心灵的惩罚，自我教育，由此保住了童心的美丽，也保住了一个少年的自尊。张老师将为师者的宽容与善良和关心学生成长的良师益友的印记，深深地镌刻在了一个正在成长的学生心里。

三、“知了”的失窃与张亮的“自首”

一天下午，林丽敏老师给一年级学生上手工课——折“知了”。当她帮助几个能力较差的学生折好后，回头发现自己放在风琴上的“知了”不翼而飞了。

林老师非常生气，大声地问道：“是谁拿了老师的‘知了’？”

同学们你看看我，我看看你，互相猜测着。

林老师严肃地审视着每一个学生。她发现张亮两只手紧紧地捂着口袋，神色慌张。她立即明白了："知了"是他拿走的。

林老师正准备向他走去，他那惊恐的目光使林老师心里一颤，她猛然意识到："我即将实施的做法是错误的，这将会在学生的心中留下深深的创伤！"林老师连忙换了一种语气对学生们笑着说："噢，我明白了，我的小'知了'准是飞出去找它的好朋友了。'知了''知了'快回来，把你的好朋友带给我们看看吧！"林老师这么一说，学生们一下子来了兴趣，跟着林老师一起喊道："'知了''知了'，把你的好朋友带给我们看看吧！"

这时，张亮红着脸，站起来，很不自然地说："'知了'不是自己飞走的，是我觉得老师折的比我的好，我太喜欢它了，就把它拿走了。老师，我把'知了'还给你，让它跟大家做朋友吧！"

林老师非常高兴地和同学们一起为他鼓掌。

林老师说："既然你这么喜欢这只'知了'，老师就把它送给你吧。'知了'也一定愿意和你这样勇敢、诚实的小朋友做好朋友。以后，我们再上手工课，老师折的样品都送给小朋友，但必须送给那些态度认真，折纸折得好的小朋友，你们说好吗？"

学生都高兴地拍手说："好！好！"

林老师的先怒后喜，张亮的先恐后乐，全班学生的疑惑与天真，都在"知了"的失窃与张亮的"自首"中呈示出来。整个过程反映的不仅仅是教师的教育机智，更折射出教师对学生的体谅、宽容与爱。林老师保护了张亮的自尊心，同时也给了所有学生一个心理安全的环境。

谈起霍家街小学教师们的宽容意识，市中区教育局局长讲了一些很有前瞻性的话。他说，教师的宽容在为犯错学生留住童年的美丽的时候，并没有让这种错误延续下去，而是让学生通过心理深层的自省自悔有了"不贰过"之举，同时也为学生创设了一个心理安全的学习环境，构建了师生互信的现代教育生态体系。更为重要的是，这也是在为培养未来社会的现代公民做准备，因为现代公民必须具备的优秀品质之一就是宽容。当今，孔子的"己所不欲，勿施于人"被视为人类和平共处的基本原则，是《走向全球伦理宣言》的理论依据。"己所不欲，勿施于人"虽系恕道，却内涵着宽容精神。所以，霍家街小学的教师们对学生的宽容在某种意义上说，是一个指向世界与未来的教育行为。

学生“不正当”请求受到教师尊重

正视学生的请求，特别是“不正当”请求，是检验一个教师是否具备人文精神的“试金石”。人文化管理，首先要将学生视作与教师平等的人。学生向教师提出请求，正如教师要学生完成作业一样自然合理。但不少教师对后者重视而忽略了前者的呼声。说到底，还是师道尊严在作祟。人文精神，往往成了装点门面的时髦话语。

霍家街小学也讲人文精神，但他们“言必行，行必果”，特别是在处理学生的“不正当”请求方面，体现着为师者的思想品格与文化品位。

一、请给我个等级吧

“老师，我已经尽力了，请给我个等级吧！”这是一张夹在英语作业本中的小纸条。写纸条的是一个很不起眼的学生，甚至可以归于后进生之列。

“等级制”是郑龙胜老师新学期实施的一项新举措。为了引起学生对英语书写的高度重视，郑老师便在英语作业本上动起了脑筋。每次作业，他都将学生的书写划分为三个等级：Good！Better！Best！还会在书写最好的作业本上贴上一个精美的贴纸。这些贴纸是学生在商店里买不到的。虽然，这只是一个小东西，学生们却非常在乎。

作业实施“等级制”之后，学生的书写质量有了明显提高，然而美中不足的是，班里还有那么几个“顽固分子”书写变化不大。当然，他们的本子上很少有“Good”！“Better”！“Best”！之类的等级，最多的反而是红笔批注的“改”或“重写”之类。

这张纸条，使郑老师的心为之一震，他突然感到，这几个“草书大王”也是有上进心的，甚至比学优生更有上进心。翻开这位学生前几次的作业，果然，只有红笔批注的日期，一个等级也没有。但将现在和他以前的书写做比较，就会发现其书写已经有了不小的进步。虽然书写仍然不好，但这进步也是很可贵的啊！

“老师，我已经尽力了，请给我个等级吧！”这只是一个小小的请求，可自从教师有意无意地把他们圈定为后进生后，他们便与自卑和无奈为伍，花环和掌声成了他们的奢望。郑老师不禁深深地自责。

没有爱就没有教育！

于是，郑老师提笔在他的作业本上写道：“尽心尽力就是最好！”并郑重其事地为他贴上了一个贴纸。其实，郑老师还有一句话没有写出来："请原谅老师以前对你的伤害。"

后进生的请求与呼声似乎很容易被教师忽略，这种请求与呼声如果得不到应有的重视，其心灵的阴云就会愈积愈浓。有爱心与责任心的教师就特别注意倾听这种声音，并顺其心声而采取有效的行动。于是，后进生受到了应有的尊重，学习也发生了翻天覆地的变化。

二、两个学生的"诚实分"

一天，王桂英老师正要离开教室，张路同学拿着试卷挡住了去路，指着一道计算题说道："王老师，您等等，这道题您批错了，答案应该是0.005，我写成0.05了。"

王老师接过试卷，仔细一看："你说得对，是老师批错了，马上改正!"

王老师拿起红笔正要改正的时候，成绩栏里的"61分"跳进了她的眼帘。她犹豫了："扣掉2.5分你就不及格了。"

"您不是经常教育我们诚实比分数更重要吗?"

听了张路的这句话，王老师很开心。

第二天数学课上，王老师把这件事告诉了全班学生，并对张路进行了表扬。然后，王老师说："根据张路的表现，我建议给她加5分诚实分，你们同意吗?"

"行!""没意见!"赞同声此起彼伏。

一个月后，又一次数学测验。成绩公布之后，"数学王子"胡朋拿着试卷找到王老师："老师，这道题的正确答案是185，我写成了85，应该再扣2分。"

王老师刚接过试卷，胡朋就迫不及待地问道："王老师，我会不会加上5分诚实分?"

"当然!"

听了王老师的答复，胡朋开心地跳着出了办公室。

王老师拿起试卷刚要改分，却发现卷面有涂改的痕迹。为什么要把对的改成错的呢？一个大大的问号在王老师脑海盘旋。

"5分诚实分?"王老师若有所悟，胡朋不会在做"93－2＋5＝优秀"的文章吧?

王老师拿起试卷匆匆走向教室，找到胡朋，和他一块向外走去。师生边走边谈，半小时后胡朋哭着认错了："我这次生病没考好，又没有再考的机会，但我太想考全优了，我多么希望老师能再给我一次重考的机会啊！”

王老师由此陷入了深深的思考之中。

第二天数学课上，王老师向全班学生庄严承诺：“从今天起，老师与你们约法三章：其一，如果你们认为哪次成绩不理想，可以提出再考一次的要求，当然题目会不同，只会相似；其二，你们的成绩中会有一个日常态度分，包括课堂参与的积极性、作业情况等；其三，结合教学内容改变测试、评价的方法。老师认为你们不应该被成绩绊住，应把老师对你们的评价看成促使自己不断前进的动力。”

学生欢呼起来。

杨复刚校长对笔者说，王老师在处理这两个学生改分的问题时，既有知错改错的精神，又有从善如流的品质；既有不露声色的诚信教育，也有想学生之所想的人文情怀；既关注某一试卷的问题，又关注数学教育评价的改革。霍家街小学正是因为拥有一批如王老师一样教学能力强、思想品格高的教师，才赢得了家长乃至社会的认可与好评。

教学上的新思维与特色行动

2003 年，全省评教学能手，整个济宁市 300 多所小学推荐参赛的教师共有 14 人，霍家街小学就有 5 人，且在比赛中过关斩将，全部荣获省级教学能手称号。可见，霍家街小学在教学上有着无可争辩的独特优势。但笔者采访的重点并没有放在获奖教师如何取胜方面，而是从教师的新思维与特别行动中取“一瓢水”，进而窥探那真正属于他们自己的特色教育风景。

一、在对话中唤醒学生沉睡的心灵

牛志刚老师教出来的学生思维异常活跃，他的课堂教学形成了一种师生思维交锋的对话场。一名学生在接受笔者采访时用了形象的比喻来形容：“就像是汽油碰上了火星，‘轰’的一下，就着了；就像是炸药包点燃了导火索，‘咣’的一下，就炸了！”是的，它是生成的、创造的、激活的、唤醒的、点燃的。

笔者不仅惊奇于牛志刚老师和学生对话的精彩，更欣赏牛志刚老师的理论阐释。他说，人与世界的基本关系就是对话关系。一个人总是在与自我、与他人、与生活、与社会、与自然、与历史、与现实、与未来、与世界的对话、交流、碰撞中成长、进步、提升的。对话的过程其实就是一个自然化人、人化自然的过程。在对话的过程中，人不断地认识、改造着外部自然即世界，同时也在认识、改造着内部自然即人自身。也就是说，对话在本质上是具有实践性的。一切都是对话，课堂教学也不例外。

在课堂教学中，学生的头脑不是一个等待被填充的容器，而是一个等待被点燃的火种！教师的价值就在于想方设法激活学生的思维、点燃学生的头脑、打开学生紧闭的双眼、唤醒学生沉睡的心灵。也就是说，教师的价值在启蒙。一个人的真正成长总是从他的觉醒开始的。一个能将学生的思维激活、能将学生的头脑点燃、能将学生紧闭的双眼打开、能将学生沉睡的心灵唤醒的教师，才是一个真正意义上的教师。对话、交流是激活、唤醒、点燃学生的最好方式。

萧伯纳说得好："如果你有一个苹果，我有一个苹果，我们彼此交换，我们每个人还是各有一个苹果；如果你有一种思想，我有一种思想，我们彼此交换，我们每个人就拥有了两种思想，甚至更多。"是的，对话使思想与思想交流碰撞从而产生第三种思想，这第三种思想再和其他思想交流碰撞，又会产生第四种、第五种思想……就这样不断地交流碰撞下去，思想的产生就会像原子核爆炸那样爆发出无穷的力量。

二、学生给教师纠错

一次课上，陈薇老师刚板书完例题，几名学生便说道："老师，你抄错数了！"

陈老师一愣："哪个数抄错了？"

一名学生大声说道："你把 45 抄成 54 了！"

陈老师一看，可不是吗。她不好意思地笑了笑："对不起！"随后将"54"改成"45"。

不料又有学生说道："老师，这样不行，请您写一下错因！"

陈老师和学生有一个约定：学生在作业和考试中出现了错题，必须写出错因。没想到老师在课堂上出现错误后，学生"反戈一击"，将了老师一军。

陈老师提笔在黑板上写道："我抄题时精力不集中，没有看清楚，以至抄错了数字，下不为例，请同学们监督！"

这时，教室里静悄悄地，学生们都用赞许的眼光看着陈老师。

杨复刚校长认为，学生之所以敢于给教师当场纠正错误，教师之所以乐于接受学生的指错，说明教师与学生之间已经建立了一种平等互信的师生关系。而一切成功的教学都必须依赖于尊重与信任的师生关系，依赖于和谐安全的课堂氛围。正是在这种氛围里，才有了“吾爱吾师，吾更爱真理”思想的闪现。

三、数学联欢会令学生着迷

说起王伟荣老师别出心裁的数学联欢会，不要说学生乐此不疲，就是家长，也有道不尽的话语。笔者在采访袁宗坦同学的家长时，就充分感受到了大家对数学联欢会的兴趣。

一天放学后，袁宗坦刚一到家，就兴奋地告诉妈妈，班里要举办一次数学联欢会。他已经报名啦，要和另一个同学合作演一个数学小品。妈妈听后有点纳闷，心想：数学联欢会怎么个搞法？取材太有限了，能办得有意义吗？

妈妈甚至为儿子该如何准备节目发起愁来。

事实证明，妈妈的顾虑是多余的，袁宗坦非但没有为此发愁，反而着了迷。接下来的几天，他每天放学后都赶快做完作业，然后全身心地投入节目的构思准备之中。他查阅了家里所有关于趣味数学、脑筋急转弯的书籍，又上网看了许多小品实例。经过几天的努力，居然写出了长达数页的小品，而且将自己在学校学的数学知识也融了进去。

这大大出乎妈妈的意料，也引发了妈妈的兴趣。

数学联欢会上，节目丰富多彩，现场热闹非凡，内容都与数学息息相关。袁宗坦的小品极其成功，赢得阵阵掌声。

袁宗坦的妈妈对笔者说：“儿子在准备节目的过程中，不仅学到了很多知识，更重要的是培养了学习数学的兴趣，调动了学习数学的积极性，特别是能将数学知识巧妙地融于小品之中，能够学以致用了。”

她说，从那次数学联欢会以后，儿子对数学一直保持着浓厚的学习兴趣，数学成绩也有了很大的提高。

自创小品，有效调动了学生的兴趣。将学习数学与创作小品结合起来，似“随风潜入夜”的春雨一样，浇灌在学生求知的心田。其他形式的节目亦然。这样的活动调动的不仅是学生的兴趣，更是将这种兴趣持久化，特别是许多学生渐渐地将兴趣转化成了学习数学的良好习惯。

篇幅所限，割爱甚多。笔者所写多系霍家街小学特有的行动，虽少但新意犹存。更为重要的是，总算开了一个头。抛砖引玉之文，当有更为丰沛内容的大作于后涌现。

笔者期待着，读者亦期待着。

文化升值的精神之旅

——山东省济南市育贤小学心灵阅读史录

“阅读”这道中国古已有之的风景，在当今不少学校已经失去了它固有的光华。但济南市育贤小学在“梦里寻她千百度”之后，终于拥有了“风景这边独好”的美丽。

先字后音，提前阅读

多少年来，先学拼音后识字已经成为小学语文教学不变的“规律”。但育贤小学认为这一“规律”不但影响了学生识字阅读的进程，而且有悖于学习的规律。

如果说数十年前人们对早期教育还漠然置之的话，当今有些家长对早期教育的重视则达到了“过犹不及”的地步。休说有的孩子在幼儿园就开始识字，就是牙牙学语的稚童，有一些也已开始接受家长各种名目的识字教育。初入小学的孩子，对课本上的许多汉字早已认识，此时还通过学习汉语拼音再行识字，不但有无视事实之嫌，而且会挫伤学生学习的兴趣。“兴趣是最好的老师”，若在教学第一环节就无情地斩断学生学习兴趣的链条，对孔子未来学习的影响可想而知。

育贤小学在研究中发现，学生先认字，有了写简单汉字的基础后再学拼音，就很容易把拼音写好，大大降低了学习拼音的难度。所以，先字后音的教学改革便在育贤小学畅行至今。

识字与阅读“连襟”，可以绽放璀璨的光彩。所以，在早识字的同时，育贤小学的提前阅读也拉开了帷幕。

联合国教科文组织研究表明，儿童阅读能力培养的关键期是小学一二年级，中年级之后就会相对困难。也就是说，我们应该使学生在 7 岁左右进入自由阅读状态。进入这一状态的条件是必须认识 2500 个左右的常用汉字。但是按照我们传统的语文教学要求，小学生认完 2500 个汉字需要五六年时间，这就意味着他们的自由阅读期被延迟了。而7岁左右的育贤小学学生，由于先识字后学音和提前诵读，已经完全可以游弋于自由阅读之中。

一年级学生识字超过1500个，无需拼音辅助即可进行阅读；二年级学生除背诵《小学生必背古诗词80首》《中学生必背古诗词50首》外，《三字经》《弟子规》也已熟读成诵；四年级学生开始背诵《论语》等国学名篇。学生阅读数十本乃至上百本中外名著，已经成为寻常之事。

于是，“阅读”这道古已有之的风景，就在育贤小学幻化流转开来。

让学生的阅读直抵高层

有人认为，孩子读书，当以童话为主，抑或多读一些学生作文，因为这与孩子的心理、生活比较贴近。育贤小学校长张立对此却有另一种说法。他说，我们往往低估了孩子的阅读能力，致使他们在阅读的黄金阶段与名著失之交臂。其实，中国古人所说的“取法乎上，得乎其中”是很有道理的。让学生直抵高层，感受大师的风采，无论是对学生思想品格的培养，还是对学生写作水平的提高，都不失为一条佳路坦途。也许有人会说，这是否离一般学生的阅读水平太远了呢？事实并非如此，旧时童蒙初学，便是《四书》《五经》，而且大凡在这方面稍下功夫的学生都可以在读书写作方面踏入高人一筹的境界。中国出了许多世界级的大文学家，无一不是在幼小之时便饱读经典。我们常说“名师出高徒”，如今，名师异常难寻，但现成的名家之书比比皆是，这便是真正的“名师”，舍名家之书不读，而去读末流之作，是舍本逐末，浪费生命。学生读再多的末流之书，也不会写出好的作品来。正是基于这样一种思考，育贤小学学生的读书在“取法乎上”方面破门而入。

在采访中，笔者看到许多学生所读的书目，譬如五年级（1）班李泽婷阅读了350多本书，其中有《西游记》《水浒传》《三国演义》《红楼梦》《悲惨世界》《爱的教育》《伪君子》《汤姆叔叔的小屋》《三个火枪手》《快乐王子》《昆虫记》《八十天环游地球》《双城记》《斯巴达克斯》《老人与海》《雾都孤儿》《十日谈》《欧也妮·葛朗台》等。她不但记住了其中的故事情节，还能较好地剖析人物的性格特征。这令我惊诧于她读书的多与精。

五年级学生高鹏、商琪、宋适蒙、朱乘骏，六年级学生曹如茵、顾婷、崔雨寒、刘苗、任一师等在接受采访时，从容地与笔者谈《复活》中玛斯洛娃的精神复活，《战争与和平》的宏大历史背景，《红与黑》中于连的两重性格，《鲁滨孙漂流记》中鲁滨孙曲折而又艰难的经历，《简·爱》中简·爱的高尚情操，《茶花女》中茶花女从清纯走向堕落，再由堕落走向新生，而最终悲惨逝去的情节等，甚至有的学生还读了陀思妥耶夫斯基的《卡拉马佐夫兄弟》、卡夫卡的小说等。这很令笔者怀疑面对的是否真是一群十几岁的孩子。

张立校长为学生的高层次阅读深感欣慰，他甚至为学生读书打开了一条特殊的绿色通道，那就是只要学生对课本知识真的掌握了，就可以不写作业而去读名著。他说，时间对学生来说异常珍贵，用许多时间去做那些无益的作业，无异于图财害命；而让学生遨游于名著的海洋里，当是无愧于校长称谓的一种应行之事。

读书成为一种习惯

童瑞、刘赫男、吴美玉、王梦瑶、吴美琪、卢文静等同学在接受笔者采访时说，阅读古代经典与中外名著不仅可以陶冶情操、提升文化品位，而且成了他们舍之不去的幸福追求和学习习惯。即使只有点滴的时间，他们也会情不自禁地徜徉于书海之中。

一位同学告诉笔者一个秘密："每逢期末考试前夕，父母总会把我爱不释手的经典名著藏起来，让我专注于复习课本知识。但读书已经成了我生活的必需品，没有它，我就会食不甘味，夜难入眠。迫不得已，只好将厕所作为我的'第二书房'。每天晚上，我都会以上厕所为借口，偷偷地躲在厕所里看书。书中精彩的语言、曲折的情节、主人公悲欢离合的命运，将我推至一个不知时光流转、不知人在何处的空灵境界。沉醉其中的我常常被妈妈的敲门声拉回现实。书海虽美，可妈妈一旦探出其中的奥秘，临时自设的'第二书房'就会变成货真价实的方便之处。我只好将书偷偷地藏到衣服里面，蹑手蹑脚地回到'第一书房'。"

这类学生在育贤小学并不少见。在采访李曼、杨尔荣、宋晓宇、殷晓云、张秀民等教师时，他们都向笔者讲述了一些学生读书的故事。比如，一次期中考试，时间刚刚过半，一个学生便站起来走向教室后面。教师惊讶地问他去干什么。他很自然地说："卷子检查完了，可以交卷了，我到后面图书角拿本书看。"他不慌不忙地走到图书角，选了一本外国名著，走出教室，到校园一角席地而坐，顷刻便宜进入了与书为友的世界里。

张世聪同学甚至说："读书早已成了我生活的必须，它可以令我忘掉疼痛，忘掉眼泪，忘掉一切的不幸。我曾因病感到前途茫茫，一次次地潸然泪下。但后来我用书为自己建了一个堡垒。慢慢地，书为我打开了一个全新的世界，一个全新的人生领域。在书中，我又找回了自己，肯定了生命的意义。无论生活的天地多么渺小，书中的世界都是广大无边的。生老病死，悲欢离合，都由我去破译，去创造，去发挥。父母劝生病的我多休息，可我早已沉迷于书中无法自拔了。对我来说，读书就是最大的享受。”

张立校长说，这种习惯并非一朝一夕养成的。为了使学生养成专心致志读书的良好习惯，学校在课程安排上增加了不少阅读项目，不但有晨读、午读，还有每节课两分钟的预备读。此举旨在引导学生利用这些细碎时间进行阅读、背诵，进而养成充分利用时间和自觉阅读的良好习惯。

速成作文也能文意俱佳

经典诵读的时间一长，内化于学生心中的文学甚至哲学的种子就会自然萌生嫩芽，有的还会破土而出，吐露绿叶，绽放芳香。笔者读过育贤小学许多学生的作文，不少都生动流畅，意蕴丰长。

2004 年 7 月 4 日下午，育贤小学的学生给了笔者一个惊喜。

由我们这些所谓的“专家”给高年级的学生当场出一些作文题目，限其 40 分钟内完成。一看屏幕上呈现的几个作文题目，笔者感到其中有些为难的成分。40 分钟时间一到，被叫到台上的学生就要面对观众朗诵自己的作文，笔者很担心有哪个“专家”叫到一个尚未成稿或写得很差的学生，这样会让其受到打击。然而事实证明这完全是杞人忧天，被随意指定的 6 位学生的作文都写得颇富文采且个性张扬。于此，将张世聪同学的《我想飞》一文照录如下——

习惯了简单而枯燥的安稳日子，渐渐忘却了自己也曾经自由地飞翔。

固定的学业、固定的朋友、固定的家人，固定的一切，组成一个封闭的空间，禁锢着你的肉体和灵魂。日复一日，年复一年，渐渐地忘了你也曾得意洋洋，也曾意气风发，也曾坐在路边数着来往的车辆。如今，取而代之的是繁忙的学业、烦琐的家务、烦躁的心情和枯萎的灵魂。

不觉中，我冒出一个新奇、大胆的念头：我想飞。

是人没有不想飞的。老是在这地面上“爬着”多么令人厌烦。飞出这圈子，飞出这圈子！到云端去，到云端去！哪个人心里不成天千百遍地这么想？飞上天空去浮着，看地球这弹丸之物在太空里滚着，从陆地看到大海，从大海看到陆地。凌空看个明白——这才是做人的趣味，做人的权威，做人的交代。这躯体要是挪不动，就掷了它，可能的话，飞出这圈子，飞出这圈子！

飞。人们原来都是会飞的。天使们有翅膀，会飞；我们初来时也有翅膀，会飞。我们最初就是飞了来的，有的做完了事还是飞了去的。

遗忘也是一种本能，它更是这个残酷世界留给人类最后的本能。遗忘，是人类保护自己的唯一盾牌。忘记创伤、忘记背叛、忘记失望，只有把这一切用遗忘的盾牌挡在生命之外，你才能若无其事地生存下去，把生命的意义全部遗忘，只为生存而生存，直到死亡。当死神降临，他会慈悲地收回你遗忘的本能，让你的思维恢复清明，迎接未来的指引，脱离肉体的束缚，重拾所有的本能，让你自在地飞，随意地游，自由地呼吸。举目四望，找寻到你梦中的天堂。只有肉体的死亡，才能让灵魂自由地飞翔，一直飞翔、飞翔、飞翔……

让笨重的肉体消失吧，让轻盈的灵魂起飞吧，让我们每个人的灵魂都迎风飞舞，品尝飞翔的快乐感觉吧！

且不说这位学生从容自然的文风，就其对“我想飞”的大胆想象，就令我们感到其写作已超越了一般化的学生习作层面。若不是数百个“证人”在场，真的怀疑它产生的真实性。为此，笔者采访了张世聪同学。

她说：“作文题目一呈现我的眼前，我的知识储备与奇思妙想便同时涌进脑海。因为人类在石器时代，已经想长翅膀，想飞。猿人洞壁上画的‘四不像’，背上也掮着翅膀。小爱神丘比特是拥有一对粉嫩的肉翅的。安琪儿也有翅膀，是能飞的。可见，以前人类便有这种思考，也有表达‘我想飞’的情感冲动与理性思考。”

张世聪同学的写作感悟同样具有文采与哲理。我不知道她何以在小小年纪就有如此高超的口头表述能力与书面表达水平。但她说，这并不奇怪，几年的古代经典与中外名著的诵读，使不少同学有了“下笔如有神”的创作灵感。她说，有了冲动与思考，如果没有一定的文化积淀，表达出来就会味同嚼蜡。这时，笔者才顿悟何以一些速成作文也能文意俱佳。

“师不必贤于弟子”

阅读与背诵量的增加，不仅使学生文采飞扬，还为他们诠释课文增添了亮丽的色彩。课堂上不但演绎着孔子“教学相长”的古训，也出现了韩愈“师不必贤于弟子”的教育景观。

在初学《乌塔》一课后，刘璞老师请同学们说一说自己对意大利的了解。刘老师只是想将其作为一个平常的过渡性教学环节，没想到学生抓住这一机会，让自己的所学所知有了挥洒驰骋的平台。有的学生绘声绘色地描绘了意大利优美的“水城”威尼斯，有的学生则生动地叙说了“国中国”——梵蒂冈。黄云鹏同学说：“意大利的首都罗马有个著名的斗兽场，而且是世界上最残酷凶狠的舞台，因此，古罗马也被称为‘狮城’。”王丰琨同学立刻反对他说：“新加坡才是真正的‘狮城’。”于是论战的硝烟燃起。而两人各自的支持者也已跃跃欲试，参与到论战之中，知识自然地向古今中外延伸。刘老师只好在讲台上洗耳恭听，“弟子不必不如师，师不必贤于弟子”的话语在她的心里缓缓地滑过。

六年级的殷老师在教学《李时珍》一课时，同样有过刘老师这种幸福与尴尬同在的经历。她让学生介绍一些有关李时珍的资料，没想到一个学生谈起了《本草纲目》。殷老师惊讶地问其何以读此书时，这个学生表现得非常平淡。她说《本草纲目》本是爷爷的心爱之书，酷爱读书的她也好奇地翻阅起来。没想到这一翻就翻出了兴趣，对此书爱不释手了。殷老师干脆拿出一节课的时间让她为大家做了一个讲座。这个学生不但介绍了《本草纲目》的主要内容，还谈了自己的心得体会。以学生身份听讲的殷老师也如其他同学一样，在心怀佩服与汲取知识中经历了一次难忘的精神之旅。

刘老师和殷老师在接受笔者采访时说，学生所拥有的知识早已远远挣脱了课本内容的羁绊。为人师的她们，必须走进阅读的天地，不然，教师在学生心目中的“师资”便不复存在了。

阅读成为教师的必需

如刘老师和殷老师一样认识到必须通过阅读提升者已经成为一个群体，他们的阅读同样在育贤小学演绎出了一曲令人荡气回肠的乐曲。

笔者曾听不少人说，育贤小学的教师不会走，因为他们总是以跑代步。意思是他们珍惜每一分每一秒的时间。因为他们除了正常的备课、教课、批改作业之外，还要阅读与写作。繁忙劳累与每一位教师同行。

在采访吕慧、孙恩、刘殷、李兴云、李晓等教师时，他们都说因为有了读书与写作的收获，因此也体验到了文化升值的愉悦，累中有甜，苦中有乐。几年持之以恒的读书、背书，使教师心中大都藏有不少的经典名著。文化视野的拓展，在教学上自然而然地外化出来。教学再也不是文本的机械解读，不是教参解说的简单重复，而是举一反三、触类旁通的知识延伸与渗透。以前备课要几个小时，现在只需一两个小时甚至更短的时间便可；往日令人头疼的写作教学，现在多已应付自如。若学校需要教师在一个小时内交上一份工作总结或写作札记，教师们大都能够如期完成甚至提前交稿。而内容的完整、丰富，常令校长惊叹不已。

张燕、文婷、闫文夏、刘金华、王克可、平股等教师还向笔者讲述了教师阅读中的许多感人故事。他们认为，阅读给予他们的是一种流泻奔淌的幸福。他们认为，育贤小学的师生共同营造了一种阅读名著的氛围，也营造了快乐的书香环境。

有人认为阅读是语文教师的专利，而在育贤小学则不然。数学教师李琴、郑红丽、王冬艳等在接受笔者采访时说，她们和语文教师一样，特别喜欢阅读。教师在课堂上与学生同读数学名著已经成为数学教学的一个亮点。阅读，使数学教学同时拥有了逻辑思维与形象思维的双翼，在课堂上展现出了迷人的魅力。

教学综合实践活动课的朱其兰、科学课的周洋、信息课的张胜春、美术课的柴本斐、体育课的董继勤，以及做后勤工作的刘安等，谈起读书来同样眉飞色舞，有的还拿出几年来所写的读书札记让笔者翻阅。有人曾担心这会成为他们工作上的一种负担，他们却说："开始阶段的确步履艰难，甚至觉得让我们这样的教师阅读是多此一举。可时间一长，我们读书也上了瘾，如吃饭睡觉一样，成为断不可缺少的一种'食品'。"

笔者在育贤小学采访时，分管教学的赵校长已近临产，每天还是早出晚归的。她说学校有一个"磁场"，那就是读书的巨大诱惑，如果不到学校感受这种读书的氛围，心里便不踏实。笔者发现，赵校长文雅娴静，充满书香气。

师生同背《论语》悄然兴起

孔子是著名的思想家、教育家，两千多年过去了，其思想对世人的影响有增无减。对孔子及其思想的研究成了中国乃至世界一个不衰的命题。作为教育工作者，了解与研究孔子，探索孔子的思想及其现实意义，当是一种历史的责任与时势的要求。

育贤小学的一些教师已经意识到了这种责任的重大与时势的紧迫。对《论语》情有独钟的高雯老师在接受笔者采访时说，在花样翻新的当代教育教学中，舍近求远、舍孔求洋的现象非常令人担忧，误入歧途、泯灭个性的现象亦不少见。孔子留给我们的精神资产，首先应当由我们中国的教育者来继承与发扬光大。

只有真正地了解与研究孔子的教育思想才能更好地继承。高雯老师对反映孔子思想的经典之作《论语》已经拜读多次，但仍觉得对其思想要义仍有雾里看花之感。于是，她想到了背诵。既然“读书百遍”就能“其义自见”，那么背诵之后，孔子的教育思想就会不讲自明了。在她看来，背诵是一种快乐，但“独乐乐”，不如“众乐乐”。于是她想到了学生。与学生同背《论语》，当是一件快事，也是一件善事。这一想法刚一公布，就得到了学生的积极响应。在采取了一定的激励措施之后，学生背诵《论语》的热情越来越高。两个月过去了，不少学生已经背诵了4篇，高雯老师却刚刚背了3篇多。显然高雯老师成了“落伍者”，但她也成了幸福者，因为她的教育格言是：“学生的成败就是我的成败，学生的进步就是我的进步。”采访她的学生王婧昕、于鲲鹏、刘冉等时，他们很自豪，认为“青出于蓝而胜于蓝”是他们的心愿，同时也是老师所希望的。

高雯老师说，孔子的许多思想并没有过时，如“因材施教”“以人为本”。学生背诵《论语》之后，不但提高了写作水平，还提升了人生境界。如此一来，中国优秀的传统文化也不是后继乏人，而是薪尽火传了。

不止语文教师，其他学科的教师也都加入到了师生同读同背国学名篇的行列。一年级数学教师王冬艳、李琴在接受笔者采访时说，她们与学生同读同背古代经典已经整整5年了，摘抄的精彩片段与撰写的读书札记早已积累起了高高的一叠，背诵的诗文也已有了厚厚的一本。她们还说，要问育贤小学给予教师的精神财富是什么，那就是师生共同的文化发展，就是走向未来的精神支撑。

在育贤小学，师生同读同背是一种“全民性”的活动。教师在与学生一起读书和背诵的时候，常常是不知时间之流逝，不知辛苦为何物。而效率之高，也远远超出了最初的预想。蓦然回首时，教师们才发现在同读同背中，自己也渐渐“腹有诗书气自华”了。

“随风潜入夜”的“师言榜”

向师性是小学生共有的心理趋向，德高学丰的教师往往会成为学生心中的偶像。育贤小学高度重视这一心理趋向，同时为了充分发挥偶像的作用，就有了“师言榜”。

“师言榜”置于教学办公楼的东墙之上，由玻璃镜框镶嵌而成。其间不但有全校教师的彩色照片和姓名，还有每人所担任的学科、最尊敬的人、喜欢的书、人生格言和教师寄语。

教师“最尊敬的人”有世界知名的政治家、军事家、教育家、文学家等，也有自己的父母和当代教师。对这些人何以成为教师“最尊敬的人”，自然要有一个充足的理由。探寻其中的奥妙，就成了学生的心中所想。于是，就有了教师给予学生的一个相对完美的“交代”。这种“交代”从显性层面上是一种答疑，深层的内涵却是一种读书的引导与无声的教育。不同教师的不同“交代”，构成了一个多元结构的教育体系。

教师的“人生格言”有的是个人理想的追求，有的是自身经历的结晶，给予学生的，无一不是走向成功的人生启示。张立校长的“责人之心责己，爱己之心爱人”，昭示的是一种人本思想的管理理念；赵静副校长的“让生命辉煌，就别浪费青春”，弥散着对青年教师和少年儿童珍惜时间的谆谆告诫；曹维英老师的“温、良、恭、俭、让”，借用儒家先师孔子之言昭示为人师者应具有的内在修养与外在表征；米振明老师的“人无完人，完人我欲”，追求的是一种至真至善至美的“完人”境界；李纯涛老师的“有信心不一定能赢，没有信心就一定输”，在张扬自信的伟力之时又给了学生一个明丽的心理暗示；夏勇老师的“要迎着晨光实干，不要面对晚霞幻想”，以形象的比喻说明努力实干的重要；李琴老师的“时间是个常数，但对勤奋者来说是个变数，用分来计算时间的人比用小时来计算时间的人的时间多了59倍”，给人以时不我待的紧迫感；李兴燕老师的“读一切好的书，就是和许多高尚的人谈话”，将优秀之书育人的道理形象地呈现出来。

“教师寄语”是教师专门为学生写的经典话语，也是寄寓着希望与期待的肺腑之言。张望老师的“立志欲坚不欲锐，成功在久不在速”，告诫学生持之以恒方能成功的道理；马晓琨老师的“现实是此岸，理想是彼岸，中间隔着湍急的河流，行动则是架在河上的桥梁”，将比喻与哲理融于一体，给学生以行动的启示；周莺老师的“人之学如渴而饮河海。大饮则大盈，小饮则小盈；大观则大见，小观则小见”，昭示的是学无止境的深刻道理；郑红丽老师的“爱你的眼睛，那清澈的瞳孔后，是一片纯美的田园。我在你的田园里，收获着纯洁、信任和欢欣”，将对天真烂漫的孩子的爱，以及与之共欢共乐的心境淋漓尽致地呈现出来；赵霞老师的“我希望，我能为孩子锻炼两种力量，一种是人文的力量，一种是科学的力量；我希望，我能为孩子插上两只翅膀，一只是自由的翅膀，一只是快乐的翅膀”，其中有对学生能力培养的期待，也有放飞学生的心理期待。

据张立校长讲，由于教师在长期的阅读中接触到高尚的思想与生动的语言，所以每个教师在向学生推荐自己喜欢的书时，以及在“最尊敬的人”和“教师寄语”中，都蕴藉了自己的理想与文化追求。爱读书的学生常常在“师言榜”前驻足，有的还做了记录。循着教师的思路，学生也在计划着购买自己最喜欢的图书，自觉地勾画心中最敬爱的人，去寻找属于自己的人生格言。无声的教育、读书的引领，就这样“随风潜入夜”地驶进了学生的心间。

育贤小学师生的阅读研究具有很高的研究价值，“育贤小学语文读写整体教学改革实验”已经正式作为济南市科研课题立项，并将在更大的范围内推广。

“袖珍式学校”的大手笔

——山东省胶州市向阳小学的“IC效应”与“2433工程”

在尚未采访胶州市向阳小学之前，笔者便从不同的渠道听说过这所“袖珍式学校”，它不仅有美丽的大海相伴，更有令我颇感兴趣的“IC效应”和“2433工程”，还有一个智慧型校长韩珍德。在百花争妍与海天一色共绘春晖的桃花三月，笔者有幸对这所学校进行了专访。确实名不虚传，学校里的教育景观几乎俯拾即是。于是，我开始收拢它送给我的一个又一个惊喜。

发挥“IC效应”，凸显管理智慧

向阳小学静卧于美丽的胶州湾畔，比诸浩渺无涯的大海，真的是沧海一粟；即使在青岛市星罗棋布的小学中，也有些小得“微不足道”。

它是一所镇办学校，占地6000平方米，只有一座1800平方米的教学办公楼。所以被人戏称为“袖珍式学校”。

就是这样一所“袖珍式学校”却有20个教学班，1500名学生，80位教师。

于是，校长韩珍德便有了一个精彩的话语：“发挥‘IC效应’，凸显管理智慧。”

IC是英文Integrated Circuit（集成电路）的缩写。在高科技迅速发展的信息时代，小体积、大容量而又高效率的模式越来越引起人们的重视。韩珍德校长似乎从中有所悟，于是精心策划并付诸实施了这一“IC效应”。

“向阳百科书”是“IC效应”的经典作品，它在学校一间只有19平方米的德育室中占有“半壁江山”。它将校史资料、教育法规、治校方略和教育成果等内容高度浓缩于72块展牌之中，又巧妙地安装在72条斜置轨道上，插放在不足6米宽的一面墙壁里。一块块展牌犹如一本本大书，“书脊”依次排开，一目了然，格外壮观。欲寻什么内容，轻轻一拉，整块展牌便赫然入目，令人眼睛一亮，顿感惊奇。

学校操场不大，约有1600平方米，在这里“IC效应”依然魅力无穷。韩珍德校长请总务人员在操场南端建起了13个特制篮球架，等距离一字排开，蔚为壮观。有时学校同时安排三个班上篮球训练课，几十个篮球在空中、地下和篮板上不规则地翻转，近百名学生呼喊腾跃，演绎出一种特殊的“奇观”，常常引得校外行人止步赞叹。

阅读是人类继承既有优秀文化的最好载体之一，有人称之为提升思想及文化品位的精神漫游。小学生如果只盯着课本知识而拒绝广泛的课外阅读，便少了精神漫游的无穷乐趣，也少了成才的广阔背景与必要条件。所以说，一所学校藏书的多寡与品位的高下，以及为学生提供阅读的空间如何，是衡量其是否关注生命个体精神生活与能否成才的重要标志之一。可向阳小学实在太小了，韩珍德校长行走在学校的每一个角落，一遍又一遍地“寻寻觅觅”。一天深夜，他沉沉睡去，梦见学校的两间洗手间变成了宽敞的阅览室，他高兴得惊呼起来。醒来方知是梦。这令拥有创新思维品质的韩珍德校长有了新想法。他一到学校就迫不及待地将自己的突发奇想告诉学校其他领导，随后便与教师们一起动手，对洗手间以及与之比邻的走廊和门庭进行了改造：书橱全部挂放在壁墙里，阅览桌则做成简易的隔板式，坐凳采用长条形的。于是，藏书3万多本的第一阅览室与第二阅览室，以其小巧玲珑而又美观实用的形态诞生了。

学生的精神漫游迎来了丰硕的成果。学生宋惠在二年级时便将小学课本的生字全部学完；写作成了学生的一种爱好，各种文体的习作纷涌迭出。韩珍德校长为之欣慰的同时，也在思考如何使学生的这些精神产品得以“发表”，以激发其长久不衰的阅读及写作热情。精选佳作推荐到有关报刊是一条可行之路，仅2001年就有16名学生的作品在省级或国家级报刊上发表。但学校应当为更多的学生提供发表作品的园地，让他们感受到被认可的心理愉悦。可学校空不出一间展室。经过考虑，他们在走廊暖气片上方建了200多米长的长方形搁板，用来展示学生的配画文、读书笔记及其他作品；利用走廊上的后窗，为各班做了两块张贴学生手抄报和钢笔字的展牌。哪篇作品写得出神入化，哪位同学“牌”上有名，哪位同学就成了师生们津津乐道的话题。况且展牌内容常换常新，学生名字频繁出现，“各领风骚”，学生便有了长久的喜悦与激情。

其实，你在学校的任何一个角落都可以看到“风景这边独好”的创新亮点。用教师们的话说，“IC效应”工程就是“创新公司”与“点子公司”，“首席执行官”就是校长韩珍德。可不，他创造了胶州中小学教育史上的七个第一：第一家成立管乐队；第一家建立闭路电视与地面接收站；第一家建立校园电视台；第一家建立微机室；第一家使用视频展示台；第一家设立教育科研室；第一家创办家长学校。

“IC 效应”还辐射到教育理念和教学改革上。韩珍德校长认为，学校虽小，思想不能贫乏，理念不能老旧，视野不能狭窄。他一方面与教师们到全国各地学习先进的教育思想与改革经验，一方面将专家学者请到学校，让大家“不行而知”天下事。有时还承担大型会议，让“各路诸侯”云集胶州，让教师与其共同探讨教育教学改革的大事。采访韩珍德校长时，他正在专心致志地学习加入 WTO 与中国教育的有关论著。他说：“现在向阳小学不仅要有在本市、本省、本国生存发展的空间，还要考虑到如何在国际环境里生存发展，不了解世界教育发展的动态，没有融入世界潮流的气魄，学校便会像失去方向的小舟一样被波涛汹涌的大海所吞噬。这绝非危言耸听，因为我们现在面对的是一个崭新的世界，谁不能及早地走向这个世界，就必然被其所遗弃。”

“IC 效应”既昭示出一种智慧，也反映出一种胸怀与眼光。在看似小而无为的状态里，闪烁着放眼未来的智慧。诚如老子所言：“可名于大。”没有这一“大”，“风景”只能呈其小巧玲珑之美；而有了大的胸怀与眼光，小的风景也会展示出气吞山河的壮丽。

构建“2433 工程”，突出以美育人特色

美育是一个古老而又现代的命题，不论是古希腊的苏格拉底与亚里士多德，还是中国的孔子与老子，都对此做过论述。中国古代被称为“六艺”的礼、乐、射、御、书、数，“盖自数以外，无不含有美育成分者”。尤其是自蔡元培先生就任北京大学校长之后，倡行“五育并举”，美育更是名正言顺地走进国人的教育视野。现在实施美育的各种方略更是应运而生。向阳小学也响亮地喊出了“以美育人，育美的人”的口号，并启动了“2433 工程”，以新、以美打造自己的品牌。

“2433 工程”是向阳小学实施美育的一个主体工程，既具有全面性，又具有个性化；既有崭新的教育理念，又有行之有效的实施方案。“2433”指的是 2 个 4 和 3 个 3。2 个 4 包括：（1）突出办学中的养成教育、电化教育、创造教育和艺术教育这四个特色；（2）做到优化干部、教师和学生三支队伍，优化学校管理，优化教学过程，优化育人环境这四个方面。3 个 3 包括：（1）把学校办成培养学生聪明才智的校园，发展学生兴趣的乐园，

陶冶学生美的情趣的花园；（2）抓好校风、教风和学风“三风建设”，构造校风要正、学风要浓、教风要好的教与学的教育教学体系；（3）形成三个样子，即学校有学校的样子，教师有教师的样子，学生有学生的样子。

对于“2433”的每一个点，韩珍德校长都能谈得令人心向往之，譬如“三个样子”，除了生动的细节描述之外，还有简明扼要的概述：学校的样子体现在“勤奋、文明、诚实、活泼”的校训精神和“三园”风貌上；教师的样子要求端庄、朴实和大方，给学生做出表率，为社会树立风范；学生的样子要体现“向阳少年，领先一步，步步领先”的精神，要衣帽整洁，体态健美，言行文明。

笔者在向阳小学校园一转，便顿有美在其间的感觉。于是，流连忘返，不忍离去，深入的采访就在妙趣横生中开始了——

校园里三季有花，四季常青。操场北面，是造型别致的国旗台：由绿茵与灌木组成“向阳”二字，意味着向阳小学的学生永远向着太阳成长。操场南面，是一排简而不陋的平房：花盆错落有致地挂在墙壁之上，红花绿叶映衬出生机一片。操场东面，是一排矮而不俗的厕所：墙上是用红色软管做成的五线谱形状的花架，分别擎着“海之阔”“心之诚”“美之韵”和“净之魂”12 个艺术大字。操场东北角，是建造的“妙笔生花”地：在白花争妍的花坛后面，有一道 200 平方米的艺术画墙，供学生书画。韩珍德校长非常得意地告诉笔者，这里与楼道墙壁中用瓷瓦贴成的艺术画墙，是他们的“美术教室”，既是学生驰骋想象与艺术创作的天地，也是产生小画家的摇篮。

实施美育工程，教师的表率作用是一个永远的话题。向阳小学对教师的言行举止都有明确的要求，因为教师施教于学生主要通过三个渠道：一是有声语言，二是形体语言，三是人格魅力。学校要求教师的有声语言要标准优美、生动有趣，具有角色性，富有表现力与感染力。形体语言要高雅大方、真挚自然、热情友善、宽容大度。人格魅力是一位教师学识修养、心理状态、思想品质的综合外化，在无形中会对学生形成一种感召力。所以，铸造教师的人格魅力，成了韩珍德校长心中的一件大事。据教师们讲，韩珍德校长的人格魅力便是凝聚人心的一种无形力量。他每天早上 6:30 到校，没有节假日，没有周末，于他，上班成了一种乐趣，一种幸福，一种生活方式。他懂木工、电工、书法、绘画、设计等，被教师们誉为“不知疲倦的全才校长”。六一儿童节，他与学生同场作画，共绘美丽；三八妇女节，他与教师同台演唱，齐咏幸福；运动场上，他与师生一争高下，同展英姿……他对事业的执着追求、对工作的认真负责、对教师的真诚热爱、对学生的关心爱护、对生活的热情洋溢，他的广博多览、学识渊博、多才多艺和过人智慧，构成了一种令人心服口服的精神力量。但韩珍德校长却说，教师的人格魅力才是学校最美的风景，“以美育人”和“育美的人”。如果离开了这道风景，便会使所有的努力付之东流。诚哉斯言！不论是采访校长，还是与教师交谈，自然天成的美丽都会给人带来一种特殊的愉悦。而在这种人文构造的美的环境中，学生德才兼备且兴趣广泛也就在情理之中了。

提起标语与口号，似乎了无新意又格外沉重，而向阳小学却能脱俗出新。校园里的灯箱做得美轮美奂，上面的标语更是意味深长：“向阳少年，领先一步！”“自豪，我是向阳人！”用韩珍德校长的话说，这里面透着自信，同时也昭示着崭新的办学理念。步入教学大楼门厅，有“自古英雄出少年”的壁画，有工整美观的常用汉字牌，无声地张扬着中国的传统美德和汉字的华美。在楼梯等部位也有标语：“你扔掉的是垃圾，我捡起的是品质。”“想起妈妈唠叨的，记住老师强调的，完成今天该做的。”……天长日久，这些格言警句式的话语便已深入学生心中，变成了其思想和行动。校门内侧上方的标语是：“走出向阳大门，不要忘记自己是向阳人！”提醒学生放学离校后应讲究社会公德，做文明守纪的小学生。就连厕所里也贴有“愿我们共创文明，同有高雅”的劝勉语，要求学生不论在何时何地都要“做美的事，做美的人”。韩珍德校长精心设计的200多块标语牌，各有千秋，渗透着无形的教育力量。

当美育在学生的心里扎下根之后，他们走到哪里，哪里就有了美的色彩。

校外，向阳小学的美育工程也在构建。

每年清明节前夕，向阳小学的少先队员会拿着用易拉罐等废品换来的油漆和毛笔，分组到烈士陵园描碑文，同时在陵前举行“忆烈士，立志向”仪式。这不只是在学生心里演绎了一场走近烈士的心灵美之旅，也使其他前来祭扫烈士陵墓的人看到了未来和希望。“继承烈士遗志，做向阳好少年！”在最庄严的场合发出了最动人的誓言。

2002年春节期间，胶州市政府投入数十万元，在市内建立了“万花筒”。不料，一些花球被人摘去，“万花筒”变成了“半花筒”，令原本喜庆的节日大煞风景。开学之初，向阳小学少先队大队部便向全市少先队员发出倡议：捐献压岁钱，修复“万花筒”，用爱心把胶州变得更加美丽。很快，鲜艳的“红领巾”在“万花筒”周围聚集起来，花球不断增加。市民在投来赞许目光的同时，爱美之心也油然而生。“万花筒”现出了昔日的美丽，有人说，因了少先队员的参与，“万花筒”更有了心灵美的玲珑剔透。

思想家、美学家毕达哥拉斯认为，美就是和谐。今天在实施美育时，人们仍然没有忽略和谐的要义。韩珍德校长十分注重为学生营造和谐美的学习环境，他提出了四个“还给”：将童心还给学生，将灵性还给学生，将时间还给学生，将主动权还给学生。他认为，学习应是快乐的，童年应是愉快的，生命个体应当拥有本该属于他自己的幸福。所以，他要求教师真正走进学生的心灵，以赏识的眼光去发现美，把课备好；以真诚的情感去表扬，把课上好；以饱满的热情去激励，把学生教好。要求教师牢固树立把爱心献给全体学生的观念，特别是把爱心献给学困生、特困生、特殊生；树立“人人都是人才，人人都能成才”的观念，用多把尺子衡量学生，带着“放大镜”来看学生的闪光点，蹲下来和学生说话，尊重学生的人格。于是，学生变得自尊、自信、自爱、自强了，也有了情感的愉悦与积极进取的心理状态。

生活中从不缺少美，而是缺少发现。细究“发现”二字，又多有灵性与创造的内涵。向阳小学之所以给人以美不胜收的感觉，是因为具有灵性的向阳人发现了学校既有的美丽，挖掘了其潜在的美，更是群策群力创造了美。这种美有景物美，也有语言美和行为美。“美景可以宜人”“美言可以市尊，美行可以加人”。而这种全方位的美构成的和谐美，使向阳小学的美育独具特色，同时也拥有了丰富的思想内涵与文化底蕴。

“智者不言”留给我的诱惑

向阳小学尽管没有进行大量宣传与着意包装，但他们的“IC 效应”和“2433 工程”早已不胫而走，外来学习者络绎不绝。仅三年间，就有 3000 多位省内外专家、学者和同人来校参观考察。2000 年，向阳小学为全国学校艺术教育工作经验交流提供了一个“丰富多彩”的现场会，展示了学校“以美育人，育美的人”的风采。2001 年，两个国家级会议在向阳小学召开，来自全国 389 所学校的领导汇聚胶州，成为胶州湾一道亮丽的人文景观。

如何在既有创意上再出新意，在已有成绩上再创辉煌，成了值得向阳小学深思的发展课题。

问及韩珍德校长如何谋划未来时，他神秘地一笑，说：“古有‘知者不言，言者不知’之说，尽管其‘言’另有他意，我也称不上‘知者’，但我还是不想多言尚未实现的那个梦想。不过，可以透露一点儿思路……”

韩珍德校长说：“现今人才交流国际化，人才标准国际化，拥有创新精神和创新能力的人已经成为推动社会发展的主要力量。世界在变小，从而使得我们与一些发达国家的教育的零距离接触成为现实。这对我们教育工作者提出了更高的要求：必须站在更高的视点上看向阳小学，看学校的教育质量。所以，我们正围绕三个方面做另一篇大文章：一是随着学校面临的市场的不断扩大，原有‘IC’的内涵与外延也要变化，需要赋予其新意或进行一定的调整，此所谓‘世易时移，变法宜矣’；二是国际上新的教育理念与教育方法纷至沓来的时候，我们一定要有大国风范，是好东西，就毫不犹豫地拿来，使向阳小学迅速融入世界潮流，此所谓‘洋为中用’；三是要有自信，要有自己的创新思路，充分发挥自己的优势，努力打造自己的品牌，此所谓‘根深固柢’。”再问具体做法，韩珍德校长留给笔者一个不太遥远的期待：“明年，最迟后年，我们向阳人会把您再次邀来，送给您一个更大的惊喜。”

在返程的火车上，笔者久久地凝视窗外，想象着再访向阳小学的景况。韩珍德校长那神秘的笑容时不时在眼前浮现，使笔者一次又一次地否定自己的假想答案。“知者不言”没为笔者留下太多的遗憾，倒是给了笔者巨大的诱惑，让笔者长久地想着那个明年、后年……

江苏凤凰教育出版社
《行知工程》系列丛书目录

系列	序号	书名	作者	定价
教育思想者系列	1	《治校之道——小学名校长的办学智慧(2)》	陶继新	32.00
	2	《治校之道——小学名校长的办学智慧(1)》	陶继新	35.00
	3	《治校之道——中学名校长的办学智慧(1)》	陶继新	40.00
	4	《治校之道——中学名校长的办学智慧(2)》	陶继新	35.00
	5	《名校之道——陶继新对话名校长（1）》	陶继新	30.00
	6	《名校之道——陶继新对话名校长（2）》	陶继新	35.00
	7	《名校之道——陶继新对话名校长（3）》	陶继新	42.00
	8	《名校之道——陶继新对话名校长（4）》	陶继新	40.00
	9	《名校之道——陶继新对话名校长（5）》	陶继新	42.00
	10	《父母要成为子女的精神导师——五个孩子走向卓越的奥秘》	陶继新	43.00
	11	《品鉴教育文化盛宴——陶继新序跋屯集》	陶继新	45.00
	12	《为什么而出发——一位研究者对教育本质的沉思》	齐　健	35.00
	13	《高效教学的道与术——陶继新教育讲演录》	陶继新	30.00
	14	《铸造一流教育品质——陶继新区域教育巡礼》	陶继新	35.00
	15	《教育，一切从孩子出发》	黄　俭	30.00
教育艺术提升系列	16	《不犯错误的学生不是好学生——把错误变为成功教育的拐点》	程莉霞	35.00
	17	《藏在师生体态语言里的教学智慧》	张　宇　廖生波	30.00
	18	《教师最应该规避的教育误区》	杨坤道	30.00
名师成长系列	19	《音乐名师成长启示录——20位音乐名师的心路历程》	陈　璞	35.00
	20	《情怀·智慧·境界——教育名家演讲录（1）》	钟惠河　李韫琬	30.00
精彩课堂系列	21	《让孩子零起点爱上阅读——上好阅读指导课的实施策略)》	彭小山	25.00
	22	《主题整合阅读教学（小学语文）》	成孟武	35.00
	23	《基于核心素养的数学教学》	赵红婷	35.00
	24	《中学生核心写作能力培养》	陶　波	36.00
	25	《给孩子更好的数学课堂》	易增加	30.00
	26	《小学生阅读素养的提升策略》	邵巧治	35.00
	27	《从语文素养走向生命成长——小学语文读写课堂教学密码》	曾海玲	30.00
	28	《真实的品德课》	朱淑秀	30.00
	29	《英语课堂学习共同体——新型的师生交互学习场》	杨延从	30.00
	30	《指导自主学习——初中数学学与教的研究与实践》	刘其武	30.00
	31	《玩出精彩的课堂——小学低年级教与学方式转变研究》	陶红松	30.00
	32	《让生命之花自主绽放——语文个性化教学建构策略》	商德远	30.00
	33	《让学生亲历知识——主体参与下体验式学习的实施策略》	何世祥	30.00

系列	序号	书名	作者	定价
教育求索系列	34	《做有智慧的班主任——班主任讲述自己的反思与智慧》	李　楠　李志远	35.00
	35	《成语育人——成语文化课程的开发与实践》	张红梅	35.00
	36	《做有思想的教师》	张玉彬	45.00
	37	《区域规范性教研共同体建设及其实践》	陈宗成	40.00
	38	《让诗意润泽心灵——德育校本课程的开发与实施》	陈亚兰	40.00
	39	《联想形象识字教学——让学生感悟汉字神韵》	侯忠彦	50.00
	40	《思维导图教学法：一位历史老师的教学探索》	罗培生	35.00
	41	《让经典滋养人生——名著导读教学策略（中学）》	郑建忠	35.00
	42	《关注每一位儿童的发展——语文小班化教学的探索和实践》	何慧玲	40.00
	43	《让生命诗意地栖居——诗意教育的理念建构与实践探索》	钱丽美	40.00
	44	《怎样上好语文课——时鹏寿解析精彩课例》	时鹏寿	45.00
	45	《让书香浸润生命——时鹏寿伴你品读经典》	时鹏寿	35.00
	46	《开在手心里的花——一位优秀教师的教育情怀》	詹雪莲	40.00
	47	《学科建设与教师发展——中学数学》	杨志文	30.00
	48	《欣说教育那“一亩三分地” ——一位一线教师的教育微思考》	王庆欣	30.00
	49	《爱的守望——一位一线教师对教育的坚守》	林卫红	30.00
	50	《思政教学的人文力量》	戴晓华	30.00
	51	《师道新说——给教育者的30条箴言》	徐　卫	30.00
	52	《快乐数学——初中数学教学方式探索》	孙国芹	36.00
教育探索者系列	53	《教育，静待花开——陪伴孩子一起成长》	武际金　王玉英	40.00
	54	《悦读立人——校园阅读文化体系构建策略》	杨世臣	30.00
	55	《教育智慧何处来——一位特级教师的思考手记》	付立金	30.00
	56	《和雅文化——校本课程的创新构建》	汤善香	30.00
	57	《让个性绽放精彩——学校课程体系整合与创生》	谢建伟　徐淑萍	30.00
	58	《让每个学生都幸福——最能润泽生命的学校文化建设》	谢建伟　张新喜	30.00
创新教学探索系列	59	《让阅读滋养学生语文素养——语文阅读教学策略与实施》	李洪芹	38.00
	60	《学校体育密码》	连仁都	36.00
	61	《我家住在〈诗经〉里》	李日芳	40.00
	62	《〈红楼梦〉里的语文课》	李日芳	30.00
	63	《品世界名画，学精彩作文 ——特级教师的“名画”作文教学法》	李日芳	36.00
	64	《学生数学整体思维培养 ——小学数学结构化教学的探索与实施》	颜春红	45.00

系列	序号	书　　　名	作者	定价
创新教学探索系列	65	《基于核心素养的体育与健康校本课程建设》	赵卫新	35.00
	66	《把古文教活——激活文言文课堂的教学策略》	刘小华	35.00
	67	《做童年面前最合适的人——我和孩子们的“童化语文”》	曹丽秋	30.00
	68	《玩出精彩作文——张化万活动作文教学经典策略》	张化万	35.00
	69	《让学生把母语用精彩——“语用课堂”的探索与实践》	佘小红	30.00
	70	《“备”出课堂精彩——备学式教学的课堂实践与思考》	张旭兰	30.00
	71	《神奇的阅读教室——带学生踏上美妙的阅读之旅》	李祖文	30.00
	72	《打造有生命力的课堂 ——“两步八环节”教学模式探索与实践》	查联智	30.00
	73	《最能培养学生探究能力的课堂 ——小学科学与信息技术单元整体课程实施与评价》	李怀源	30.00
	74	《最能激发学生运动天赋的课堂 ——小学体育单元整体课程实施与评价》	李怀源	30.00
	75	《最能提升学生艺术素养的课堂 ——小学艺术单元整体课程实施与评价》	李怀源	30.00
	76	《“生命语文”探索——焕发语文生命力的思考与实践》	王自成	30.00
	77	《粘连作文教学：让习作成为有个性的自我建构》	黄瑞夷	30.00
	78	《备学式教学——在体验中建构数学思维》	单广红　范雪梅	30.00
	79	《向着自主进发——自主教育的创新实施智慧》	朱亚红	30.00
	80	《写中学——让学习更有效的学科写作教学》	钟传祎	30.00
	81	《小学科学实验总动员——大科学课堂有效提升学生创新力》	江美华	30.00
	82	《小学语文单元整体课程实施与评价》	李怀源	30.00
	83	《小学英语单元整体课程实施与评价》	李怀源	30.00
	84	《小学数学单元整体课程实施与评价》	李怀源	30.00
	85	《让教学更能激发智慧——“思维碰撞”课堂的建构与实施》	程和方	30.00
	86	《构建语文综合课新模式——家庭、社区、学校协同教学》	黄瑞夷	40.00
	87	《自主创新让教学成为有效引领》	蔡　隽	30.00
新父母教程	88	《一年级的孩子》	陈文芳	28.00
	89	《二年级的孩子》	陈文芳	28.00
	90	《三年级的孩子》	钱静霞	28.00
	91	《四年级的孩子》	谢　云	28.00
	92	《五年级的孩子》	陈　春	28.00
	93	《六年级的孩子》	袁卫星	28.00

系列	序号	书　　名	作者	定价
新父母教程	94	《七年级的孩子》	焦晓骏	28.00
	95	《八年级的孩子》	钟　杰	28.00
	96	《九年级的孩子》	凌宗伟	28.00
国际教育系列	97	《美国教育面面观——一位特级教师眼中的美国教育》	邵淑红	35.00
教师软实力系列	98	《教师人际沟通力》	黄爱华　夏丽娟	38.00
	99	《班主任教导力》	黄爱华　戴诗银	38.00
	100	《教师执业道德力》	黄爱华　夏丽娟	38.00
名校系列	101	《从校本课程走向学校课程——锡山高中课程探索之路》	唐江澎等	35.00
	102	《让每个孩子都成志 ——清华附小主题阅读课程的实施探索》	窦桂梅	30.00
	103	《让每个孩子都成志 ——清华附小主题实践课程的实施探索》	窦桂梅	35.00
	104	《向着朝阳走去——清华附小合作办学实践探索》	窦桂梅	30.00
校长领导力系列	105	《学校细节管理的执行力》	林文明　王林发	30.00
	106	《校长智慧统筹的领导力》	谢耀丰　蔡丽姗 王林发	30.00
	107	《学校持续发展的研究力》	林文智　宋佳敏 王林发	30.00
	108	《学校和谐融洽的协作力》	陈一平　郭雪莹 王林发	30.00
	109	《学校教育提升的引领力》	谢文东　关敏华 王林发	30.00
	110	《学校团队成长的学习力》	黄纪　蔡美静 王林发	30.00
	111	《学校高效管理的创新力》	张旭	30.00
	112	《学校成功管理的决策力》	邱黎明	30.00
	113	《高品质学校生长要素》	王益民	30.00
	114	《校长高效教学领导力提升策略》	徐世贵　郭文智	30.00
新思维系列	115	《让后进生学习有后劲之36计》	严育洪	30.00
	116	《教育中的“不一定”——打破教育的19种思维惯式》	严育洪	30.00
教师修炼系列	117	《如何炼就课堂好声音——教师美嗓保健实用宝典》	薛建洲	30.00
	118	《与学生一起成长——90后教师的心路反思》	王　晗	30.00
	119	《教育，爱与宽容——教师心灵礼仪修炼》	许力争	30.00

系列	序号	书　　名	作者	定价
教育家核心思想系列	120	《叶圣陶论写作》	叶圣陶 著 李怀源 选编	30.00
	121	《叶圣陶谈阅读》	叶圣陶 著 李怀源 选编	30.00
	122	《多元智能理论的本土化应用》	刘治富	30.00
	123	《大教育家最具施教力的教学思想》	白刚勋	30.00
学生心理解码系列	124	《在人生的春天播种 ——十四岁，写给青春的一封信》	白宏宽	30.00
	125	《孩子问题行为一点通 ——只有好老师才知道的学生心理谜底》	严育洪	30.00
校本研修系列	126	《徜徉语文教研》	肖俊宇	35.00
	127	《校本研修资源的开发与利用》	陈朝林	30.00
	128	《校本研修与教师专业成长》	吴积军	30.00
	129	《卓越教师经典研修成长策略》	刘天宝等	30.00
	130	《特色校本课程开发范例解读》	刘永平　李秀伟 张雪梅	30.00
	131	《高效校本研修模型构建艺术》	刘素雁	30.00
	132	《走向实践的教研——中小学教育科研引领与应用》	江　敏	30.00
教育管理力系列	133	《缔造唯美教育——延奎小学素质教育实施策略》	易增加	30.00
	134	《让普通学校崛起的 20 个细节 ——“生命为本”教育团队成长密码》	李其玉	30.00
	135	《“走”出教育的精彩：走动式学校管理文化构建》	罗　军	30.00
	136	《校长兵法：学校管理四十六计》	皮大鹏	30.00
班级文化系列	137	《活力班级的文化建设》	胡　珏	30.00
	138	《做幸福的班主任》	吕　丽	26.00
高效能教学系列	139	《高效能教师的 10 个好习惯（中学卷）》	张　瑾	30.00
	140	《让作文落地生根——提高写作实效的教学策略》	黄桂林	30.00
	141	《高效能作文教学 5 项修炼》	陈步华	30.00
	142	《高效能校长的 10 个好习惯》	张　勤	30.00
	143	《高效能教师的 10 个好习惯（小学卷）》	谢　英	30.00
	144	《高效能语文教学 5 项修炼》	王其华	30.00
新课程探索系列	145	《语文新课程的批判与重建》	葛桂斌	30.00

系列	序号	书名	作者	定价
美国名师教学译丛	146	《美国名师游戏教学本土化应用：幼儿园》	（美）玛西娅 L. 泰特 著 胡珍 瞿菁 编译	30.00
	147	《美国名师游戏教学本土化应用：小学英语》	（美）玛西娅 L. 泰特 著 杨永华 张心影 编译	30.00
	148	《美国名师游戏教学本土化应用：小学数学》	（美）玛西娅 L. 泰特 著 谢艳红 编译	30.00
	149	《美国名师游戏教学本土化应用：小学科学》	（美）玛西娅 L. 泰特 著 刘丽萍 编译	30.00
	150	《美国名师游戏教学本土化应用：小学社会》	（美）玛西娅 L. 泰特 著 姜梅芳 编译	30.00
	151	《美国名师游戏教学本土化应用：小学音体美》	（美）玛西娅 L. 泰特 著 尹立志 编译	30.00
生态化校园系列	152	《文化管理——构建生态和谐校园的必由之路》	付全新	30.00
	153	《点燃学习的激情——构建校园生态化学习型组织》	杨树岳	30.00
	154	《课改突围——构建学校生态化教学体系》	杨树岳	30.00
教育新思考系列	155	《语文教育向何处去》	王丛	26.00
	156	《教育，就是做好普通的事》	孙志毅	27.00
	157	《走出语文的偏见——让学生体悟文本的原义》	丛智芳	30.00
	158	《让语文教学更高效——批注式阅读教学探索》	韩中凌	30.00
	159	《读写互促——探寻学以致用的语文教学》	曹龙	30.00
	160	《跳出数学教数学——用文化融通数学教学》	马建秀	27.00
名师感悟系列	161	《让心灵伴着歌声成长——22 位音乐名师的教育智慧》	陈璞	30.00
	162	《超越自我的教师——32 位名师的成长感悟》	李卫东 李秀伟	35.00
	163	《心灵的守护者——19 位名班主任的教育智慧》	王晓松 曲文弘	30.00
	164	《名师感悟班主任有效工作艺术 90 例》	符礼科	30.00
	165	《名师感悟有效教学 90 例》	林高明 徐玉烟	30.00
信息化教学系列	166	《巧用白板教语文——信息技术与语文教学操作指南》	蒋丽清	30.00
	167	《跨越式实现高效课堂 ——信息技术与课程整合高效教学方案评析》	陈玲 刘禹	30.00
教师必读系列	168	《教师必学的 16 堂修养课》	武宏伟	30.00
	169	《教师不可不知的教学心理效应》	叶勇军	30.00
	170	《班主任不可不知的管理效应》	奚一琴	30.00
	171	《教师不可不知的教育心理效应》	孙媛	30.00
	172	《校长不可不知的管理效应》	谢申刚 张金豹	30.00
	173	《成为好教师的 7 项修炼》	王福强 李维华	30.00
	174	《如何让学生会学习》	龙冰	30.00
	175	《如何让学生爱学习》	周震宇 许小燕	30.00
核心教学主张系列	176	《新生代语文名师核心教学主张》	许友兰	30.00

系列	序号	书　　名	作者	定价
行思讲坛系列	177	《为了儿童的深度学习——问学课堂的建构与实施)》	潘文彬	45.00
	178	《灵动而朴素地教语文——潘文彬的微格教育生活》	潘文彬	30.00
	179	《师爱无疆——润泽学生心灵的教育故事》	侯忠彦	30.00
	180	《怎样反思更有效 ——促进教师专业发展的反思策略》	诸贝贝	30.00
	181	《成为高度自觉的教育者 ——写给后课标时代的数学教师》	许卫兵	30.00
	182	《哲思数学课》	刘全祥	30.00
	183	《智慧数学课——黄爱华教学思维的实践策略》	黄爱华	30.00
	184	《童趣数学课》	徐　芳	30.00
	185	《把学生教聪明》	严育洪	30.00
	186	《用语文的方式教语文 ——潘文彬教学主张与实践智慧》	潘文彬	30.00
	187	《怎样让阅读教学更有效 ——提升教学能力的十种读诵模式》	汪秀梅	28.00
	188	《让生命在润泽中起舞 ——当代小学生最需要的主题班会》	吴联星　罗　琳 冯卫东	30.00
	189	《让生命欢快拔节 ——当代中学生最需要的主题班会》	冯卫东　吴联星	30.00
	190	《课堂因生成而精彩——高效教学的生成智慧》	张文质	30.00
	191	《回到每一个人的生命化教育 ——张文质二甲中学教育行动录》	张文质	30.00
	192	《中小学生如何学会合作》	张玉彬　刘昕昱	40.00
中国教育变革之路丛书	193	《百年树人师何为 ——教师队伍建设困顿与出路》	将丽珠　李玉向	30.00
	194	《入园何时不再难 ——学前教育困惑与抉择》	曾晓东 范　昕　周　慧	30.00
	195	《三尺书桌何处寻 ——流动人口子女教育困难与破解》	范先佐	30.00
	196	《苦旅何以得纾解 ——高考改革困境与突破》	郑若玲	30.00
	197	《择校纠结何时了 ——择校问题困局与治理》	曾晓东　周文海 曾娅琴	30.00
创新教学思想系列	198	《“大问题”教学的形与神》	黄爱华　张文质	30.00
教育漫笔系列	199	《课堂，诗意地栖居》	吴书华	30.00
教学提升系列	200	《有思想地教阅读 ——让学生学会品读文字真意》	王学东	30.00

系列	序号	书名	作者	定价
教学全手册系列	201	《小学习作教学全手册》	郭家海	30.00
	202	《中学写作教学全手册》	郭家海	30.00
	203	《情境教学操作全手册》	冯卫东	35.00
	204	《合作教学操作全手册》	李春华	35.00
	205	《探究教学操作全手册》	周新桂	35.00
	206	《自主教学操作全手册》	诸葛彪	35.00
	207	《创新教学操作全手册》	王玮	35.00
	208	《班主任工作全手册》	刘沛华	35.00
	209	《新教师工作全手册》	周震宇	35.00
	210	《学生心理健康教育全手册》	刘海莉 刘春杰	35.00
	211	《高效教学操作全手册》	马友平	35.00
创新人才培养系列	212	《创新人才培养校园科普精品课程开发与指导——人大附中创新人才培养》	罗滨	30.00
	213	《创新人才培养特色校本课程开发与创新人才培养——清华附中“国际安全下的科学技术”课程构建与实施》	王殿军 方研 赵宏雁	30.00
	214	《创新人才培养：学校实验室建设与管理》	刘克文 杨发丽 杨平	30.00
	215	《创新人才培养：数学探究活动开发与指导》	马云朋 韩继伟	30.00
	216	《创新人才培养：化学研究活动开发与指导》	王磊	30.00
	217	《创新人才培养：物理探究活动开发与指导》	廖伯琴	30.00
	218	《创新人才培养：地理探究活动开发与指导》	张建珍 陈澄	30.00
	219	《创新人才培养：生物探究活动开发与指导》	张迎春	30.00
	220	《创新人才培养：理念探索与思维突破》	王晶莹	30.00
新生代通派名师系列	221	《简约数学教学》	许卫兵	30.00
	222	《语文教学的本真——情意课堂展现母语之美》	吴建英	30.00
	223	《语文课堂的理想追求——欢快达成三维目标》	董一红	30.00
	224	《阅读教学的真髓——意象构建读出文学的真美》	祝禧	30.00
	225	《美术教育的真谛——审美人生教育让生命绚丽成长》	陈铁梅	30.00
新生代通派名师系列	226	《语文教学的理想境界——无痕教学润泽生命》	李凤	30.00
	227	《儿童作文的本义——嬉乐作文让儿童乐并成长着》	王笑梅	30.00
	228	《名师是怎样炼成的》	王建明 王笑君	35.00
幼师成长系列	229	《幼儿行为背后——教师如何读懂幼儿的心思》	吴亚英	30.00
	230	《最具教育力的 22 种幼儿教育思想》	杨达	30.00
	231	《幼儿教师必知的安全应急措施》	杨达	30.00
	232	《幼儿教师必备的教育技能》	李玲	30.00
	233	《卓越园长 21 条幼儿园管理策略》	周丹 江东秋	30.00